भारत में पशुधन
व्यवसाय, प्रबंधन, अर्थव्यवस्था और विज्ञान


नरेश कुमार नैन
प्रोग्राम डायरेक्टर
मंजरी फाउण्डेशन

## समर्पित

''मैं यह पुस्तक उन महिला एवं पुरूष पशुपालकों को समर्पित करता हूँ जो भारत को आत्मनिर्भर, सशक्त और विकसित बनाने में अपना महत्त्वपूर्ण योगदान दे रहे हैं।''

# आभार

यह पुस्तिका पशुपालन के क्षेत्र में कार्य कर रहें किसानों, पशुपालकों, पशु सखी, पैरावेट, प्रशिक्षकों, प्रैक्टिश्नर, छात्र–छात्राएं और शैक्षणिक संस्थानों में पशुपालन से सम्बन्धित जानकारी व प्रशिक्षण देने में मदद करेगी।

इस पुस्तिका के संकलन में विभिन्न संस्थान जैसे मंजरी फाउण्डेशन, एवं प्रदान संस्था में कार्य करते हुए जमीनी स्तर पर किये गये कार्यो के अनुभवों की सीख पर आधारित है। इस पुस्तिका के संकलन में बहुत सारी जानकारी व सदर्भ भारतीय डेयरी विकास बोर्ड, राष्ट्रीय उष्ट्र अनुसंधान केन्द्र व अन्य उपलब्ध स्त्रोतों से ली गई है।

यह पुस्तक के संलग्न में डॉ के.एल. दहिया, पशु चिकित्सक, पशुपालन एवं डेयरी विभाग, कुरूक्षेत्र – हरियाणा द्वारा संकलित लेखों का संदर्भ लिया गया है। इस पुस्तक के लेखन में श्री उमेश अग्रवाल, संयुक्त निदेशक, पशुपालन विभाग जयपुर का विशेष योगदान रहा है, जिन्होंने परोक्ष व अपरोक्ष रूप से मुझे समय – समय पर बहुमूल्य सुझाव व मार्गदर्शन दिया।

इस विशेष प्रयास को सार्थक बनाने में श्रीमान संजय कुमार, कार्यकारी निदेशक, मंजरी फाउण्डेशन एवं श्री शिव ओम कार्यक्रम अधिकारी का विशेष योगदान रहा है जिन्होनें विषय वस्तु को अन्तिम रूप देने में अहम भूमिका निभाई है । मैं श्रीमान् अनिल पूनिया जी का भी धन्यवाद प्रकट करता हूँ जिन्होंने समय – समय पर रचनात्मक सुझाव दिये।

इस पुस्तक के लेखन एवं संकलन के दौरान श्रीमान् सत्यनारायण टेलर का भी योगदान रहा, जिन्होनें हिन्दी लेखन में मदद की ताकि यह पुस्तक पाठकों तक सही रूप में उपलब्ध हो सकें। मैं श्री कमलेन्द्र सिंह जी का विशेष आभार प्रकट करता हूँ जिन्होंने इस पुस्तक को डिजाईन करने में महत्वपूर्ण भूमिका निभाई।

मैं आशा करता हूँ कि यह पुस्तक पशुपालन से संबधित विभिन्न पहलुओं को विस्तृत रूप से समझाने में मदद करेगी जिससे पशुपालक समुदाय व अन्य हितधारकों को भी मदद करेगी।

# प्रस्तावना

पशुपालन भारतीय अर्थव्यवस्था में महत्वपूर्ण योगदान देता है। भारत दुनिया के अधिकतम् दुग्ध उत्पादकों देशों में से एक है। पशुपालन द्वारा लगभग दो तिहाई ग्रामीण समुदायों को आजीविका प्राप्त होती है। यह भारत में लगभग 8.8 प्रतिशत जनसंख्या को रोजगार प्रदान करता है। भारत में विशाल पशु सम्पदा है। पशुधन क्षेत्र जीडीपी का 4.11 प्रतिशत और कृषि जीडीपी का 25.6 प्रतिशत योगदान करता है। जिसमें इसके दुग्ध क्षेत्र का अहम योगदान है, जिससे लाखों लागों को रोजगार प्राप्त होता है । साथ ही पशुपालन कृषि के प्रगति में भी अहम भूमिका निभाता है। विशेष रूप से छोटे और लघु किसानों के लिए रोजगार के अवसर प्रदान करता है ।

पशुधन गरीबी निवारण और खाद्य सुरक्षा में महत्वपूर्ण योगदान करता है। पशुओं से प्राप्त होने वाला दुग्ध, मांस, अण्डा, चमड़ा, खाद, गोबर, हड्डिया, ऊन एवं बाल भारत के आर्थिक एवं सामाजिक विकास का अभिन्न पहलु है। परन्तु आज भी पशुपालन के क्षेत्र में बहुत चुनौतियाँ है जो पशुपालकों को प्रत्यक्ष व अप्रत्यक्ष रूप से प्रभावित करती है।

इस पुस्तक का उद्देश्य प्रेक्टीशनर्स, शैक्षणिक, पशु सेवा सहायक, पशु सखी, पैरावेट, 'ए–हेल्प' (पशुधन उत्पादन के स्वास्थ्य और विस्तार के लिए मान्यता प्राप्त एजेंट) और किसानों को वैज्ञानिक और व्यावसायिक ज्ञान और सूचनाऐं प्रदान करना है। मुझे विश्वास है कि यह पुस्तक पशुपालको के विकास में मदद करेगी। इसमें उन्हें पशु चिकित्सा, प्रजनन, पोषण, सही खुराक और उत्पादन के सम्बन्ध में महत्वपूर्ण जानकारियाँ प्राप्त होगी। इसके अलावा यह उन्हे नवीनतम तकनीकी उपयोग और बाजार के अवसरों के बारे में भी जानकारी प्रदान करेगी। इस पुस्तक के माध्यम से पशुपालक और सेवाकर्मी अपने क्षेत्र में नये और उन्नत तकनीकी का अध्ययन कर सकेगें, जिससे उनका काम प्रभावी और उत्कृष्ट होगा।

इस पुस्तक में भारतीय अर्थव्यवस्था में पशुपालन की भूमिका, भारत में दुग्ध उत्पादन और वैश्विक विश्व स्थिति के बारें में जानकारी प्रदान की गई है। यह पुस्तक विस्तार से बताती है कि भारत देश में डेयरी मवेशियों की जनसंख्या और उत्पादन की क्या स्थिति है।

यह पुस्तक भारत में पाये जाने वाले पशुओं की प्रजातियों का विवरण करती है, विशेषरूप से गाय, भैंस, बकरी, ऊँट और मुर्गियों के बारे में विस्तृत उल्लेख किया गया है। इस पुस्तक में पशु प्रजातियों की विशेषताऐं, उत्पादन की गुणवत्ता, मात्रा, शारीरिक आकार, बनावट, रंग एवं वजन इत्यादि का वर्णन भी किया गया है। इसमें प्रत्येक प्रजाति के उत्पादन की गुणवत्ता के साथ–साथ उनके उत्पति स्थल व वितरण क्षेत्र का भी वर्णन किया गया है ।

यह पुस्तक पशुपालकों व पशुधन के क्षेत्र में कार्यरत लोगों को पशुओं के चयन

के तरीके को समझाती है कि किन –किन मापदण्डों व लक्षणों के आधार जैसे कि दुग्ध एवं मांस उत्पादन क्षमता, आकार, रंग, व्यवहार व स्थानीय पारिस्थितिक संतुलन को ध्यान में रखते हुए मवेशियों की बेहतर वैज्ञानिक व व्यवसायिक दृष्टिकोण से खरीद एवं उत्पादन किया जा सके। पुस्तक में शुष्क, ग्याबन, दुधारू एवं युवा पशुओं की कैसे देखभाल करें उनका विषयवार वर्णन किया गया है।

पुस्तक में गाय, भैस, बकरी सांड–बैल, ऊँट और अन्य पशुओं के लिए उचित आहार, आवास और देखभाल के बारे में विस्तृत जानकारी दी गई है ।

पुस्तक में पशुओं में टीकाकरण (वैक्सीनेशन) के महत्व, वैक्सीनेशन क्यों आवश्यक है, पशुओं में टीकाकरण की बाधाऐं और प्रत्येक पशु के लिए वैक्सीनेशन के प्रकारों एवं समय सारणी के बारे में जानकारी का विवरण है ।

पुस्तक में विभिन्न पशुओं के लिए विभिन्न प्रकार की वैक्सीन के बारे में विस्तार से चर्चा की गई है, जैसे कि गाय, भैड़, बकरी इत्यादि में कौन सा वैक्सीन कब और कैसे लगायें।

पुस्तक में पशुओ के रोगों और उनके नियन्त्रण के महत्व को बताया है। पुस्तक में पशुओं में फैलने वाले विभिन्न प्रकार के रोगों के कारण, लक्षण व उनके निदान के उपायों का विस्तृत रूप से वर्णन किया गया है जो पशुपालकों को रोगों की पहचान और उपचार के लिए सक्षम बनाता है। इससे पशुपालक केवल अपने पशुओं की सेहत को सुरक्षित कर सकते है, बल्कि उनकी आर्थिक स्थिति को भी मजबूत कर सकतें है । रोगों के साथ–साथ डीवर्मिंग के महत्व एवं लाभों को दर्शाया गया है, इसके साथ साथ डीवर्मिंग की पशुवार सारणी रेखांकित की गई है ।

दुग्ध एक ऐसा आहार है जो स्वास्थ्य के लिए बहुत महत्वपूर्ण है। यह न केवल हमारे शरीरिक स्वास्थ्य के लिए उत्तम पोषण प्रदान करता है। बल्कि इसके विभिन्न उत्पादों के माध्यम से अनेक अन्य उत्पादों का निर्माण भी संभव होता है जो हमारे जीवन को सुखमय बनाता है। इस पुस्तक में साफ एवं स्वस्थ्य दूध उत्पादन के महत्व को अंकित किया गया है स्वस्थ दुग्ध उत्पादन क्यों आवश्यक है व स्वस्थ दुग्ध उत्पादन के लिए कौन कौन सी गतिविधियाँ व सावधानियों को बरतने की आवश्यकता है। इस पुस्तक में स्वच्छ दुग्ध उत्पादन के विभिन्न चरणों का सूचीबद्ध तरीके से वर्णन किया गया है, इसके साथ साथ दूषित दुग्ध से होने वाली हानियाँ व रोगों का भी विस्तुत विवरण किया गया है।

पुस्तक में दुग्ध उत्पादों के उपयोग के महत्व को समझने और दुग्ध से निर्मित विभिन्न पदार्थो के व्यवसायिक महत्व पर प्रकाश डाला है इस पुस्तक में दुग्ध से बनने वाली मुख्य खाद्य पदार्थो की सूची एवं उनके तैयार करने की विधि का भी संक्षिप्त विवरण किया गया है। इस उपलब्ध जानकारी के माध्यम से पाठकों को दुग्ध उत्पादों के उपयोग

में संभावित नए व्यवसायिक क्षेत्रों की पहचान करने में मदद कर सकती है और दूध उत्पादों के उत्पादन में वृद्धि और समृद्धि के लिए नई दिशाऐं प्रस्तुत कर सकतीं है ।

पुस्तक भारत में श्वेत क्रांत के विभिन्न चरणों जैसे ऑपरेशन फ्लड, अमूल एवं अमूल जैसे अनेको सहकारी संघों की स्थापना एवं उनकी भूमिका का विस्तृत वर्णन किया गया है पुस्तक में भारतीय सहकारिता की कैसे शुरुआत हुई व उसके स्वर्णिम इतिहास का चरणबद्ध तरीके से उल्लेख किया गया है। इस पुस्तक में भारतीय सहकारिता के स्वर्णिम सिद्धान्तों का वर्णन किया गया है। जिनमें संगठन आत्मनिर्भरता, सामूहिक नियन्त्रण, और सहकारी सिद्धान्तों का सम्मान शामिल है । इस पुस्तक में यह रेखांकित किया गया है कि सहकारी संघ की स्थापना कैसे की जाती है व एक आदर्श सहकारी संघ के गठन से पहले किन किन बातों का ध्यान रखना अनिवार्य है ।

इस पुस्तक का उपयोग करके भारतीय दुग्ध क्षेत्र के विकास में सहकारी आन्दोलन की महत्वपूर्ण भूमिका को समझा जा सकता है, जिससे की बेरोजगारी, गरीबी और विकास के मुद्दो का समाधान किया जा सकें ।

इस पुस्तक का मुख्य प्रयास भारत के पशुपालन के क्षेत्र में हो रहें बदलाव को समझना एवं उसके संभावित प्रभावों का अध्ययन करना है। यह विषय विशेष रूप से उन लोगों के लिए महत्वपूर्ण है जो अर्थव्यवस्था, कृषि और पशुपालन क्षेत्र में रूचि रखते है ।

इस पुस्तक में पशुपालन, अर्थव्यवस्था, व्यवसाय और प्रबन्धन को एक सूचीबद्ध तरीके से पाठकों को समझाने का प्रयास किया है, मुझे उम्मीद है कि पशुपालक समुदाय प्रशिक्षक, प्रेक्टिसनर्स, पशु सखीयाँ, पैरावेट व अन्य रूची रखने वाले लोगों के लिए लाभदायिक सिद्ध होगी। पुस्तक में मुद्रण सम्बन्धी व अन्य त्रुटियां यदि कोई हो तो पाठकों से नम्र निवेदन है कि मेरी त्रुटियों की तरफ ध्यान न देकर मेरे द्वारा व्यक्त कथनों के भावों को समझते हुए अपने बहुमुल्य सुझाव दें ताकि भविष्य में त्रुटियों को ठीक किया जा सकें ।

सधन्यवाद!

नरेश कुमार नैन<br>
प्रोग्राम डायरेक्टर<br>
मंजरी फाउण्डेशन

> जब तक कोई किसी जानवर से प्यार नहीं करता,
> तब तक उसकी आत्मा का एक हिस्सा जागृत नहीं रहता है।
> - अनातोले फ्रांस

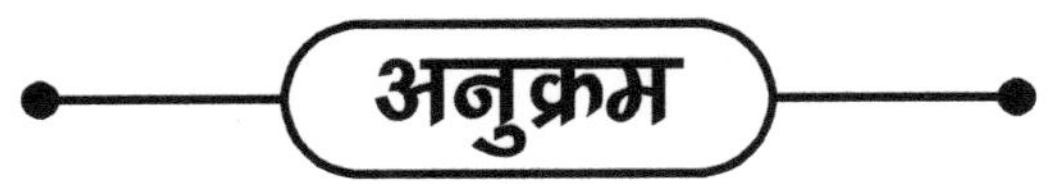

# अनुक्रम

# पशुधन की भूमिका



*"जानवर बहुत अच्छे दोस्त होते हैं - वे कोई सवाल नहीं पूछते,*
*और किसी की आलोचना भी नहीं करते।"*
*- जॉर्ज एलियट*

खेती और पशुपालन हजारों वर्षों से मानव सभ्यता के महत्वपूर्ण घटक रहे हैं, अगर हम विश्व के इतिहास को देखते है तो मिश्रवासी बड़े पैमाने पर कृषि करने वाले पहले लोगों में से थे, भारत में कृषि की शुरूआत 9000 ईसा पूर्व उत्तर पश्चिम में हुई । भारत में कृषि की शुरूआत सिन्धु घाटी सभ्यता में हुई थी । भारत के इतिहास में उल्लेख किया गया है कि चावल व कपास सिन्धुघाटी में खेती की जाने वाली दो फसलें थी । अगर हम पशुधन की बात करते है तो प्राचीन सभ्यता में हड़प्पा में कुबड़ वाले बैल, ऊँट व भैंस आदि पालने के साक्ष्य मिले हैं । ऊँट परिवहन के कार्य में, बैल खेती में व भैंस का उपयोग दुग्ध इत्यादि में लिया जाता था। जो व्यक्तियों, समुदायों और अर्थव्यवस्थाओं को विभिन्न लाभ प्रदान करते हैं।

हड़प्पा सभ्यता के भित्ती चित्र एवं अवशेष

हड़प्पा सभ्यता भारत की प्रथम नगरीय सभ्यता थी । जिसे सर जान मार्शल के निर्देश पर राय बहादुर दयाराम साहनी ने 1921 हडप्पा की खुदाई करवाकर इस सभ्यता पर प्रकाश डाला। हड़प्पा सभ्यता के प्रमुख जानवर भेड़, बकरी, भैंस तथा सूअर थे। बैल का प्रयोग कृषि कार्य में खेत जोतने के लिए किया जाता था ।

हड़प्पा सभ्यता के लोगों का दूसरा व्यवसाय पशु–पालन था । यह लोग दूध, मांस उनके कृषि के कार्य और भार ढोने के लिए इनका प्रयोग किया करते थे। हड़प्पा स्थलों से कई जानवरों की हड्डियां मिली है जैसे भेड़, बकरी, भैंस तथा सूअर। पुरा–

प्राणिविज्ञानियों अथवा जीव– पुरातत्त्वविदों के अनुसार ये सभी पालतू जानवर थे ।

प्राचीन भारतीय इतिहास में पशु पालन का महत्त्व विशेष रूप से हड़प्पा सभ्यता के समय में दिखाई देता है। हड़प्पा सभ्यता लगभग 2600 ईसा पूर्व के बीच विकसित हुई थी। यह उत्तर–पश्चिमी भारतीय सब – महाद्वीप में स्थित थी और इसमें आधुनिक पाकिस्तान, पश्चिमी भारत और दक्षिणी एशिया के कुछ हिस्से शामिल थे ।

प्राचीन हड़प्पा सभ्यता के लोग गाय, बैल, भैंस, बकरी और उभयस्थ (नर और मादा दोनों) भैंसों को पालते थे। इन पशुओं का पालन उन्हें खाद्य, दुग्ध और अन्य उत्पादों के लिए आवश्यक था ।

हड़प्पा सभ्यता के निवासियों ने उच्च स्तर की पशुपालन प्रथाओं को विकसित किया था। उनके घरों के पास पशुओं के लिए अलग–अलग स्थल थें, जिन्हें व्यवस्थित रूप से प्रबंधित किया गया था। इसके अलावा, हड़प्पा सभ्यता के निवासी अपने पशुओं को अलग–अलग उत्पादों के लिए उपयोग करते थे, जैसे कि दुग्ध, मांस, चमड़ा और उपयोगी श्रृंगार के सामग्री के लिए ।

इस बात के भी साक्ष्य मिले है कि हड़प्पा सभ्यता में पशुपालन के लिए सशक्त प्रबंधन प्रणाली थी। पशुओं के खाद्य, पानी और साथ ही उनके स्वास्थ्य की देखभाल पर ध्यान दिया जाता था। पशुओं को संयमित रूप से खिलाया जाता था और उनकी सेहत को ध्यान में रखते हुए उन्हें चिकित्सा सेवाएं भी प्रदान की जाती थी ।

इसके अलावा, हड़प्पा सभ्यता में पशुपालन का धार्मिक और सामाजिक महत्व भी था। पशुओं की पूजा किया जाता था और उन्हें अपने जीवन का एक महत्वपूर्ण हिस्सा माना जाता था ।

पशुधन जनगणना के अनुसार भारत में गाय, भैंस, भेड़, बकरी, गधे, घोड़े, ऊँट, सुअर, याक, मिथुन एवं मुर्गियाँ इत्यादि पायी जाती है। पशुधन जनगणना 1951 के अनुसार कुल पशुधन 292.9 मीलियन था जो वर्ष 2019 की जनगणना में बढकर 535.8 मिलियन हो गया है। पशुधन जनगणना के आंकड़ो के अनुसार 1951 से 2019 के बीच भैंसों की संख्या में 2.53 गुणा वृद्धि हुई है। इसके साथ बकरियों की सख्या में भी 3.15 गुणा वृद्धि हुई है। जबकि घोड़े व ऊँटों की संख्या में काफी कमी आयी है ।

Table 1.1 : पशुधन एवं कुक्कुट जनसंख्या

| क्र. संख्या | प्रजातियाँ | 19 वीं पशुधन गणना 2012 (संख्या लाखों में) | 20 वीं पशुधन जनगणना 2019 ( संख्या लाखों में ) | विकास दर (%) 2012–19 |
|---|---|---|---|---|
| 1 | गाय | 190.90 | 193.46 | 1.34 |
| 2 | भैंस | 108.70 | 109.85 | 1.06 |
| 3 | बकरी | 135.17 | 148.88 | 10.14 |
| 4 | भेड़ | 65.07 | 74.26 | 14.13 |

2

# पशुधन के लाभ एवं उपयोगिता

*''पशु पालन न केवल कृषि के विकास में महत्वपूर्ण भूमिका निभाता है,*
*बल्कि यह एक सामाजिक और आर्थिक उत्थान का माध्यम भी है !''*
*- महात्मा गांधी*

<u>भोजन</u> :– पशुधन मानव उपभोग के लिए दुग्ध, मांस, अण्डे जैसे खाद्य पदार्थ प्रदान करता है । भारत दुनिया मे नम्बर 1 दुग्ध उत्पादक देश है । भारत ने वर्ष 2022–23 में लगभग 33.3 मिलियन मैट्रिक टन दुग्ध का उत्पादन किया है । इसी तरह वर्ष 2021–22 में 129.66 मिलियन अण्डे, 2020–21 में 9 मिलियन टन मांस का उत्पादन किया है, जिसने भारत के सकल घरेलू उत्पादन में 4.11 प्रतिशत और कृषि उत्पादन में 25.6 प्रतिशत योगदान दिया है ।

**कृषि एवं यातायात** : पशुधन आज भी भारतीय कृषि में रीड की हड्डी है। पशुओं का उपयोग खेती की जुताई करने, बोझा ढोने व अन्य महत्वपूर्ण गतिविधियों में किया जाता रहा है । हांलाकि भारतीय कृषि सेवा में नये–नये कृषि यन्त्रों के आने से पशुधन के उपयोग में कमी आ रहीं है । परन्तु आज भी ग्रामीण व आदिवासी बाहुल्य क्षेत्रों में पशु ही खेती में अहम भूमिका निभा रहें है । देश के विभिन्न क्षेत्रों में माल परिवहन के लिए ऊँट, घोड़ा, गधे, टट्टू, खच्चरों का उपयोग बहुतायत मात्रा में हो रहा है ।

<u>गोबर एवं अन्य पशु अपशिष्ट पदार्थ</u> :– पशुओं से प्राप्त होने वाला गोबर खेतों की उपजाऊ शक्ति बढाने हेतु उपयोग में लाया जा रहा है । छत्तीसगढ़ सरकार ने गोबर की खरीद के केन्द्रों का निर्माण करके गोबर से खाद व गौबर गैस पैदा करने की दिशा में बहुत महत्वपूर्ण कदम उठाया है । छत्तीसगढ़ राज्य में गोधन न्याय योजना के तहत, जुलाई 2022 तक 77 लाख 39 हजार क्विन्टल गोबर खरीदी के एवज में पशुपालकों, ग्रामीण एवं गोबर विक्रेताओं को कुल 155 करोड़ 58 लाख रूपये का भुगतान किया जा चुका है। आज भी ग्रामीण क्षेत्रों में गोबर के उपले ईंधन का साधन है। गोबर के माध्यम से गोबर गैस उत्पादन भी किया जा सकता है ।

**रेशा और खाल** : पशुधन से हमें ऊन, खाल, बाल व खाल के उत्पाद भी मिलते है । पशुधन से प्राप्त खाल का उपयोग विभिन्न प्रकार के उद्योगों में किया जाता है, जैसे जूता, बेल्ट, कपड़े इत्यादि । भारत प्रतिवर्ष लगभग 41.5 मिलियन किलोग्राम ऊन का उत्पादन करता है ।

**आपत्ति निवारक** : पशुपालन को आज भी लोग चलता–फिरता बैंक मानते है, क्योंकि पशु को कभी भी आसानी से बेचा जा सकता है, जिससे प्राप्त आपातकालिन स्थिति में

राशि से लोग अपनी जरूरतों को पूरा कर सकतें है । आज भी ग्रामीण भारत में भूमिहीन किसानों के लिए पशुधन एकमात्र प्रभावशाली वित्तीय पूंजी है, जो उनकों आर्थिक व सामाजिक रूप से सशक्त करने में भरपूर योगदान दे रहा है ।

**खरपतवार नियन्त्रण :–** आज प्राकृतिक खेती के क्षेत्र में पशुधन से प्राप्त अपशिष्ट पदार्थों का उपयोग खरपतवार, कीटनाशक व औषधी के रूप में किया जा रहा है, जो पर्यावरण के दृष्टिकोण से भी लाभदायक है व खेती के उत्पादन में बढोतरी में सहायक है।

**आय व रोजगार का मूल मंत्र :–** आज भी पशु उत्पादन / पालन किसानों को आय व रोजगार में बहुत महत्वपूर्ण निभा रहा है । पशुपालन उनके लिए एक नियमित आय के स्त्रोत के रूप में भागीदारी निभा रहा है । पशुओं से प्राप्त दुग्ध, मांस, अण्डे आदि पोषण का उत्तम स्त्रोत है । परन्तु इनके वैज्ञानिक शोधो और विकास के बावजूद आज भी पशुपालन क्षेत्र बहुत सारी समस्याओं से घिरा हुआ है ।

**पोषण :–** पशुधन पोषण का सर्वोतम साधन है । पशुधन से हमें पोषक खाद्य पदार्थ जैसे दुग्ध, पनीर , दही , छाछ, लस्सी व मिठाईयॉ मिलती है । ये सभी खाद्य पदार्थ, कैल्शियम, प्रोटीन, विटामिन–डी , विटामिन–बी–12 जैसे आवश्यक पोषक तत्वों के उत्कृष्ट स्त्रोत हैं। इसके साथ ही मुर्गी एवं बकरी जैसे पशुधन प्रोटीन, विटामिन और खनिज से भरपूर उच्च गुणवत्ता वाला मांस एवं अण्डे प्रदान करते है जो उन्हें संतुलित आहार का आवश्यक घटक बनाते हैं ।

**आर्थिक योगदान :–** आज पशुधन वैश्विक अर्थव्यवस्था में महत्वपूर्ण योगदान दे रहा है। पशुधन खेती, परिवहन, प्रसंस्करण व वितरण क्षेत्रों में रोजगार के अवसर पैदा कर रहा है। पशुधन प्रत्यक्ष व अप्रत्यक्ष रूप से बहुत से उद्योगों को सहयोग करता है । आज भी ग्रामीण भारत में डेयरी, बकरी पालन, मुर्गी पालन आजिविका के मुख्य साधन के रूप में योगदान दे रहें है ।

पशुधन क्षेत्र लगभग 8 प्रतिशत आबादी को रोजगार प्रदान कर रहा है और दो तिहाई आबादी ग्रामीण आबादी को आजीविका प्रदान करता है । भारत में दुनिया की सबसे बड़ी पशुधन आबादी है । लगभग 5.5 मिलियन पशुधन भारतीय अर्थव्यवस्था के विकास में बड़ी भूमिका निभाता है ।

**खेलों में उपयोग :–** आज भी पशुओं का उपयोग खेलों में भी किय जाता है, घुड़सवारी

इसका एक उत्तम उदाहरण है । ग्रामीण क्षेत्रों में बैलो की दौड़ प्रतियोगिता का अपना महत्त्व है ।

**मरामाड़ी** :— पोथोट्टम के नाम से जाना जाने वाला मरामाड़ी फसल के मौसम के बाद केरल के गांवों में आयोजित की जाने वाली एक बैल दौड़ है । मरामाड़ी दौड़ में सबसे प्रसिद्ध ओणम, त्यौहार के दौरान पथानामथिट्टा जिले के आनंदपतली गांव में आयोजित की जाती है । जिसे देश विदेश में लोग बहुसंख्या में आते है ।

पशुधन के क्षेत्र में पोषणयुक्त भोजन, चारे की कमी, अपर्याप्त पशु चिकित्सा सेवाएँ, नस्ल सुधार की धीमी गति, कम उत्पादकता, डेयरी जानवरों की देरी से यौन अपरिपक्वता, टीकाकरण की जानकारी व उपलब्धता का अभाव एवं किसानों में उन्नत पशुप्रबन्धन की जानकारी का अभाव पशुधन को प्रभावित कर रहा है ।

खराब स्वास्थ्य और बीमारियों के कारण दुग्ध और मांस की पैदावार प्रभावित हो रहीं है । एक अध्ययन के अनुमान के अनुसार अकेले FMD के कारण प्रतिवर्ष लगभग 20000 करोड़ रूपये का घाटा या नुकसान हो रहा है ।

आज भी प्रत्येक 2—4 वर्षों में पशुओं में कोई न कोई महामारी आ जाती है पिछले गत वर्षों में लम्पी वायरस बीमारी से अकेले राजस्थान में लगभग 1.5 लाख गायों की मृत्यु हो गई थी, आज भी व्यापक स्तर पर तकनीकी रूप से कुशल कार्मिकों की बहुत कमी है ।

# स्वदेशी गाय आधारित अर्थव्यवस्था

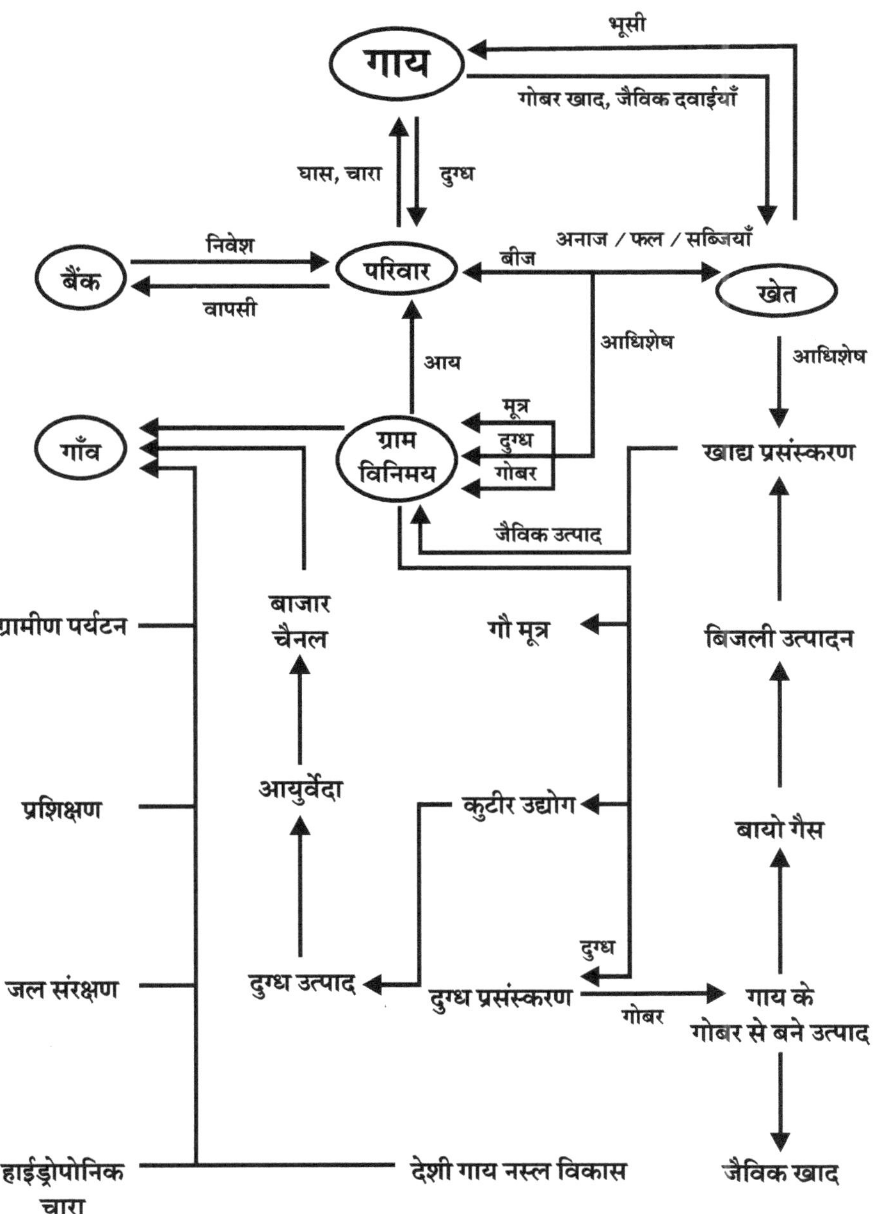

# भारत में दुग्ध उत्पादन

डॉ. वर्गीस कुरियन के ''बिलियन लीटर आइडिया'' ऑपरेशन फ्लड ने
न केवल बड़े पैमाने पर दुग्ध उत्पादन को बढ़ावा दिया,
बल्कि बहुत से लोगों द्वारा बड़े पैमाने पर दुग्ध उत्पादन को भी बढ़ावा दिया।
इससे श्वेत क्रांति का जन्म हुआ जिससे भारत को दुनिया का ''दुग्ध का कटोरा'' बनने में मदद मिली।

सितंबर 2021 के अनुसार, भारतीय डेयरी क्षेत्र देश की कृषि एवं ग्रामीण अर्थव्यवस्था में एक महत्वपूर्ण स्थान रखता है, और दुनिया के सबसे बड़े दुग्ध उत्पादकों में से एक है। भारत दुनिया का सबसे बड़ा दुग्ध उत्पादक देश है, यहां तक कि यूरोपीय संघ को भी पीछे छोड़ दिया है। देश की विविध जलवायु और डेयरी पशुओं, विशेषकर गायों और भैंसों की विशाल आबादी इसके उच्च दुग्ध उत्पादन में महत्वपूर्ण योगदान करती है।

भारत के डेयरी उद्योग की मुख्य विशेषता सहकारी आंदोलन है, जिसमें अमूल (आनंद मिल्क यूनियन लिमिटेड) सबसे प्रमुख और सफल डेयरी सहकारी समितियों में से एक है। डेयरी सहकारी समितियाँ छोटे पैमाने के डेयरी किसानों को मुनाफे का उचित हिस्सा और बाजारों तक पहुंच प्रदान करके सशक्त बनाती हैं।

तरल दुग्ध के अलावा भारत घी, मक्खन, दही, पनीर और विभिन्न पारंपरिक डेयरी आधारित मिठाइयाँ जैसे रसगुल्ला और पेड़ा जैसे डेयरी उत्पादों की एक विस्तृत श्रृंखला का उत्पादन करता है। भारत में डेयरी क्षेत्र लाखों ग्रामीण परिवारों, विशेषकर छोटे और सीमांत किसानों को रोजगार और आजीविका के अवसर प्रदान करने में महत्वपूर्ण भूमिका निभाता है। भारत सरकार ने डेयरी क्षेत्र को बढ़ावा देने के लिए विभिन्न योजनाएं और कार्यक्रम लागू की है, जिनमें नस्ल सुधार, पशु पोषण और रोग नियंत्रण के कार्यक्रम शामिल हैं।

दुग्ध उत्पादन के आधार पर शीर्ष 10 देशों की सूची

| दुग्ध उत्पादन के अनुसार देश ( घटते कम में ) | दुग्ध उत्पादन ( मिलियन टन) |
|---|---|
| भारत | 146.31 मिलियन टन |
| संयुक्त राज्य अमेरिका | 93.5 मिलियन टन |
| चीन | 45 मिलियन टन |
| पाकिस्तान | 42 मिलियन टन |
| ब्राजील | 35.7 मिलियन टन |
| जर्मनी | 29.34 मिलियन टन |
| रूस | 29 मिलियन टन |
| फ्रांस | 23.2 मिलियन टन |
| न्यूजीलेण्ड | 21.53 मिलियन टन |
| टर्की | 19 मिलियन टन |

विश्वस्तर पर दुग्ध उत्पादन के क्षेत्र में भारत ने विश्व में एक अनूठा स्थान प्राप्त कर लिया है । दुनिया के 10 शीर्ष उत्पादक देशों की सूची में भारत 146.31 मिलियन टन उत्पादन के साथ प्रथम स्थान पर है । संयुक्त राज्य अमेरिका 93.5 मिलियन टन उत्पादन के साथ दूसरे व 45 मिलियन टन के साथ चीन तीसरे स्थान पर है ।

| महाद्वीप | जनसंख्या % | दुग्ध उत्पादन % |
|---|---|---|
| एशिया | 26 | 24 |
| यूरोपीय संघ | 6 | 20 |
| उत्तर अमेरिका | 5 | 15 |
| अमेरिका मध्य–दक्षिण और केरेबियन | 8 | 12 |
| यूरोप ( अन्य–अतिरिक्त ईयू ) | | 10 |
| एशिया– दक्षिण पूर्व | 30 | 7 |
| अफ्रीका | 18 | 6 |
| ओसेनिया–एशिया मध्य पूर्व | | 4 |

Cow milk production and population source: FAO 2021

https://www.clal.it/en/?section=produzioni_popolazione_world

आज दुनिया की 26 प्रतिशत जनसंख्या एशिया महाद्वीप में रहती है, जबकि दुग्ध उत्पादन में इसकी भागीदारी 24 प्रतिशत है। यद्यपि यूरोप मे दुनिया की 6 प्रतिशत आबादी रहती है, वह दुनिया का 20 प्रतिशत दुग्ध उत्पादन कर रहा है। इसी तरह से उत्तर अमेरिका जहां केवल 5 प्रतिशत आबादी है वो भी 15 प्रतिशत दुग्ध उत्पादन कर रहा है। जबकि अफ्रिका जहाॅं संसार की 18 प्रतिशत आबादी रहती है, वो केवल 6 प्रतिशत ही दुग्ध उत्पादन कर रहा है ।

भारत दुग्ध उत्पादन में दुनिया में पहले स्थान पर है और वैश्विक दुग्ध उत्पादन में 24 प्रतिशत का योगदान देता है

**दुग्ध उत्पादन :** भारत दुनिया में दुग्ध का सबसे बड़ा उत्पादक बना हुआ है। सरकार द्वारा पशुधन की उत्पादकता बढ़ाने के लिए कई कार्यक्रम शुरू किए गए हैं, जिसके परिणामस्वरूप दुग्ध उत्पादन में उल्लेखनीय वृद्धि हुई है। 2020—21 और 2021—22 के दौरान दुग्ध का उत्पादन क्रमशः 209.96 मिलियन टन और 221.06 मिलियन टन है, जो 5.29 प्रतिशत की वार्षिक वृद्धि दर्शाता है। 2021—22 में प्रति व्यक्ति दुग्ध की उपलब्धता लगभग 444 ग्राम प्रतिदिन है। 2011—12 से 2021—22 तक प्रति वर्ष दुग्ध का उत्पादन और तदनुरूपी वार्षिक वृद्धि दर (%) नीचे दी गई है

**वार्षिक वृद्धि दर के अनुरूप दुग्ध का उत्पादन :**
**में 2011—12 से 2021—22 (सम्पूर्ण भारत)**

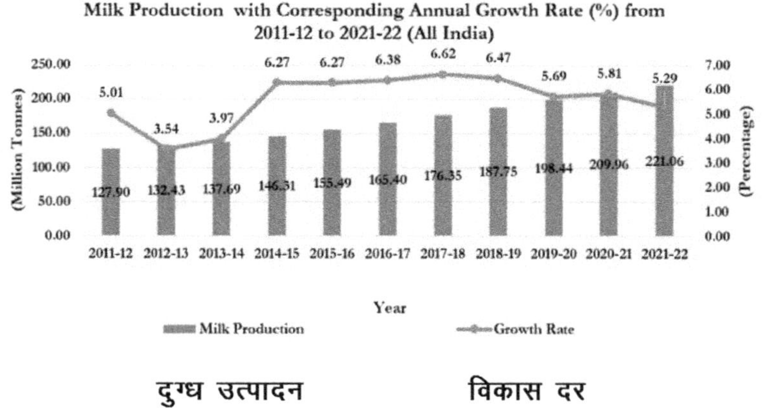


दुग्ध उत्पादन      विकास दर

| भारत : उत्पादन में प्रमुख दुग्ध उत्पादक राज्यों / केंद्र शासित प्रदेश की दुग्ध उत्पादन में हिस्सेदारी (वित्तीय वर्ष 2021–22) | |
|---|---|
| राज्य / केंद्र शसित प्रदेश | उत्पादन |
| राजस्थान | 15.05 |
| उत्तर प्रदेश | 14.93 |
| मध्य प्रदेश | 8.6 |
| गुजरात | 7.56 |
| आंध्र प्रदेश | 6.97 |
| महाराष्ट्र | 6.47 |
| पंजाब | 6.37 |
| बिहार | 5.48 |
| कर्नाटक | 5.34 |
| हरियाणा | 5.26 |
| तमिलनाडु | 4.57 |
| पश्चिम बंगाल | 2.9 |
| तेलंगाना | 2.63 |
| जम्मू और कश्मीर | 1.23 |

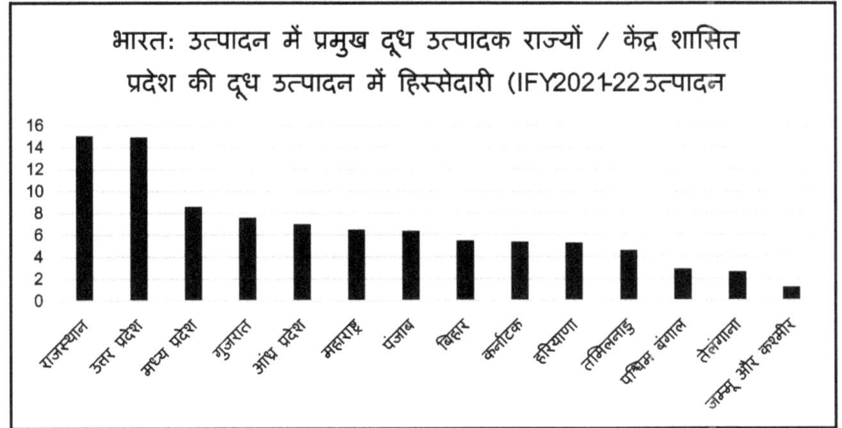


भारत के सभी राज्यों में दुग्ध उत्पान व्यापक स्तर पर होता है, क्योंकि दुग्ध व दुग्ध से बने उत्पाद आज भी ज्यादातर आबादी द्वारा बहुतायत में उपयोग किये जाते है। राज्य स्तर के आंकड़ो के अनुसार 2020–21 वित्तिय वर्ष के दौरान राजस्थान 15.05 प्रतिशत के दुग्ध उत्पादन के साथ शीर्ष पर है । जबकि 14.93 प्रतिशत के साथ उत्तरप्रदेश दुसरे व 8.60 प्रतिशत के साथ मध्य प्रदेश तीसरे स्थान पर है ।

पशुपालन मंत्रालय द्वारा जारी आंकड़ो के आधार पर राजस्थान, उत्तरप्रदेश, मध्यप्रदेश, गुजरात, और आन्ध्र प्रदेश शीर्ष 5 राज्यों में शामिल है । महाराष्ट्र, उत्तरप्रदेश, पश्चिम बंगाल, आन्ध्र प्रदेश व तैलगांना शीर्ष पॉच मॉस उत्पादन राज्यों के रूप में उभरे है

भारत में नस्ल प्रजाति के अनुसार 2021–22 के दुग्ध उत्पादन आकड़ो के अनुसार स्वदेशी नस्ल की भैंस का योगदान 31.58 प्रतिशत के साथ नम्बर एक पर है। क्रास नस्ल गाय 29.91 प्रतिशत के साथ दुसरे स्थान पर है। गैरनस्लीय गाय 10.35 प्रतिशत व 9.82 प्रतिशत के साथ चौथे व पाँचवे स्थान है। इसके साथ–साथ 2.93 प्रतिशत के साथ बकरी भी दुग्ध उत्पादन में महत्वपूर्ण योगदान दे रहीं है ।

दुग्ध के लिए औसत उपज दर 2021–22 के दौरान राष्ट्रीय स्तर पर विभिन्न प्रजातियों से प्रति दिन प्रति पशु दुग्ध की औसत उपज नीचे दर्शाई है–

| विदेशी गाय (किलोग्राम /दिन) | संकर नस्ल की गाय (किलोग्राम /दिन) | देशी गाय (किलोग्राम /दिन) | गैर–वर्णित गाय (किलोग्राम /दिन) | देशी भैंस (किलोग्राम /दिन) | गैर–वर्णात्मक भैंस (किलोग्राम /दिन) | बकरी (किलोग्राम /दिन) |
|---|---|---|---|---|---|---|
| 11.36 | 8.32 | 4.07 | 2.83 | 6.62 | 4.81 | 0.47 |

जैसा कि आंकड़े दर्शाते है कि ज्यादा फैट, उच्च उत्पादक क्षमता के कारण भैस आज दुग्ध उत्पादन में महत्वपूर्ण भूमिका निभा रहीं है इसके साथ–साथ क्रास नस्ल की गायों का भी महत्वपूर्ण योगदान है। आज के आर्थिक युग में किसानों ने नस्ल को ध्यान में रखकर पशुपालन को अपनाना शुरू कर दिया है ।

## भारत में प्रजातियों के अनुसार पशुधन जनसंख्या ( मिलियन संख्या )

| प्रजातियाँ | 1951 | 1956 | 1961 | 1966 | 1972 | 1977 | 1982 | 1987 | 1992 | 1997 | 2003 | 2007 | 2012 | 2019 |
|---|---|---|---|---|---|---|---|---|---|---|---|---|---|---|
| पशु | 155.3 | 158.7 | 175.6 | 176.2 | 178.3 | 180.0 | 192.5 | 199.7 | 204.6 | 198.9 | 185.2 | 199.1 | 190.9 | 192.5 |
| वयस्क मादा मवेशी | 54.4 | 47.3 | 51.0 | 51.8 | 53.4 | 54.6 | 59.2 | 62.1 | 64.4 | 64.4 | 64.5 | 73.0 | 76.7 | 81.4 |
| भैंस | 43.4 | 44.9 | 51.2 | 53.0 | 57.4 | 62.0 | 69.8 | 76.0 | 84.2 | 89.9 | 97.9 | 105.3 | 108.7 | 109.9 |
| वयस्क मादा भैंस | 21.0 | 21.7 | 24.3 | 25.4 | 28.6 | 31.3 | 32.5 | 39.1 | 43.8 | 46.8 | 51.0 | 54.5 | 56.6 | 55.0 |
| कुल गौवंश | **198.7** | **203.6** | **226.8** | **229.2** | **235.7** | **242.0** | **262.2** | **275.7** | **288.8** | **288.8** | **283.1** | **304.4** | **299.6** | **302.3** |
| भैड़ | 39.1 | 39.3 | 40.2 | 42.4 | 40.0 | 41.0 | 48.8 | 45.7 | 50.8 | 57.5 | 61.5 | 71.6 | 65.1 | 74.3 |
| बकरी | 47.2 | 55.4 | 60.9 | 64.6 | 67.5 | 75.6 | 95.3 | 110.2 | 115.3 | 122.7 | 124.4 | 140.5 | 135.2 | 148.9 |
| घोड़े और टट्टू | 1.5 | 1.5 | 1.3 | 1.1 | 0.9 | 0.9 | 0.9 | 0.8 | 0.8 | 0.8 | 0.8 | 0.6 | 0.6 | 0.3 |
| उंट | 0.6 | 0.8 | 0.9 | 1.0 | 1.1 | 1.1 | 1.1 | 1.0 | 1.0 | 0.9 | 0.6 | 0.5 | 0.4 | 0.3 |
| सुअर | 4.4 | 4.9 | 5.2 | 5.0 | 6.9 | 7.6 | 10.1 | 10.6 | 12.8 | 13.3 | 13.5 | 11.1 | 10.3 | 9.1 |
| खच्चर | 0.1 | 0.0 | 0.1 | 0.1 | 0.1 | 0.1 | 0.1 | 0.2 | 0.2 | 0.2 | 0.2 | 0.1 | 0.2 | 0.1 |
| गधे | 1.3 | 1.1 | 1.1 | 1.1 | 1.0 | 1.0 | 1.0 | 1.0 | 1.0 | 0.9 | 0.7 | 0.4 | 0.3 | 0.1 |
| याक | NC | NC | 0.0 | 0.0 | 0.0 | 0.1 | 0.1 | 0.0 | 0.1 | 0.1 | 0.1 | 0.1 | 0.1 | 0.1 |
| मिथुन | NA | NA | NA | NA | NA | NA | NA | NA | 0.2 | 0.2 | 0.3 | 0,3 | 0.3 | 0.4 |
| कुल पशुधन | **292.9** | **306.6** | **336.5** | **344.5** | **353.2** | **369.4** | **419.6** | **445.2** | **470.9** | **485.4** | **485.0** | **529.7** | **512.1** | **535.8** |
| मूर्गी पालन | 73.5 | 94.8 | 114.2 | 115.4 | 138.5 | 159.2 | 207.7 | 275.3 | 307.1 | 347.6 | 489.0 | 648.8 | 729.2 | 851.8 |

स्त्रोत : पशुधन जनगणना, एमएएफएएचडी, डीएएचडी, भारत सरकार

# भैंसो की नस्ले

*चयनात्मक प्रजनन के माध्यम से एक पीढ़ी और बाहर उत्पादित पशुधन की*
*विभिन्न नस्लों को संरक्षित करने का हमारा कोई नैतिक दायित्व नहीं है ।*
*हमें घरेलू पशुओं के विलुप्त होने से कोई समस्या नहीं है ।*
*वे मानव चयनात्मक प्रजनन की रचनाएँ हैं ।*
*- वेन पैकेले*

भैंस प्रजाति की उत्पत्ति भारत में हुई। वर्तमान समय की पालतू भैंसें बोस अरनी के वंशज हैं जो आज भी भारत के उत्तर–पूर्वी भागों विशेषकर असम और आसपास के क्षेत्रों में जंगली अवस्था में पाई जाती हैं। भैंसों को आम तौर पर नदी और दलदल प्रकारों में वर्गीकृत किया जाता है, हालांकि दोनों को बुबलस बुब्लिस कहा जाता है। भारत में अधिकांश जानवर नदी प्रकार के होते हुए भी दलदली प्रकार के हैं, जो देश के कुछ हिस्सों, विशेष रूप से भारत के पूर्वी हिस्सों में भी पाए जाते हैं।

भारत को भैंसों की कुछ सर्वोत्तम नस्लों का गृह क्षेत्र माना जाता है। दुग्ध के लिए भैंसों की प्राथमिकता के कारण तथा आबादी की दुग्ध की आवश्यकताओं को पूरा करने के लिए प्रजनन पथ से कई भैंसों को घनी आबादी वाले शहरी और औद्योगिक केंद्र में ले जाया जाता है। शहरों में आम तौर पर एक या दो सीजन में दुग्ध दुहने के बाद उनका वध कर दिया जाता है। भारतीय भैंसें आज दुग्ध आपूर्ति का महत्वपूर्ण स्रोत हैं और देशी गायों की तुलना में लगभग तीन गुना अधिक दुग्ध देती हैं इसी के कारण भैंसों की कीमत गायों से बहुत अधिक है । देश में उत्पादित कुल दुग्ध का आधे से अधिक लगभग (55 प्रतिशत) योगदान 47.22 मिलियन दुग्ध भैंसों द्वारा किया गया था, जबकि 57.0 मिलियन गायों का कुल दुग्ध उत्पादन में केवल 45 प्रतिशत योगदान था। भारतीय भैंसें जल भैंसें हैं। भैंसों की लगभग 10 देशी मानक नस्लें हैं, जो अपने दुग्ध देने के गुणों के लिए प्रसिद्ध हैं। भारत में दुग्ध देने वाली भैंस की नस्लों में मुख्यतः मुर्रा, महसाना, सूरती, जाफराबादी, नीली रावी, भदावरी, टोडा, पंढरपुरी एवं नागपुरी है।

भैंसे दो प्रकार की होती है –
1.	स्वेम्प बफेलो – दलदली भैंस
2.	रीवर बफेलो – नदिय भैंस

भैंस

| स्वेम्प बफैलो | रिवर बफैलो |
|---|---|
| 1. यह भैंस मलेशिया, थाईलैंड, इण्डोनेशिया दक्षिण – चीन, सिंगापुर व फिलीपींस देशों मे पाई जाती है। | 1. यह भारत, पाकिस्तान, बांग्लादेश, श्रीलंका व नेपाल में पाई जाती है। |
| 2. यह कम दूध देने वाली भैंस है। | 2. यह दूधारू पशु है। |
| 3. यह भैंस गन्दे पानी व कीचड़ में तैरना पसन्द करती है तथा अधिकतर जंगल में रहती है। | 3. यह स्वच्छ पानी में तैरना पसन्द करती है। |
| 4. इन भैंसों में 48 गुणसूत्र होते हैं। | 4. इनमें गुणसूत्रों की संख्या 50 होती है। |
| 5. यह बोझा ढोने के काम आती है तथा दूध बहुत कम देती है। | 5. यह दूध देने के काम आती है तथा इस नस्ल के नर भार ढोने के काम में लिये जाते हैं। |
| 6. इनके सींग बड़े होते है। | 6. सींग छोटे होते हैं। |

14

# मुर्रा

यह भैंसों की सबसे महत्वपूर्ण नस्ल है जिसका निवास स्थान हरियाणा के रोहतक, हिसार और जीन्द तथा पंजाब के नाभा और पटियाला जिले हैं।

## समानार्थी शब्द : दिल्ली, कुंडी, काली

- रंग आमतौर पर गहरा काला होता है और पूंछ, चेहरे और हाथ–पैर पर कभी–कभी सफेद निशान पाए जाते हैं।
- छल्लेदार, कसकर घुमावदार सींग इस नस्ल का एक महत्वपूर्ण लक्षण है। इसलिए इसे मुर्रा कहते हैं।
- शरीर का आकार विशाल, गर्दन और सिर अपेक्षाकृत लंबे होते हैं।
- मादाओं का सिर छोटा, महीन और स्पष्ट कटा हुआ होता है।
- कूल्हे चौड़े हैं और आगे और पीछे के हिस्से झुके हुए हैं।
- इस नस्ल की भैंसे भारत में सबसे अच्छा दुग्ध और मक्खन वसा उत्पादकों में से एक हैं।
- मक्खन में वसा की मात्रा 7 प्रतिशत या इससे अधिक होती है, औसत स्तनपान उपज 1500–2500 लीटर है, औसत दुग्ध उपज 8–10 लीटर प्रतिदिन है।
- जबकि कुछ व्यक्तिगत जानवर प्रति दिन 19.1 किलोग्राम तक उपज देते हैं।
- प्रथम ब्यांत के समय आयु 45–50 माह तथा अंतर ब्यांत की अवधि 450–500 दिन होती है।

- मुर्रा भैंस की ऑंखें छोटी व चमकीली होती है ।
- औसतन शारीरिक भार – नर – 500 किलोग्राम, मादा – 400 किलोग्राम।
- कान छोटे, पतले व लटके हुऐ होते है।
- भैसो मे गर्दन लम्बी व पतली तथा नर पशुओ मे छोटी व अधिक मजबूत व मोटी होती हैं ।
- भैस का शारीरिक वजन 650 किलो व पाड़े का वजन लगभग 750 किलो होता है।
- भैस की शारीरिक लम्बाई 133 सेन्टीमीटर व पाड़े की लम्बाई लगभग 142 सेन्टीमीटर होती है ।

# नीली रावी

यह नस्ल पंजाब के फिरोजपुर जिले की सतलुज घाटी और पाकिस्तान के साहीवाल जिले में पाई जाती है। (रावी नदी के आसपास पाला गया )

- आमतौर पर रंग काला होता है और माथे, चेहरे, थूथन (ल्योटी), पैर और पूंछ पर सफेद निशान होते हैं।
- भैंस का सबसे वांछित चरित्र सफेद निशानों का होना है।
- औसतन शारीरिक भार – नर – 600 किलोग्राम, मादा – 450 किलोग्राम।
- सिर लम्बा, ऊपर की ओर उभरा हुआ और आँखों के बीच दबा हुआ होता है। थूथन (ल्योटी) ठीक है।
- अंजर पंजर (फ्रेम) मध्यम आकार का है।
- सींग छोटे और कसकर कुंडलित होते हैं। गर्दन लम्बी, पतली और महीन होती है।
- दुग्ध की पैदावार 1500–1850 लीटर प्रति ब्यात है और अंतर ब्यांत अवधि 500–550 दिन है।
- प्रथम ब्यांत की आयु 45–50 माह होती है।
- पूँछ – लम्बी तथा पूँछ के बाल सफेद जमीन को छूते हुए।
- आँखे – कजरी बिल्ली के जैसी होती है।

# भदावरी

- भदावरी भैंस उत्तर प्रदेश के आगरा और इटावा जिले और मध्य प्रदेश के ग्वालियर जिले से निकली है।
- यह देश की सबसे अधिक पाली जाने वाली भैंस की नस्ल है।
- शरीर मध्यम आकार और पच्चर के आकार का है। सिर अपेक्षाकृत छोटा है, पैर छोटे और मजबूत हैं, और खुर काले हैं। पिछला भाग एक समान होता है और अगले भाग की तुलना में ऊँचा होता है।
- शरीर आमतौर पर हल्का या तांबे के रंग का होता है जो इस नस्ल की विशेषता है । आंखों की पलकें आमतौर पर तांबे या हल्के भूरे रंग की होती हैं।
- सुरती भैंस के समान गर्दन के निचले हिस्से में दो सफेद रेखाएं 'शेवरॉन' मौजूद होती हैं।
- सींग काले होते हैं, थोड़ा बाहर की ओर मुड़ते हैं, पीछे की ओर समानांतर और गर्दन के करीब चलने से पहले नीचे की ओर मुड़ते हैं और अंत में ऊपर की ओर मुड़ जाते हैं।
- औसत दुग्ध उत्पादन 1000 से 1200 लीटर प्रति ब्यात है।
- औसतन शारीरिक भार – नर – 600 किलोग्राम, मादा – 450 किलोग्राम।
- बैल उच्च गर्मी सहनशीलता के साथ अच्छे भारवाहक जानवर हैं।
- वसा की मात्रा 6 से 12.5 प्रतिशत तक होती है। यह नस्ल मोटे चारे को बटरफैट में बदलने में कुशल है और इसे उच्च बटर फैट सामग्री के लिए जाना जाता है।
- भैंस का शारीरिक वजन 425 किलो व पाड़े का वनज लगभग 475 किलो होता है ।

# जाफराबादी

- ये गिर के जंगलों में अपने शुद्ध रूप में पाए जाने वाले विशाल जानवर हैं। इस नस्ल का प्रजनन क्षेत्र गुजरात के कच्छ और जामनगर जिले हैं।
- सिर और गर्दन विशाल हैं। माथा बहुत उभरा हुआ, चौड़ा और बीच में हल्का सा गड्ढा है।
- सींग बड़े तथा भारी होते हैं, गर्दन के प्रत्येक तरफ झुकते हैं और फिर बिंदु पर ऊपर की ओर मुड़ते हैं, लेकिन मुर्रा (झुकते हुए सींग) की तुलना में कम कसकर घुमावदार होते हैं।
- रंग आमतौर पर काला होता है.
- औसत दुग्ध उपज 1100 से 1300 लीटर प्रति ब्यात है। इन जानवरों को ज्यादातर पारंपरिक प्रजनकों द्वारा पाला जाता है जिन्हें मालधारी कहा जाता है।
- इस नस्ल के भैंसे भारी होते हैं और हल चलाने तथा बैलगाड़ी चलाने के काम आते हैं।
- औसतन शारीरिक भार – नर – 600 किलोग्राम, मादा – 460 किलोग्राम।

# सुरती

- इस नस्ल का प्रजनन क्षेत्र गुजरात का कैरा और बड़ौदा जिला है।
- कोट का रंग जंग लगे भूरे से सिल्वर–ग्रे तक भिन्न होता है। त्वचा काली या भूरी होती है.
- शरीर सुगठित और मध्यम आकार का है बैरल पच्चर (ढोलनुमा) के आकार का है।
- सिर लम्बा है और आँखें उभरी हुई हैं।
- सींग दरांती के आकार के, मध्यम लंबे और चपटे होते हैं।
- रंग काला या भूरा होता है
- पूँछ लम्बी सफेद, Fetlock joint तक लटकी हुई।
- नस्ल की खासियत दो सफेद कॉलर हैं, एक जबड़े के चारों ओर और दूसरा छाती
- दुग्ध की पैदावार 900 से 1300 लीटर प्रति ब्यात तक होती है।
- पहले ब्यांत की उम्र 40–50 महीने होती है और अंतराल अवधि 400–500 दिन होती है।
- इस नस्ल की खासियत दुग्ध में वसा का बहुत अधिक प्रतिशत (8–12 प्रतिशत) है।
- औसतन शारीरिक भार – नर – 475 किलोग्राम, मादा – 400 किलोग्राम।

# मेहसाणा

- मेहसाणा भैंस की एक नस्ल है जो गुजरात और निकटवर्ती महाराष्ट्र राज्य के मेहसाणा शहर में पाई जाती है, मुख्यतः गुजरात के साबरकांठा व बनासकांठा में पायी जाती है ।
- शरीर अधिकतर काला है कुछ जानवर काले–भूरे रंग के होते हैं।
- ऐसा माना जाता है कि यह नस्ल सुरती और मुर्रा के बीच संकरण से विकसित हुई है ।
- मुर्रा की तुलना में शरीर लंबा होता है और अंग हल्के होते हैं ।
- सिर लम्बा और भारी होता है ।
- मुर्रा नस्ल की तुलना में सींग आमतौर पर अंत में कम घुमावदार होते हैं लेकिन लंबे होते हैं और अनियमित आकार के हो सकते हैं ।
- पूँछ लम्बी और काली ।
- दुग्ध की पैदावार 1200–1500 लीटर प्रति ब्यात है ।
- माना जाता है कि नस्ल में अच्छी दृढ़ता होती है ।
- एक ब्यात से दूसरे ब्यात के बीच की अवधि अनुमानतः 450–550 दिनों की होती है ।
- इसकी अनुमानित उंचाई 124 सेन्टीमीटर तक होती है ।
- औसतन शारीरिक भार – नर – 550 किलोग्राम, मादा – 420 किलोग्राम।

# नागपुरी (या) एलीचपुरी

- इस नस्ल का प्रजनन क्षेत्र महाराष्ट्र के नागपुर, अकोला और अमरावती जिले हैं।
- ये काले रंग का जानवर है जिसके चेहरे, पैर और पूंछ पर सफेद धब्बे होते हैं।
- इसे एलिचपुरी या बरारी भी कहा जाता है।
- सींग लंबे, सपाट और घुमावदार होते हैं, जो पीठ के दोनों ओर लगभग कंधे तक पीछे की ओर झुके होते हैं
- झुंड के आकार के सींग। इस प्रकार के सींगों का एक विशेष लाभ यह है कि वे जानवरों को जंगली जानवरों से बचाने में मदद करते हैं और जंगल में घूमने में भी आसान होते हैं।
- चेहरा लम्बा और पतला है. गर्दन कुछ लम्बी है।
- औसत दुग्ध उपज 700–1200 लीटर प्रति ब्यात है।
- पहले ब्यांत की आयु 45–50 महीने होती है और अंतर–ब्यांत अवधि 450–550 दिनों की होती है।

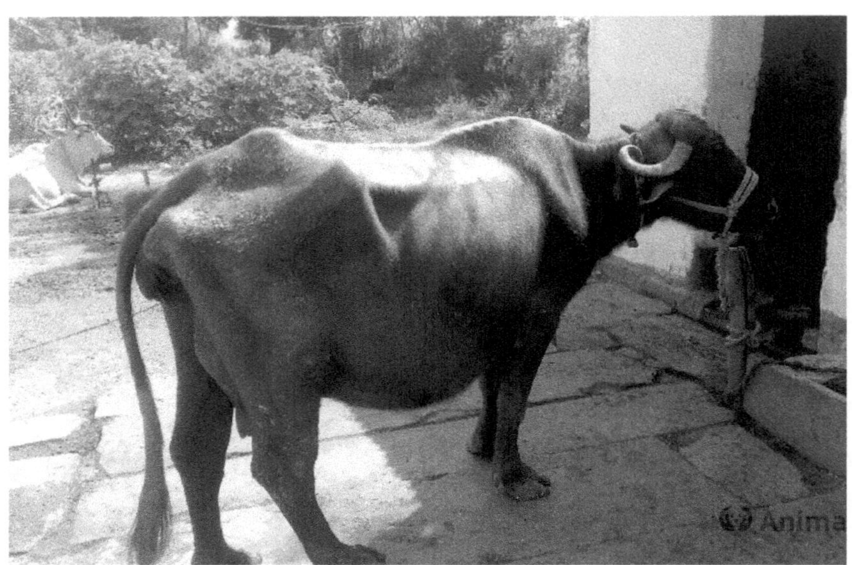

# गोदावरी

- गोदावरी मुर्रा बैल के साथ देशी भैंसों के संकरण का परिणाम है।
- गृह क्षेत्र गोदावरी और कृष्णा डेल्टा क्षेत्र है
- जानवर मध्यम कद और सुगठित शरीर वाले होते हैं। मोटे भूरे बालों की एक विरल परत के साथ रंग मुख्यतः काला है।
- गोदावरी भैंसें उच्च वसा के लिए प्रसिद्ध हैं, जिनकी दैनिक औसत दूध उपज 5–8 लीटर और दुग्ध उत्पादन 1200–1500 लीटर होता है।
- जानवर नियमित रूप से प्रजनन करते हैं और मुर्रा की तुलना में उनके बच्चे पैदा करने का अंतराल कम होता है।

# टोडा

- भैंसों की टोडा नस्ल का नाम दक्षिण भारत की नीलगिरी की एक प्राचीन जनजाति टोडा के नाम पर रखा गया है।
- जन्म के समय बछड़े के कोट का रंग आम तौर पर मटमैला होता है।
- वयस्कों में मुख्य रूप से कोट का रंग भूरा और राख–ग्रे होता है।
- ये भैंसें अन्य नस्लों से काफी अलग हैं और नीलगिरी पहाड़ियों की मूल निवासी हैं।
- जानवरों का शरीर लंबा, गहरी और चौड़ी छाती और छोटे और मजबूत पैर होते हैं।
- सिर भारी होता है और सींग काफी दूर–दूर होते हैं, अंदर–बाहर और आगे की ओर मुड़े होते हैं।
- पूरे शरीर पर घने बालों का आवरण पाया जाता है। वे स्वभाव से मिलनसार हैं।
- टोडा नस्ल की भैंस प्रति ब्यात लगभग 500 लीटर दुग्ध उत्पादन देती है।

# पंढरपुरी

- पंढरपुरी नस्ल मूल रूप से दक्षिण महाराष्ट्र में कोल्हापुर, सोलापुर जिलों से निकली है।
- शरीर का रंग हल्के काले से गहरे काले तक भिन्न होता है।
- यह मध्यम आकार का जानवर है जिसका लंबा संकीर्ण चेहरा, बहुत उभरी हुई और सीधी नाक की हड्डी, तुलनात्मक रूप से संकीर्ण ललाट की हड्डी और लंबा कॉम्पैक्ट शरीर होता है।
- इस नस्ल की विशिष्ट विशेषता इसके सींग हैं जो बहुत लंबे, पीछे की ओर, ऊपर की ओर मुड़े हुए और आमतौर पर बाहर की ओर मुड़े हुए होते हैं। सींग बहुत लंबे होते हैं जो कंधे आगे तक फैले होते हैं, कभी–कभी पिन की हड्डियों तक भी फैले हुए होते है।
- पंढरपुरी भैंस प्रति ब्यात लगभग 1200–1400 लीटर दुग्ध उत्पाद करती है।
- प्रति ब्यात दुग्ध उत्पादन अवधि लगभग 305 दिन है।

# गायों की नस्ले



भारत में गौ पशुओं की 53 नस्लें राष्ट्रीय पशु आनुवांशिक संस्थान ब्यूरो द्वारा पंजीकृत है और 13 अपंजीकृत गौवंश नस्ले भी है ।

खाद्य और कृषि संगठन (1999) की नस्ल अवधारणा की व्यापक परिभाषा में कहा गया है कि '' या तो निश्चित और पहचान योग्य बाहरी विशेषताओं के साथ घरेलु पशुधन का एक उप विशिष्ट समूह जो इस प्रकार की प्रजाति के भीतर अन्य समान परिभाषित समूहों से दृश्य मूल्यांकन द्वारा अलग करने में सक्षम बनाता है या एक समूह जिसके लिए प्ररूपी रूप से समान समूहों से भौगोलिक और या सांस्कृतिक अलगाव ने अपनी पहचान को स्वीकार किया है ।

इसलिए एक घरेलु पशु आबादी को नस्ल के रूप में माना जा सकता है यदि जानवर मानदण्डो को पूरा करते है ( FAO 2012 Raja et 91.2017)

भारतीय गाय की उत्पति लगभग 610000 से 850000 वर्ष पहले हुइ थी ( MC Hagh et 91.1997 ) भारत सहित उष्णकटिबंधिय देशों में अधिकांश स्वदेशी पशु जेबू प्रजाति के है ।

| भारतीय गाय | विदेशी गाय |
| --- | --- |
| 1- भारतीय गायों का अगला हिस्सा चौड़ा होता है | विदेशी गायों के पुठ्ठे चौड़े होते है |
| 2- भारी भारतीय गायों के सिर के उपर सीगों के बीच में सिर पर 3 बार होता है । | विदेशी गायो में यह समतल होता है । |
| 3- भारतीय गायों के सींग आकार में बड़े होते है। | विदेशी गायों के सींग छोटै आकार के होते है। |
| 4- भारतीय गायों के कान लम्बे व लटकने वाले होते है | विदेशी गायों के कान छोटे व गोलाई लिये होते है । |
| 5- भारतीय गायों के गर्दन के नीचे गलकम्बल पूरी तरह विकसित होता है । | विदेशी गायों का गल कम्बल बहुत छोटा होता है |
| 6- भारतीय गायों की पूंछ लम्बी होती है । | विदेशी गायों की पूंछ अपेक्षाकृत कम लम्बी होती है । |
| 7- भारतीय गायों की लवटी (उदूर) शरीर के साथ कसकर जुड़ी होती है । | विदेशी गायों की लेवटी शरीर के साथ ढीली सी जुड़ी होती है । |
| 8- देशी गायों के बाल कम सघन एवं पतले रोयेदार होते है । | विदेशी नस्ल की गायों पर अपेक्षाकृत ज्यादा बाल होते है । |
| 9- देशी गायों की रोगप्रतिरोधक क्षमता ज्यादा होती हे । | विदेशी गायों की रोगप्रतिरोधक क्षमता अपेक्षाकृत कम होती है |
| 10-देशी नस्ल की गायें कम पोष्टिक चारे पर भी गुजारा कर सकती है । | विदेशी नस्ल की गायों को अच्छा पौष्टिक आहार अनिवार्य है |
| 11-देशी नस्ल की गायों को कम पानी की आवश्यकता होती है । | विदेशी नस्ल की गायों को अपेक्षाकृत अधिक पानी की आवष्यकता होती है । |
| 12-देशी नस्ल की गायें अपने जीवनकाल में 8–10 बार बच्चे को जन्म दे सकती है । | विदेशी नस्ल की गायें 4–6 बार ही दुग्ध अवस्था में आती है |

भारतीय गायों को नस्लों को उनके उद्गम के आधार पर दो भागों में बाटा गया है।

## गायों की देशी नस्लें और विदेशी नस्लें

देशी नस्लें (Indigenous Breads )

देशी नस्ल की गायों को उनकी उपयोगिता के आधार पर निम्न श्रैणियों में विभाजित किया गया है –

### भारतीय गायों की देशी नस्लें

| दुधारू नस्ले ( Milk breeds ) | द्विकाजी नस्ले ( Dual purpose breeds ) | भारवाहक नस्ले ( Draught breeds ) |
|---|---|---|
| • इन नस्लों की गाय दुग्ध अधिक देती है । <br> • बैल / नर बछड़े सुस्त होते है। <br> • कृषि कार्य के लिए अधिक उपयोगी नहीं होते है । <br> • शरीर में भारी होते है । | • इन नस्ल की गाय मध्यम दूध देती है । <br> • बैल कृषि कार्य तथा भार ढोने में अच्छे होते है। <br> • शरीर का आकार मध्यम होता है । | • इन नस्ल की गायें दूध कम देती है । <br> • बैल कृषि कार्य के लिए भारवाहक होते है। <br> • शरीर में फुर्तिले होते है । |
| उदाहरण :– <br> 1- गिर ( Gir ) <br> 2-थारपारकर (Tharparkar ) <br> 3-सहीवाल ( Sahiwal) <br> 4-रेडिसिंधी (Redsindi) <br> 5-अन्य -1 देवनी (Deoni) | उदाहरण :– <br> 1.कॉकरेज ( Kankrej ) <br> 2-मेवाती (Mewati) <br> 3-राठी ( Rathi) <br> 4-हरियाणा(Haryana) <br> 5-अन्य - <br> ऑंगोल (Ongole) <br> डांगी ( Dangi ) <br> निमरी (Nimari) | उदाहरण :– <br> 1.नागौरी ( Nagori ) <br> 2-मालवी (Malvi) <br> अन्य - <br> अमृत महल (Amrit Mahal) <br> हॉलीकर ( Hallikar) <br> खिलाड़ी (Khillari) <br> कृष्णा वेली (Krishna Valley) |

# गायों की नस्ले
## मवेशियों की स्वदेशी डेयरी नस्लें

# गिर

- इस नस्ल को भदावरी, देसन, गुजराती, काठियावाड़ी, सोरथी और सुरती के नाम से भी जाना जाता है।
- गुजरात में दक्षिण काठियावाड़ के गिर जंगलों में उत्पन्न, महाराष्ट्र और निकटवर्ती राजस्थान में अजमेर, भीलवाडा, जयपुर, व समीपवर्ती जिलो में पायी जाती है।
- चौडा व उन्नत ललाट, ढाल की तरह सिर के अधिकांश भाग को ढका रखता है।
- लम्बे ओर सामनें की ओर खुले, लटकते हुए कान होते है।
- कमर सीधी व मजबुत होती हैं।
- पूँछ लम्बी, चाबुकनुमा, काले बाल जमीन को छूते हुए।
- त्वचा का मूल रंग गहरे लाल या चॉकलेट–भूरे धब्बों के साथ सफेद या कभी–कभी काला या शुद्ध लाल होता है।
- सींग विशेष रूप से घुमावदार हैं, जो ''आधे चाँद'' की तरह दिखते हैं।
- गिर वंश की गाय ज्यादा दुग्ध के लिए प्रसिद्ध हैं।
- दूध की पैदावार प्रति स्तनपान 1200–1800 लीटर तक होती है।
- प्रथम ब्यांत के समय आयु 45–54 माह तथा अंतर ब्यांत की अवधि 515 से 600 दिन तक होती है।
- यह अपनी कठोरता और रोग प्रतिरोधक क्षमता के लिए जाना जाता है।
- औसतन शारीरिक भार – नर – 540 किलोग्राम, मादा – 386 किलोग्राम।

# काकंरेज

- जन्म स्थान गुजरात का कच्छ रण का दक्षिणी – पूर्वी हिस्सा ।
- यह नस्ल मुख्यतया बाडमेर, जालोर, साचोर, जोधपुर आदि जिलो मे पायी जाती है ।
- इस नस्ल के पशुओ का शरीर लम्बा व शक्तिशाली होता है ।
- अपेक्षाकृत चौडा ललाट जो बीच मे से धँसा हुआ होता है ।
- इस वंश के पशु तेज गति व बोझा ढोने के लिए प्रसिद्ध है ।
- इसके सींग मजबूत व मुडे हुए जो मस्तक के बाहरी कोनो से निकलकर बाहर की ओर, फिर उपर व बाद मे अंदर की ओर मुडे हुए होते है । ये सींग काफी ऊचाई तक चमडी से ढके रहते हैं ।
- इस नस्ल के पशुओ की प्रमुख पहचान इनकी सवाई चाल है । (चलते समय पशु का पिछला पेर जमीन पर टिकने से पहले ही अगला पैर उठ जाता है ।)
- औसतन शारीरिक भार – नर – 520 किलोग्राम, मादा – 480 किलोग्राम ।
- औसत दुग्ध उत्पादन 1300 – 1500 लीटर प्रति ब्यात ।
- दुग्ध में वसा लगभग 4.8 प्रतिशत ।

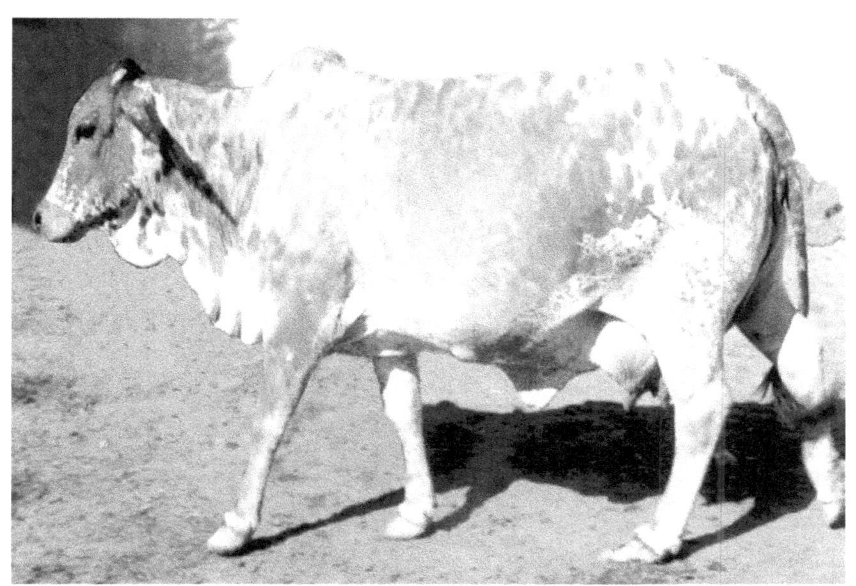

# राठी

- उत्पति इस नस्ल की उत्पति साहीवाल रेड सिन्धी के संकरण से हुई है।
- इस नस्ल के पशु राजस्थान के बीकानेर, व समीपवर्ती चुरू, गंगानगर, हनुमानगढ़ जिलो मे पाये जाते है।
- रंग – चितकबरा लाल में सफेद धब्बे, लाल व भूरा अर्थात उक्त तीनों नस्ल का मिश्रित रंग होता है।
- शुष्क क्षेत्र मे पाये जाने वाले यह मध्यम आकार व मजबूत किस्म के होते है।
- पशुओं का ललाट धँसा हुआ होता है।
- सींग छोटे व सीगों के मध्य मे हड्डी का उभार स्पष्ट होता है।
- इस पशु की त्वचा ढीली होती है।
- सीधी कमर व पूठे ढालू होते है।
- मुतान लटका हुआ लेकिन अधिक विकसित नही होता है।
- इन पशुओ की पूंछ छोटी व काली होती है जो कि टकने तक पहुचती है।
- औसतन शारीरिक भार – नर – 400 किलोग्राम, मादा – 344 किलोग्राम।
- औसत दुग्ध उत्पादन 1000 – 1500 लीटर प्रति ब्यात।

# थारपारकर

- जन्म स्थान हैदराबाद राज्य का थारपारकर जिला तथा पाकिस्तान का जिला सिंध प्रांत इस क्षेत्र को कच्छ रणक्षेत्र भी कहते है ।
- यह नस्ल मुख्यतया राजस्थान के बाडमेर व जैसलमेर जिलों मे पायी जाती हैं ।
- चौडा मस्तक व उभरा हुआ ललाट होता है ।
- मध्यम आकार के सींग जो मस्तक के बगल से सीधी दिशा मे निकलकर धीरे धीरे उपर व अंदर की ओर मुडते हे ।
- काले झॅवर वाली पूंछ जो, डी तक पहुचती हैं ।
- गायों का अयन (गादी) (ओगंरी) विकसित होता है ।
- दुग्ध शिराये अयन पर विकसित व दिखाई देती है ।
- कान लम्बे व लटकते हुए होते है ।
- पीठ लम्बी, सीधी व नर में थूई भरी भरकम मांसल व पूर्ण सुविकसित होती है ।
- औसतन शारीरिक भार – नर – 480 किलोग्राम, मादा – 400 किलोग्राम ।
- औसत दुग्ध उत्पादन 2000 – 2500 लीटर प्रति ब्यात ।
- दुग्ध में वसा लगभग 4.88 प्रतिशत ।

# मालवी

- जन्म स्थान मालवा मध्यप्रदेश।
- यह नस्ल मुख्यतया राजस्थान के झालावाड, कोटा, बून्दी व सवाईमाधोपुर जिलों मे पायी जाती है।
- रंग हल्का धूसर, सफेद।
- कान छोटे व नुकीले।
- सींग छोटे, मोटे, नुकीले।
- गलकम्बल पूर्ण विकसित।
- इस नस्ल मे बैल बोझा ढोने मे अच्छे होते है।
- औसतन शारीरिक भार – नर – 480 किलोग्राम, मादा – 400 किलोग्राम।
- औसत दुग्ध उत्पादन 1300 – 1500 लीटर प्रति ब्यात।

# नागौरी

- जन्म नागौर जिला।
- यह नस्ल राजस्थान के नागौर व जोधपुर जिलो मे पायी जाती हैं।
- मुँह लम्बा, संकरा।
- सींग औसतन लम्बाई के ऊपर उठे हुए, नोंक अन्दर की तरफ मुड़ी हुई।
- पैर सीधे होते हैं।
- बैल शक्तिशाली होते है।
- इस नस्ल के बैल बोझा ढोने के सबसे उपयुक्त होते है।

# लाल सिंधी

- इस नस्ल को लाल कराची, सिंधी और माही भी कहा जाता है।
- अविभाजित भारत के हैदराबाद और कराची (पाकिस्तान) क्षेत्रों में उत्पन्न हुआ और हमारे देश में कुछ संगठित खेतों में भी पाला गया।
- रंग लाल है जिसमें गहरे लाल से लेकर हल्के रंग, सफेद रंग की धारियां हैं।
- थूई नर की थूई भली–भांति विकसित।
- गलकम्बल पूर्ण विकसित तथा नर में सीथ लटका हुआ होता है।
- दुग्ध की पैदावार प्रति स्तनपान 1250 से 1800 लीटर तक होती है।
- प्रथम ब्यांत के समय आयु 39–50 माह तथा अंतर ब्यांत की अवधि 425–540 दिन होती है।
- सुस्त और धीमे होने के बावजूद बैलों का उपयोग सड़क और खेत के काम में किया जा सकता है।
- औसतन शारीरिक भार – नर – 480 किलोग्राम, मादा – 386 किलोग्राम।

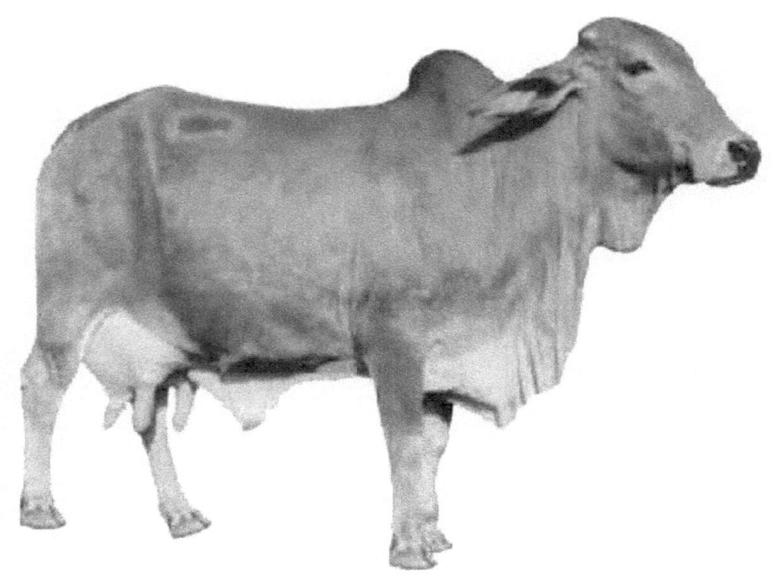

# साहीवाल

- जन्म स्थान – अविभाजित भारत के मोंटगोमरी क्षेत्र में उत्पन्न हुआ।
- इस नस्ल को लोला (ढीली त्वचा), लैंबी बार, मोंटगोमरी, मुल्तानी, तेली के नाम से भी जाना जाता है।
- सर्वोत्तम देशी डेयरी नस्ल।
- रंग लाल मटमैला या हल्का लाल होता है, कभी–कभी सफेद धब्बों के साथ चमकता है।
- शरीर भारी, त्वचा ढीली, छोटे पैर, चौड़ा ललाट, नर में – एक तरफ झुकी हुई सुविकसित भारी भरकम थूई।
- गलकम्बल भारी भरकम
- इस नस्ल की औसत दुग्ध उपज 1400 से 2500 किलोग्राम प्रति स्तनपान के बीच है।
- पहले ब्याने की उम्र 37 से 48 महीने तक होती है और ब्याने का अंतराल 430 से 580 दिन होता है।
- औसतन शारीरिक भार – नर – 550 किलोग्राम, मादा – 400 किलोग्राम।
- औसत दुग्ध उत्पादन 2500 – 3000 लीटर प्रति ब्यात।
- दुग्ध में वसा लगभग 5.0 प्रतिशत।

# मवेशियों की स्वदेशी ड्राफ्ट नस्लें

## हल्लीकर

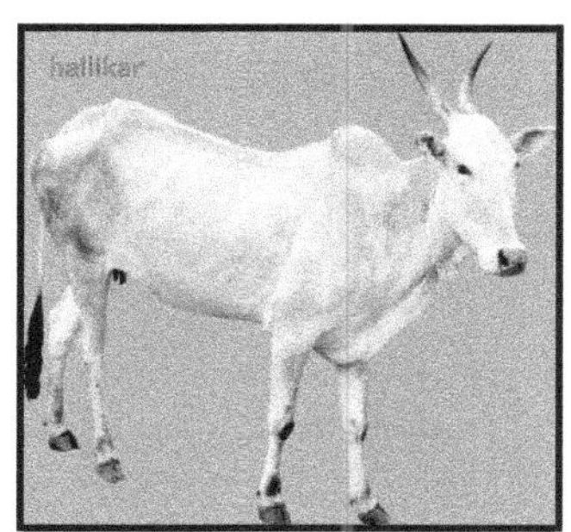


इसकी उत्पत्ति पूर्व विजयनगरम रियासत से हुई, जो वर्तमान में कर्नाटक का हिस्सा है।

* रंग भूरा या गहरा भूरा होता है।
* वे सुगठित, मांसल और मध्यम आकार के जानवर हैं जिनका माथा, लंबे सींग और मजबूत पैर हैं।
* यह नस्ल अपनी भारवाहक क्षमता और विशेष रूप से अपनी घूमने की क्षमता के लिए जानी जाती है।

## अमृतमहल

* कर्नाटक के हसन, चिकमगलूर और चित्रदुर्ग जिले में उत्पन्न हुई।
* मैसूर के महाराजाओं ने इस नस्ल को विकसित किया था।
* थूथन, करतब और पूंछ आमतौर पर काले होते हैं।
* सींग लंबे होते हैं और अंत में नुकीले काले बिंदु होते हैं।
* अमृतमहल भूरे रंग के मवेशी हैं लेकिन उनका रंग लगभग सफेद से लेकर लगभग काला तक होता है।

## खिल्लारी

* महाराष्ट्र के शोलापुर और सीतापुर जिलों से उत्पन्न।
* यह हॉलिकर नस्ल से काफी मिलता–जुलता है।
* भूरे–सफेद रंग का नवजात शिशुओं का रंग मटमैला लाल होता है जो कुछ महीनों में गायब हो जाता है।
* लंबे सींग एक अजीब ढंग से आगे की ओर मुड़ते हैं। सींग आमतौर पर काले, कभी–कभी गुलाबी

* रंग के होते हैं।
* बैल तेज और शक्तिशाली होते हैं।

# कंगायम

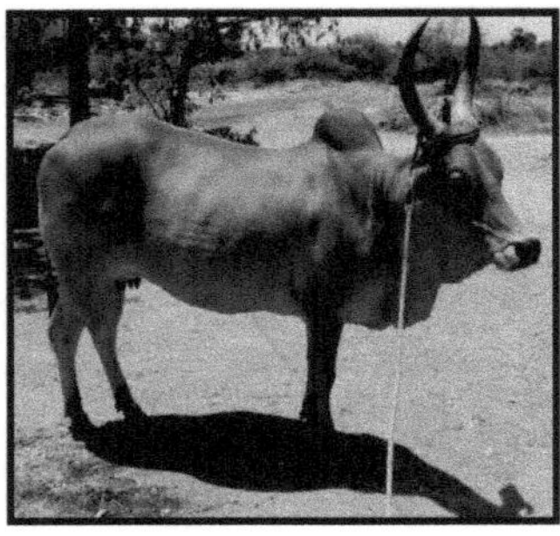

* इसे कोंगु और कोंगनाड के नाम से भी जाना जाता है।
* कांगयम, धारापुरम, पेरुंदुरई, इरोड, भवानी और इरोड और कोयंबटूर जिले के गोबिचेट्टीपलायम ताल्लुका के हिस्से में उत्पन्न हुई।
* कांगयम नस्ल का विकास पलायाकोट्टई के दिवंगत पट्टोगर, श्री एन. नल्लथम्बी सरकार मनराडियार के प्रयासों से किया गया था।
* जन्म के समय कोट लाल होता है, लेकिन लगभग 6 महीने की उम्र में यह भूरे रंग में बदल जाता है।
* बैल भूरे रंग के होते हैं और कूबड़, आगे और पीछे का भाग गहरे रंग का होता है।
* सींग अलग–अलग फैले हुए हैं, लगभग सीधे और थोड़ा पीछे की ओर मुड़े हुए हैं।
* गायें भूरे या सफेद रंग की होती हैं। हालाँकि, लाल, काले, भूरे और टूटे रंग वाले जानवर भी देखे जाते हैं।
* आंखें काली और उभरी हुई हैं और उनके चारों ओर काले छल्ले हैं।
* कॉम्पैक्ट बॉडी के साथ मध्यम आकार।

# बरगुर

* इरोड जिले के भवानी तालुक में बरगुर पहाड़ियों के आसपास पाया जाता है।
* असमान पहाड़ी इलाकों में काम के लिए विकसित किया गया।
* बरगुर मवेशी सफेद निशान के साथ भूरे रंग के होते हैं। कुछ सफेद या गहरे भूरे रंग के जानवर भी नजर आते हैं।
* जानवर अच्छी तरह से निर्मित, कॉम्पैक्ट और मध्यम आकार के होते हैं।
* चलने में उनकी गति और सहनशक्ति के लिए जाना जाता है।

* व्यवहार में सतर्क और अजनबियों से दूर रहने की प्रवृत्ति होती है।

# छाता

* इसे जथि मदु, मोट्टई मदु, मोलाई मदु, थेरकाथी मदु भी कहा जाता है।
* तमिलनाडु के तंजावुर, तिरुवरुर और नागप्पट्टिनम जिलों में उत्पन्न हुई।
* गीली जुताई के लिए उपयुक्त और अपनी मजबूती और मजबूती के लिए जाने जाते हैं।
* अम्बलाचेरी बछड़े जन्म के समय आम तौर पर लाल या भूरे रंग के होते हैं और चेहरे, अंगों और पूंछ पर सभी विशिष्ट सफेद निशान होते हैं।
* पैरों में जुराबों के नीचे मोजे की तरह सफेद निशान होते हैं।
* अम्बलाचेरी मवेशियों में बैलों के सींग उतारने की प्रथा अनोखी है। अन्य नस्लों के विपरीत बैलों के सींग कटे हुए होते हैं।

# पुलिकुलम

* यह नस्ल आमतौर पर तमिलनाडु के मदुरै जिले की कंबुम घाटी में देखी जाती है।
* इसे जल्लीकट्टू मदु, किदाई मदु, सेंथराई के नाम से भी जाना जाता है।
* आकार में छोटा, आमतौर पर भूरे या गहरे भूरे रंग का खेत के निशान के साथ।
* अच्छी तरह से विकसित कूबड़।
* मुख्य रूप से खेत में कलम लगाने के लिए उपयोग किया जाता है।
* जुताई के लिए उपयोगी।
* थूथन, आँखों, स्विच और पीठ पर लाल या भूरे रंग के धब्बों की उपस्थिति इस नस्ल की विशिष्ट विशेषता है।
* उनके पास मैसूर प्रकार के मवेशियों के विशिष्ट पिछड़े घुमावदार सींग हैं।

# मवेशियों की स्वदेशी दोहरे उद्देश्य वाली नस्लें बैल की प्रजातियाँ

## थारपारकर

- अविभाजित भारत के थारपारकर जिले (वर्तमान पाकिस्तान) में उत्पन्न और राजस्थान में भी पाया जाता है।
- इनको सफेद सिंधी, ग्रे सिंधी और थारी के रूप में जाना जाता है।
- वे मध्यम आकार के, सघन और वीणा के आकार के सींग वाले होते हैं।
- शरीर का रंग सफेद या हल्का भूरा होता है।
- बैल जुताई और ढलाई के लिए काफी उपयुक्त होते हैं और गायें प्रति स्तनपान 1800 से 2600 लीटर दुग्ध देती हैं।
- प्रथम ब्यांत के समय आयु 38 से 42 माह तथा अंतर ब्यांत की अवधि 430 से 460 दिन तक होती है।

## हरियाणा

- इसकी उत्पत्ति हरियाणा के रोहतक, हिसार, जींद और गुड़गांव जिलों से हुई और यह पंजाब, यूपी और एमपी के कुछ हिस्सों में भी लोकप्रिय है।
- सींग छोटे होते हैं.
- बैल शक्तिशाली काम करने वाले जानवर हैं।
- हरियाणा गायें दुग्ध देने वाली होती हैं और स्तनपान के दौरान 600 से 800 लीटर तक दुग्ध देती हैं।
- पहले ब्याने ( बच्चे को जन्म ) देने की उम्र 40 से 60 महीने होती है और ब्याने का अंतराल 480 से 630 दिन होता है।

## कांकरेज

- इसे वदाद या वागेद, वाधिआर भी कहा जाता है।
- इसकी उत्पत्ति गुजरात और निकटवर्ती राजस्थान (बाड़मेर और जोधपुर जिले) के कच्छ के दक्षिणपूर्व रण से हुई है।
- सींग वीणा के आकार के होते हैं।

- जानवर का रंग सिल्वर–ग्रे से लेकर आयरन–ग्रे या स्टील ब्लैक तक भिन्न होता है।
- कांकरेज की चाल अनोखी है जिसे 1 ( कदम (सवाई चाल) कहा जाता है।
- कांकरेज को तेज, शक्तिशाली, वजन ढोने वाले मवेशियों के लिए जाना जाता है। जुताई और ढुलाई में उपयोगी।
- गायें अच्छी दुग्ध देने वाली होती हैं और प्रति स्तनपान लगभग 1400 लीटर दुग्ध देती हैं।

# ओंगोल

- अन्यथा नेल्लोर के नाम से जाना जाता है।
- गृह क्षेत्र आंध्र प्रदेश के गुंटूर जिले में ओंगोल तालुक है।
- अच्छी तरह से विकसित कूबड़ वाली बड़ी मांसल नस्ल।
- भारी ड्राफ्ट कार्य के लिए उपयुक्त।
- सफेद या हल्के भूरे रंग का।
- औसत दुग्ध उपज 1000 लीटर प्रति स्तनपान है। पहले ब्यांत की आयु 38 से 45 महीने होती है और मध्य ब्यांत की अवधि 470 दिन होती है।
- मांस मवेशियों के विकास के लिए दक्षिण पूर्व एशियाई और अमेरिकी देशों को निर्यात किया जाता है।

# कृष्णा घाटी

- इसकी उत्पत्ति कर्नाटक में कृष्णा नदी के जल क्षेत्र की काली कपास मिट्टी से हुई है और यह महाराष्ट्र के सीमावर्ती जिलों में भी पाई जाती है।
- जानवर बड़े होते हैं, गहरे, ढीले–ढाले छोटे शरीर वाले विशाल शरीर वाले होते हैं।
- पूँछ लगभग जमीन तक पहुँच जाती है।
- नर में आम रंग ग्रे सफेद होता है और आगे और पीछे के हिस्सों पर गहरा शेड होता है। वयस्क मादाएं दिखने में अधिक सफेद होती हैं।
- इस नस्ल के बैल शक्तिशाली जानवर हैं जो धीमी गति से जुताई के लिए उपयोगी होते हैं, और उनके अच्छे काम करने के गुणों के लिए मूल्यवान होते हैं।
- गायें अच्छी दुग्ध देने वाली होती हैं, औसत उपज लगभग 900 लीटर प्रति स्तनपान होती है।

# देवनी

- इस नस्ल को डोंगरपति, डोंगरी, वानेरा, वाघिड, बालांक्य, शेवेरा के नाम से भी जाना जाता है।
- इसकी उत्पत्ति पश्चिमी आंध्र प्रदेश में हुई है और यह महाराष्ट्र राज्य के मराठवाड़ा क्षेत्र और कर्नाटक के निकटवर्ती भाग में भी पाई जाती है।
- शरीर का रंग आमतौर पर काला और सफेद देखा जाता है।
- प्रथम ब्यांत के समय आयु 894 से 1540 दिन तक होती है।
- दुग्ध का उत्पादन 636 से 1230 लीटर प्रति स्तनपान तक होती है।
- कैविंग अंतराल औसत 447 दिन है।
- भारी खेती के लिए बैल उपयुक्त होते हैं।

# विदेशी मवेशियों की विदेशी डेयरी नस्लें

## जर्सी (Jersey)

- इसे इंग्लैण्ड में जर्सी द्वीप में विकसित किया गया है।
- यह डेयरी प्रकार के मवेशियों में सबसे छोटा है।
- भारत में यह नस्ल अच्छी तरह से अनुकूलित हो गई है और देशी गायों के साथ संकरण में इसका व्यापक रूप से उपयोग किया जाता है।
- जर्सी मवेशियों का विशिष्ट रंग लाल अथवा भूरा होता है।
- कटा हुआ माथा और सुगठित एवं कोणीय शरीर। रीड की हड्डी सीधी,व सिर चौडा व तस्तरीनुमा होता है।
- जर्सी गाय के दुग्ध में 4.5 प्रतिशत वसा होती है।
- इस नस्ल की गाय दुग्ध बहुत ज्यादा मात्रा में देती है। औसत दुग्ध का उत्पादन 4500 लीटर प्रति स्तनपान है।
- औसतन शारीरिक भार – नर – 575 किलोग्राम, मादा – 300 किलोग्राम।
- प्रथम ब्यांत की आयु 25 से 30 माह तथा ब्यांत अंतराल 13 से 14 माह होता है।
- जर्सी गायो का अयन (गादी) बहुत ज्यादा विकसित होते है।

## होल्स्टीन फ्रिसियाई (Holstein Friesian )

- इस नस्ल को नीदरलैंड के उत्तरी भागों में विकसित की गई, विशेषकर नीदरलैंड के फ्राइजलैंड प्रांत में।
- यह मजबूत संरचना वाली होती हैं और इनके थन बड़े होते हैं।
- यह सबसे बड़ी डेयरी नस्ल हैं इस गाय का औसत शारीरिक भार – नर – 815 किलोग्राम, मादा – 700 किलोग्राम।
- रंग – काला अथवा काले व सफेद धब्बे का मिश्रण उनमें काले और सफेद रंग का विशिष्ट चिह्न होता है जिससे उन्हें आसानी से पहचाना जा सकता है।
- गाय का औसत उत्पादन 6000 से 7000 लीटर प्रति स्तनपान है। हालाँकि, उनके

दुग्ध में वसा की मात्रा कम (3.45 प्रतिशत) होती है।

- पहले ब्यात की उम्र 29 से 30 महीने होती है और ब्याने का अंतराल 13 से 14 महीने होता है।
- पीठ की हड्डी बिल्कुल सीधी होती है झुकाव नही होता है।
- सिर चौडा व मजबूत होता है।
- शरीर बडा व भारी तथा गादी विकसित होती है।
- यह गाय जर्सी से भी अधिक दुध देती है लेकिन इसके दुग्ध मे वसा की मात्रा अपेक्षाकृत कम होती है।

# ब्राउन स्विस
# (Brown Swiss)

- ब्राउन स्विस नस्ल का उद्गम स्थल स्विट्जरलैंड का पर्वतीय क्षेत्र है।
- यह अपने घरेलू क्षेत्र में अपनी ऊबड़–खाबड़ प्रकृति और अच्छे दुग्ध उत्पादन के लिए प्रसिद्ध है।
- 4 प्रतिशत वसा के साथ औसत दुग्ध उपज 5000 लीटर प्रति स्तनपान है।
- सींग छोटे आगे की तरफ निकले हुए होते है।
- यह उत्कृष्ट संकर नस्ल का मवेशी है, जिसे एनडीआरआई, करनाल में साहीवाल मवेशियों के साथ संकरण कराकर प्राप्त किया जाता है।
- पहले ब्याने की उम्र 28 से 30 महीने होती है और ब्याने का अंतराल 13 से 14 महीने होता है।
- औसतन शारीरिक भार – नर – 850 किलोग्राम, मादा – 625 किलोग्राम।
- औसत दुग्ध उत्पादन 5000 – 5200 लीटर प्रति ब्यात।
- दुग्ध में वसा लगभग 4.0 प्रतिशत।

# लाल डेन (Red Dane)

- डेनमार्क में विकसित किया गया।
- इस डेनिश नस्ल के शरीर का विशिष्ट रंग लाल, लाल भूरा या गहरा भूरा होता है।
- रेड डेन मवेशियों की स्तनपान उपज 3000

से 4000 किलोग्राम तक होती है जिसमें वसा की मात्रा 4 प्रतिशत और उससे अधिक होती है।

- पहले ब्याने की उम्र 28 से 30 महीने होती है और ब्याने का अंतराल 13 से 14 महीने होता है।
- औसतन शारीरिक भार – नर – 800 किलोग्राम, मादा – 675 किलोग्राम।

# आयरशायर (Ayrshire)

- स्कॉटलैंड में उत्पत्ति आयरशायर को सबसे सुंदर डेयरी नस्ल माना जाता है। ये बहुत सक्रिय जानवर हैं लेकिन इन्हें संभालना कठिन है।
- यह अन्य डेयरी नस्लों की तुलना में उतना अधिक दुध या मक्खन वसा (केवल 4 प्रतिशत) का उत्पादन नहीं करते हैं।
- इस नस्ल को डनलप मवेशी या कनिंघम मवेशी के नाम से भी जाना जाता था।
- औसतन शारीरिक भार – नर – 850 किलोग्राम, मादा – 550 किलोग्राम।
- औसत दुग्ध उत्पादन 4200 – 4800 लीटर प्रति ब्यात।

# ग्वेर्नसे (Guernsey)

- इसकी उत्पत्ति फ्रांस के ग्वेर्नसे के छोटे से द्वीप से हुई है।
- चेरी लाल से भूरे रंग का। महोगनी और सफेद रंग में भिन्नता है।
- बीटा कैरोटीन की अत्यधिक उच्च सामग्री के कारण दूध का रंग सुनहरा होता है जो कुछ कैंसर के खतरों को कम करने में मदद कर सकता है।
- दुग्ध में बटरफैट की मात्रा 5 प्रतिशत और प्रोटीन की मात्रा 3.7 प्रतिशत अधिक होती है।
- ग्वेर्नसे गायें प्रति स्तनपान लगभग 6000 लीटर उत्पादन करती हैं।
- ग्वेर्नसे गाय, डेयरी किसानों के लिए अन्य नस्लों की तुलना में कई उल्लेखनीय फायदे हैं, जिनमें दुग्ध उत्पादन की उच्च दक्षता, ब्याने में कठिनाई की कम घटना और दीर्घायु शामिल हैं।

# संकर नस्ल

## जर्सी क्रॉस (Jersey Cross)

* जर्सी क्रॉस का उत्पादन गायों की गैर–वर्णात्मक स्वदेशी नस्लों को जर्सी वीर्य के साथ अपग्रेड क्रॉस ब्रीडिंग करके किया जाता है।
* जर्सी क्रॉस हमारे देश के उष्णकटिबंधीय मैदानों के लिए उपयुक्त डेयरी पशु हैं।
* वे मध्यम आकार के हैं, अन्य विदेशी क्रॉस की तुलना में बेहतर गर्मी सहन करते हैं और हमारी जलवायु के लिए अच्छी तरह से अनुकूलित हैं।
* हमारी देशी गायों की दुग्ध उत्पादन क्षमता के आधार पर, जर्सी क्रॉस पहली पीढ़ी में दुग्ध की पैदावार में 2 से 3 गुना वृद्धि दिखा सकती है।

## होल्स्टीन फ्रीजियन क्रॉस
## (Holstein Friesian Cross )

* एचएफ क्रॉस पहाड़ी क्षेत्रों जैसे ठंडी जलवायु वाले क्षेत्रों के लिए अधिक उपयुक्त हैं क्योंकि वे गर्मी के प्रति कम सहनशील होते हैं।
* जर्सी क्रॉस की तुलना में उष्णकटिबंधीय रोगों के प्रति कम प्रतिरोधक क्षमता होती है।
* यद्यपि एचएफ क्रॉस में दुग्ध की पैदावार अधिक होती है, वसा का प्रतिशत कम होता है।

# बकरी की प्रमुख नस्लें

''भारत वर्ष में बकरी की 37 पंजीकृत नस्ले है । इनमें से उच्च आनुवांशिक योग्यता प्रति पशु अधिक मॉस / दुग्ध उपज वाली केवल 12 नस्ले ही है ।''

भारत में बकरी पालन एक महत्वपूर्ण स्थान रखता है भारत में बकरियों की अनेकों प्रजातियाँ पाई जाती है तथा प्रत्येक प्रजाति का अपना महत्व है। भारत में अलग—अलग राज्यों व क्षेत्रों में अलग – अलग किस्म की बकरियाँ पाली जाती है ।

**घरेलू बकरी :–** दक्षिण पश्चिम एशिया और यूरोप की जंगली बकरी से निकली हुई एक उप–प्रजाति है । बकरी वोविडे परिवार की एक सदस्य है और बकरी का भेड़ के साथ एक घनिष्ट सम्बन्ध है ।

साक्ष्यों तथ्यों से पता चलता है कि 10000 से 11000 साल पूर्व नव पाषाण काल से किसानो ने दुग्ध मॉस ईधन, गोबर, कपड़ो के के लिए आइबक्स के छोटे—छोटे झुडों को रखना शुरू किया था । आज पूरे विश्व स्तर पर 300 से ज्यादा प्रकार की बकरी की नस्ले पाई जाती है । क्योंकि बकरी मरुस्थल से लेकर वन्य क्षेत्रों तक पाई जाती है इसलिए इसके विकास एवं पालतू बनाने का इतिहास अस्पष्ट है ।

रूपात्मक और शारीरिक लक्षण जानवरों के साम्राज्य को प्रजातियों और नस्लों में विभाजित करने का आधार बने । इसलिए की जानवर प्रत्येक प्रजाति में कई नस्लें पाई जाती है । प्रत्येक नस्ल की अपनी एक विशेष पहचान व गुण होते है ।

एक ही प्रजाति के जानवरों का एक समूह जिनकी उत्पति एक ही वंश द्वारा और सामान्य रूप, शरीर का रंग, विशेषता, आधार, विन्यास आदि एक जैसा हो उसे नस्ल कहा जाता है । एक नस्ल के भीतर जानवरों का समागम ( Mating ) नस्ल की शुद्धता बनाए रखता है । नस्ल एक अनुवांशिक इकाई है । जिसे एक लम्बी नियोजित मेटींग और चयन प्रक्रिया के माध्यम से विकसित किया गया है। इसलिए एक नस्ल में कुछ निश्चित शारीरिक विशेषताऐं होती है । इनकी संरचना आस—पास की अन्य नस्लों से भिन्न होती है । इनके नाम भी स्थानीय स्तर पर अलग अलग होते है ।

| कृषि जलवायु क्षेत्रों के आधार पर बकरियों की नस्लों का वर्गीकरण | | |
| --- | --- | --- |
| **क्र.स.** | **मण्डल / क्षेत्र** | **बकरी की नस्ल** |
| 1. | उत्तरी ठण्डा क्षेत्र | चेगु, चॉंगथांगी, गद्दी, पंतजा |
| 2. | उत्तर–पश्चिम शुष्क क्षेत्र | बीटल, जमुनापारी, बरबरी, सिरोही, मारवाड़ी, जखराना, गोहिलवाड़ी, सुरती, कच्छी, झालावाड़ी मेहसाना |
| 3. | दक्षिण क्षेत्र | सागंमनेरी, उस्मानाबादी, कनाईअडु, मालाबारी, बेरारी, कोडि अडु, टेरेस्सा, काकनकनियाल |
| 4. | पूर्वी क्षेत्र | ब्लेक बंगाल, गंजम, आसाम हिल |

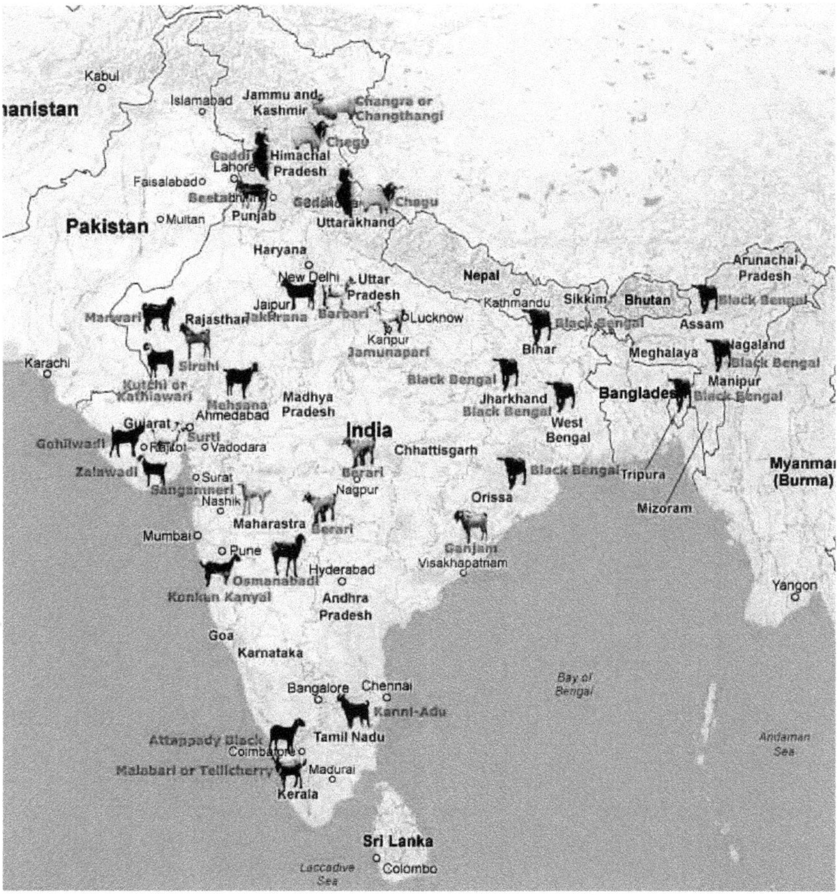

विभिन्न क्षेत्रों मे पाए जाने वाली बकरियों की नस्लें

| क्र.सं. | नस्ल | उत्पति स्थल | पंजीकरण नम्बर |
| --- | --- | --- | --- |
| 1 | अट्टापेडी | केरला | INDIA_GOAT_0900_ATTAPADYBLACK_06001 |
| 2 | बरबरी | उत्तर प्रदेश एवं राजस्थान | INDIA_GOAT_2017_BARBARI_06002 |
| 3 | बीटल | पंजाब | INDIA_GOAT_1600_BEETAL_06003 |
| 4 | ब्लेक बंगाल | पश्चिम बंगाल | INDIA_GOAT_2100_BLACKBENGAL_06004 |
| 5 | चंगतानर्गी | जम्मू एवं कश्मिर | INDIA_GOAT_0700_CHANGTHANGI_06005 |
| 6 | चीग्यू | हिमाचल प्रदेश | INDIA_GOAT_0600_CHEGU_06006 |
| 7 | गाडी | हिमाचल प्रदेश | INDIA_GOAT_0600_GADDI_06007 |
| 8 | गंजम | ओडिसा | INDIA_GOAT_1500_GANJAM_06008 |
| 9 | गोहिलवाड़ी | गुजरात | INDIA_GOAT_0400_GOHILWADI_06009 |
| 10 | जकराना | राजस्थान | INDIA_GOAT_1700_JAKHRANA_06010 |
| 11 | जमुनापुरी | उत्तरप्रदेश | INDIA_GOAT_2000_JAMUNAPARI_06011 |
| 12 | कानीआडू | तमिलनाडू | INDIA_GOAT_1800_KANNIADU_06012 |
| 13 | कच्छी | गुजरात | INDIA_GOAT_0400_KUTCHI_06013 |
| 14 | मालाबारी | केरला | INDIA_GOAT_0900_MALABARI_06014 |
| 15 | मारवाड़ी | राजस्थान | INDIA_GOAT_1700_MARWARI_06015 |
| 16 | मेसाना | गुजरात | INDIA_GOAT_0400_MEHSANA_06016 |
| 17 | ओसमानाबादी | महाराष्ट्र | INDIA_GOAT_1100_OSMANABADI_06017 |
| 18 | सगंमनरी | महाराष्ट्र | INDIA_GOAT_1100_SANGAMNERI_06018 |
| 19 | सिरोही | राजस्थान एवं गुजरात | INDIA_GOAT_1704_SIROHI_06019 |

| 20 | सुरती | गुजरात | INDIA_GOAT_0400_SURTI_06020 |
|----|------|--------|------------------------------|
| 21 | जलावादी | गुजरात | INDIA_GOAT_0400_ZALAWADI_06021 |
| 22 | कोनकान कानयाल | महाराष्ट्र | INDIA_GOAT_1100_KONKANKANYAL_06022 |
| 23 | बरानी | महाराष्ट्र | INDIA_GOAT_1100_BERARI_06023 |
| 24 | पन्तजा | उत्तराखण्ड उत्तरप्रदेश | INDIA_GOAT_2420_PANTJA_06024 |
| 25 | तीरीसा | अण्डमान नीकोबार | INDIA_GOAT_3300_TERESSA_06025 |
| 26 | कोडीअदू | तमिलनाडू | INDIA_GOAT_1800_KODIADU_06026 |
| 27 | सेलम ब्लेक | तमिलनाडू | INDIA_GOAT_1800_SALEMBLACK_06027 |
| 28 | सूमी-नी | नागालेण्ड | INDIA_GOAT_1400_SUMINE_06028 |
| 29 | काहमी | गुजरात | INDIA_GOAT_0400_KAHMI_06029 |
| 30 | रोहिलखण्डी | उत्तरप्रदेशन | INDIA_GOAT_2000_ ROHILKHANDI _06030 |
| 31 | आसाम हील | आसाम एवं मेघालय | INDIA_GOAT_0213_ ASSAMHILL _06031 |
| 32 | बीदरी | कर्नाटक | INDIA_GOAT_0800_ BIDRI _06032 |
| 33 | नन्दीदूर्गा | कर्नाटक | INDIA_GOAT_0800_ NANDIDURGA _06033 |
| 34 | बकारवाली | जम्मू एवं कश्मिर | INDIA_GOAT_0700_ BHAKARWALI _06034 |
| 35 | सोजत | राजस्थान | INDIA_GOAT_1700_SOJAT_06035 |
| 36 | करोली | राजस्थान | INDIA_GOAT_1700_KARAULI_06036 |
| 37 | गूजरी | राजस्थान | INDIA_GOAT_1700_GUJARI_06037 |

# सिरोही पूर्वी राजस्थान

- यह नस्ल राजस्थान के अरावली पर्वतमालाओ के आसपास सिरोही, अजमेर, टोंक, राजसमंद, उदयपुर, भीलवाडा, चितोडगढ, नागौर जिलो मे मुख्य रूप से पायी जाती है। इस नस्ल के पशु का आकार मध्यम व शरीर गठीला होता है यह नस्ल मुख्य रूप से मॉस व दुध के लिए पाली जाती है।

- इसके शरीर का रंग हल्का एवं गहरा भूरा या शरीर पर काले भूरे, सफेद एवं काले रंग के धब्बे होते है। कान चपटे, नीचे की तरफ लटके हुए एवं पतीनुमा होते है तथा पूंछ छोटी व उपर की और मुडी हुई होती है।

- कुछ पशुओ मे गले के नीचे अंगुली जैसी दो गुलरे (मांसल भाग) एवं मुह के जबडे के नीचे की तरफ दाढीनुमा बाल पाये जाते है। यह गंठे आकार वाली मध्यम ऊँचाई की बकरी है।

- इनका रंग भूरा होता है व कुछ बकरियो के शरीर पर हल्के व गहरे रंग के भूरे, सफेद धब्बे पाये जाते हैं। इस नस्ल की एक विशेष पहचान यह भी हे के कुछ पशुओं के नीचे कलंगी (मांसल भाग वैटल) होती हैं यह नस्ल दुग्ध व मांस के लिये पाली जाती हैं

- इनका वर्ष भर में शारीरिक वनज 25–30 किलो तक पहुँच जाता हैं।

- दुग्ध काल : 200 दिन , दुग्ध उत्पादन : 120 लीटर

- औसतन शारीरिक भार – नर – 50 किलोग्राम, मादा – 40 किलोग्राम।

# जखराना

- यह बकरी राजस्थान के अलवर जिले के बहरोड़ तहसील के जखराना गाँव की ब्रीड है।
- इसकी बालियाँ मध्यम 15–18 सेन्टीमीटर लम्बी, पत्तीदार और झुकी हुई होती है । थन बड़े और सुविकसित होते है, जो लम्बें व शंक्काकार होते है।
- यह आकार मे बडी एवं काले रंग की होती है।
- इनके मुह व कानो पर काले रंग के धब्बे पाये जाते हैं।
- इस नस्ल की बकरी अधिक दुग्ध देने के लिए प्रसिद्ध हैं।
- सींग छोटे व सीधे होते है।
- 12 महिनों में बकरे व बकरी के शरीर का वजन क्रमशः 26.15 और 23.09 वयस्क बकरे व बकरी का वजन क्रमशः 45.1 व 39.04 किलोग्राम होता है।
- 120 से 140 दिनों के स्तनपान की अवधि में दुग्ध की उपज 2.0 और 5.0 लीटर प्रतिदिन।
- औसतन शारीरिक भार – नर – 55 किलोग्राम, मादा – 45 किलोग्राम।

# मारवाड़ी

- उत्पति मारवाड़ क्षेत्र यह नस्ल राजस्थान के जोधपुर, नागौर, पाली, बीकानेर, जैसलमेर, बाड़मेर जिलों मे पायी जाती है।
- यह मध्यम आकार की काले रंग की बकरी होती है।
- इसका शरीर लम्बे बालो से ढका होता है।
- कान चपटे व मध्यम आकार के तथा नीचे की ओर लटके हुए होते है।
- इस नस्ल की बकरी मॉस उत्पादन के लिए पाली जाती है।
- औसतन शारीरिक भार – नर – 35 किलोग्राम, मादा – 25 किलोग्राम।

# जमनापारी

- उत्पत्ति मूल रूप से यह जमुना व चम्बल नदी के बीच इसका जन्म स्थान है ।
- यह नस्ल मुख्य रूप से उत्तर प्रदेश के इटावा जिले के चकर नगर व बटपुरा इलाके में बहुतायत में पायी जाती हैं ।
- यह बड़े आकार की बकरी है जिनका रंग सफेद होता है, कुछ बकरियों के गले व सिर पर धब्बे होते हैं ।
- इन बकरियों की नाक उभरी हुई होती है तथा बालों के गुच्छे होते हैं। जिस ''रोमन नोज'' कहते हैं यह दुग्ध एवं मांस दोनों के लिए पाली जाती हैं ।
- यह बकरियां औसतन 190 दिनों में 200 लीटर तक दुग्ध देती हैं। वर्ष भर में इनका शारीरिक भार 22–26 किग्रा. तक हो जाता हैं। इनके वयस्क नर व मादा शरीर भार क्रमशः 45 एवं 36 किग्रा. होता है ।
- इस नस्ल का रंग काला भूरा होता है। इसमें रोमन नोज (उभरी हुई नाक) होती है ।
- पीछे के पैरो पर बालो का गुच्छा होता है। अयन व थन अच्छे विकसित होते है ।
- इस नस्ल के कान ओर नस्लो की अपेक्षा बहुत बढे होते है । यह बकरियों मे सबसे बडी नस्ल होती है ।
- प्रतिदिन दुग्ध की पैदावार 2.50 से 3 लीटर व वसा 3.5 प्रतिशत होती है ।
- औसतन शारीरिक भार – नर – 30 किलोग्राम, मादा – 20 किलोग्राम ।

# बीटल

- यह नस्ल पंजाब के सियाल कोट, गुरदासपुर, अमृतसर जिलें मे पायी जाती है ।
- हॉलाकि यह प्रचुरता, विभिन्न कृषि जलवायु परिस्थितियों के अनुकल होने स्टॉल फिडिंग के मामले में जमनापारी से बेहतर है । सिंग सर्पिले रूप से मुड़े हुए और क्षतिज रूप से पीछे से मुडे हुए होते है ।
- यह दुग्ध और मॉस दोनो के काम में आती है ।
- सींग माध्यम आकार के घुमावदार पीछे की ओर ऊपर उठे हुए होते है।
- होंठ काले होते है।
- आंखे नीली–काली व आंखों के चारों तरफ सफेद – भूरी रिंग होती है ।
- यह कद में माध्यम और वजन लगभग 50 से 70 किलोग्राम, रोमन नाक, लंबे कान, रंग लाल, काला और सफेद धब्बा होता है ।
- दुग्ध उत्पादन 300 से 400 लीटर औसत रहता है, दुग्ध काल 200 से 220 दिन का रहता है ।
- औसतन शारीरिक भार – नर – 70 किलोग्राम, मादा – 46 किलोग्राम।

# बारबरी

- उत्पति बारबेरा शहर (पश्चिमी अफ्रीका ब्रिटिश सोमानी राज्य में)।
- इस नस्ल की बकरियॉ उत्तर प्रदेश के एटा, आगरा, ईटावा, अलीगढ व मथुरा में व राजस्थान के भरतपुर जिले में पायी जाती है।
- सफेद रंग व भूरे धब्बों वाली होती है। शरीर गठीला होता है व बाल कम होते है।
- इस नस्ल की बकरी द्वारा जुड़वा बच्चें दिये जाते है और कभी कभी तीन बच्चें भी देती है।
- इस बकरी की नस्ल आकार में मध्यम व भूरे/सफेद तथा कत्थई धब्बे सहित रंग की होती है।
- इनके कान छोटे होते है तथा सींग पीछे की और मुड़े हुए होते है, इसको बांध कर भी सफलतापूर्वक पालन किया जा सकता है।
- इसे दौहरे उद्देश्य तथा दुग्ध व मांस दोनो के लिए पाला जाता है।
- दुग्ध प्रतिदिन 0.9 से 1 किलो तक जिसमें 5% तक वसा पायी जाती है।
- दुग्ध काल 150 दिन व दुग्ध उत्पादन 95 लीटर तक है।
- औसतन शारीरिक भार – नर – 38 किलोग्राम, मादा – 23 किलोग्राम।

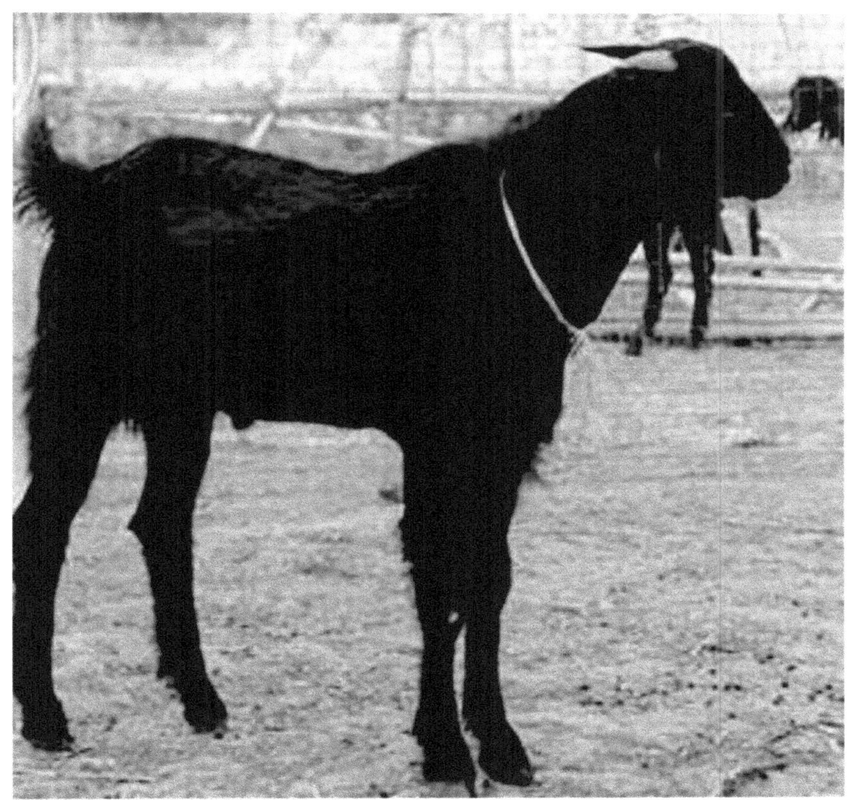

# उस्मानाबादी

- यह बकरी महाराष्ट्र के उस्मानाबाद जिले के तुलजापुर और लातुर जिले के उदगीर तालुका से निकली है।

- शरीर आकार मध्यम रंग काला, सफेद रंग के कान, गरदन व शरीर पर धब्बे लटके हुए मध्यम कान छोटा अयन शारीरिक भार लगभग नर का 33.7 व मादा 32.4 किग्रा जुड़वा बच्चे देने की क्षमता 30 प्रतिशत तक दुग्ध उत्पादन 0.7 से 1.5 लीटर प्रतिदिन।

- उपयोगिता मांस एवं दूध के लिए।

- अधिकतर यह बकरियाँ साल में 2 बार प्रजनन करती हैं और इन नस्लों में जुड़वाँ और तीन बच्चे पैदा होना आम बात है।

- औसत सामान्य शरीर की लम्बाई एम 68 सेन्टीमीटर, एफ 66 सेन्टीमीटर। पहला बच्चा देने की उम्र लगभग 15 माह। दूध देने की अवधि लगभग 4 माह। इनका मांस अच्छा माना जाता है व लोगों द्वारा प्राथमिकता के रूप में उपयोग में लिया जाता है। यह बकरी उच्च रोग प्रतिरोधक क्षमता वाली है तथा सूखे की स्थिति में भी जीवित रहने में सक्षम है।

- इन बकरियों को सेमी–स्टॉल फीटिंग सिस्टम में भी प्रतिबंधित किया जा सकता है।

# ब्लैक बंगाल

- यह नस्ल बिहार, पश्चिम बंगाल, असम व समस्त पूर्वान्चल राज्यों मे पायी जाती है ।
- यह बकरी छोटे छोटे कद की होती है।
- इसका रंग सामान्यता काला होता है पर कभी कभी यह हल्के लाल रंग में भी मिलती है।
- इनके मादा व नर दोनों में दाढ़ी होती है
- इनके सींग छोटे और ऊपर की ओर उठे होते हैं।
- यह एक अच्छी जनन क्षमता वाली मांस उत्पादक नस्ल है।
- शारीरिक वजन (किलो.)    20.38 ± 0.16
- शारीर की लम्बाई (सेमी.)    51.2 ± 0.16
- शारीर की ऊंचाई (सेमी.)    55.4 ±0.18
- सीने की चौड़ाई (सेमी.)    63.2 ±0.16
- दुग्ध उत्पादन प्रतिदिन    0.250 लीटर – 0.380 लीटर
- दुग्ध काल 65.50 से 7.5 दिन

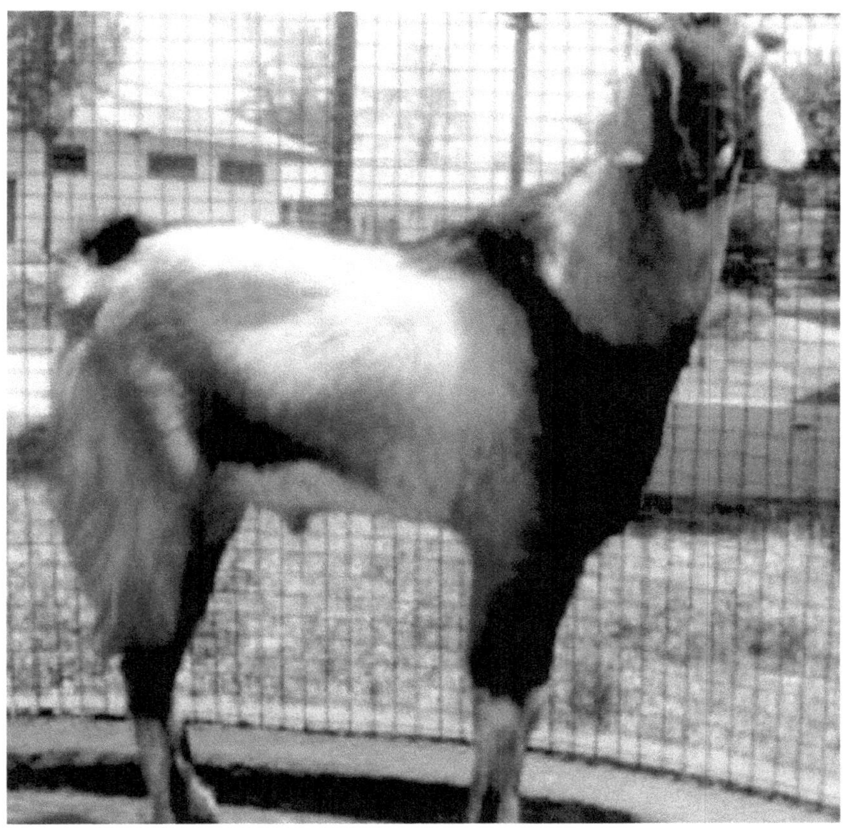

# पंतजा

- बकरी उत्तरखण्ड राज्य के तराई क्षैत्र में पाली जाने वाली एक मध्यम कद की दोहरे उद्देश्य वाली मांस व दुग्ध हेतु उपयोगी बकरी है ।

- इस बादामी रंग की बकरी के चहरे पर सफेद धारी होती है, जिससे इसमें मृग/हिरण जैसी समानता दिखती है ।

- इसका मांस भी बहुत अधिक पसंद किया जाता है इन गुणों के कारण लोग इसको बहुत चाव से पालते है ।

- यह पूरे वर्ष भर बच्चे देती है तथा इनमें जुड़वा बच्चे देने की दर लगभग 66% है ।

- पंतजा बकरी 0.5 से 1.0 (औसत 0.75 लीटर) दुग्ध प्रतिदिन देती है, जिसमें 3.87% वसा तथा 9.13% वसा रहित ठोस पदार्थ होते है ।

- यह बकरिया प्रथम बार 412 से 448 (औसत 430) दिन में बच्चे देती है ।

- इनकों दो वर्ष में तीन बार बच्चे देते देखा गया है ।

- एक वर्ष की उम्र में बकरी का वजन 16.5 से 18.5 किलो व बकरे का वजन 18.5 से 24.5 किलो व बधिया बकरे का वजन 21 से 28 किलो तक होता है ।

# गड्डी

- उत्पति क्षेत्र हिमाचल प्रदेश।

- विस्तार क्षेत्र – जम्मू कश्मीर, उत्तराखण्ड, हिमाचल प्रदेश।

- इसको सफेद हिमालयन बकरी भी कहा जाता है।

- यह मध्यम आकार की होती है और आमतौर पर सफेद, हालांकि भूरा, और काला और इन रंगों का मिश्रण भी देखा जाता है।

- नर सींग वाले होते है और लगभग 10% से 15% मादाऍ भी सींग वाली पाई जाती है। इनकी पूँछ छोटी और पतली होती है।

- इनके शरीर की लंबाई 64.7 सेमी से 69.3 सेमी. और वयस्क शरीर का वजन 29.9 किलोग्राम से 34 किलोग्राम तक होता है।

- इनका ऊन अपेक्षाकृत महीन और अत्यन्त घना होता है।

- ये झुण्ड में रहते है स्थिर झुंडो का औसत आकार 5 और प्रवासी झुंडों का 22 होता है।

- ऊन को एक वर्ष में तीन बार काटा जाता है और विभिन्न आयु वर्ग में इसकी उपज 437 ग्राम से 696 ग्राम तक होती है।

# एक अच्छी दुधारू बकरी की संरचना एवं विशेषताएं

- **सिर :** मध्यम चौड़ाई वाले उभरे हुए थूथन और नासिका छिद्र के साथ लंबा। डूज में सिर को स्त्रैण उपस्थिति के साथ अच्छी तरह से कैरी किया जाना चाहिए।
- **आंखें :** बड़ी और चमकीली होनी चाहिए, एक–दूसरे से अलग होनी चाहिए जो विनम्रता का संकेत देती हो।
- **गर्दन और कंधे :** गर्दन लंबी और पतली होनी चाहिए और अगर तौलिये समान रूप से लटके हुए हों। मुरझाए कंधे और कंधे दिखने में अच्छे होने चाहिए और गर्दन से जुड़े होने चाहिए।
- **छाती:** अच्छी चौड़ाई वाली और चिकनी होनी चाहिए।
- **अगले पैर :** सीधे और मजबूत होने चाहिए।
- **पैर :** पशु को अपने पैरों पर अच्छी तरह से खड़ा होना चाहिए, पंजों को मोड़ने या एड़ियों के बल चलने की प्रवृत्ति के बिना।
- **बॉडी :** अच्छी गहराई एक महत्वपूर्ण विशेषता है। पीठ कंधों से कूल्हों तक समतल होनी चाहिए और फिर पूंछ क्षेत्र पर थोड़ा नीचे झुकना चाहिए। पीठ में अत्यधिक डुबकी अवांछनीय है।
- **सिर से पूंछ तक** अधिक लंबाई एक वांछनीय कारक है
- **पसलियाँ :** पसलियाँ अच्छी तरह से उभरी हुई होनी चाहिए ताकि एक बैरल जैसा प्रभाव मिल सके। सपाट भुजाएँ एक सामान्य दोष हैं। पेट पसलियों की चौड़ाई से अधिक फैला हुआ नहीं होना चाहिए
- **पिछला हिस्सा :** कूल्हों और दुम के पार और पिन हड्डियों और कूल्हों के बीच पर्याप्त चौड़ाई होनी चाहिए। पिछले पैर सीधे आगे की ओर होने चाहिए न कि बाहर की ओर।
- **पिछले पैर :** पिछले पैरों की हड्डियाँ थोड़ी मुड़ी हुई जुराबों के साथ ताकत का आभास देना चाहिए, पेस्टर्न छोटा होना चाहिए और इसके जोड़ में कमजोरी के लक्षण नहीं दिखने चाहिए।
- **ककमत और थन :** आकार बड़ा और बकरी के आकार के अनुपात में शरीर के नीचे अच्छी तरह से रखा जाना चाहिए। बगल से देखने पर यह पिछले पैरों के सामने होना चाहिए। बनावट नरम और लचीली होनी चाहिए। दुग्ध दुहने के बाद थन सिकुड़ जाना चाहिए। दुग्ध के टीट्स और नलिकाएं किसी भी गांठ से मुक्त होनी चाहिए। दुग्ध देने में आसानी के लिए स्तन मध्यम लंबाई के और सुविधाजनक आकार के होने चाहिए। पेट के नीचे दुग्ध की नसें बड़ी और उभरी हुई होनी चाहिए।
- **त्वचा और बाल :** *त्वचा मुलायम, कोमल और ढीली होनी चाहिए। पतले छोटे बालों के साथ कोट चमकदार होना चाहिए।*

| बकरी पालन में महत्वपूर्ण बिंदु | |
|---|---|
| यौवन प्राप्ति की आयु | 7 महीने से 1 साल तक |
| प्रथम संभोग के समय अनुमानित वजन | 15–18 किलो ग्राम |
| प्रथम संभोग या गर्भाधान की आयु | 8 महीने से 12 महीने तक |
| मद चक्र | सामान्यतः 18 से 21 दिन |
| बकरी की गर्मी अवधि | 14–18 घंटे |
| गर्भावधि अवधि | 145–156 दिन |
| सबसे पहले मेमने को जन्म देना की उम्र | 13–17 महीने |
| आदर्श मेमने को जन्म देना दर | लगातार 2 वर्षों में 3 |
| सेवा अवधि | 45 दिन |
| न्यूनतम शुष्क अवधि | 30 दिन |

## बकरी पालन का अर्थशास्त्र :
### 10 वयस्क बकरियों के आय – व्यय का ब्यौरा

| व्यय : | |
|---|---|
| **अनावर्ती व्यय** | **रूपये** |
| 10 वयस्क बकरियों का क्रय मूल्य 6,500 रूपये प्रति बकरी की दर से | 65,000 |
| 1 उन्नत बकरे का क्रय मूल्य 8,000 रूपये प्रति बकरा की दर से | 8,000 |
| बकरा – बकरियों के लिए आवास व्यवस्था | 20,000 |
| बर्तन | 1,000 |
| अन्य व्यय | 1,000 |
| **कुल अनावर्ती व्यय** | **95,000** |
| **आवर्ती व्यय** | |
| 20 मेमनों के लिए 150 ग्राम दाना/दिन/मेमना की दर 180 दिनों के लिए दाना मिश्रण कुल 5.4 क्विंटल, 1,800 रूपये प्रति क्विंटल की दर से | 9,720 |
| प्रजनन हेतु बकरे के लिए दाना मिश्रण 90 दिनों के लिये (250 ग्राम/बकरा/दिन) | 405 |
| 10 बकरियों के लिए दाना मिश्रण 90 दिनों के लिये (200 ग्राम/बकरी/दिन) | 3,240 |
| दवा, टीकाकरण आदि पर सलाना खर्च | 3,000 |
| सलाना हास मूल्य (10 प्रतिशत की दर से) | 9,500 |
| **कुल आवर्ती व्यय** | **9,500** |
| **कुल आय** | **35,365** |
| माना 20 मेमनों में 10 नर और 10 मादा होने पर 10 प्रतिशत की मृत्यु दर से 9 मादा बकरियों की बिक्री 5,000/ बकरी | 45,000 |
| 9 नर बकरों की बिक्री 6,000 / बकरी | 54,000 |
| खाद (मिगनी) | 4,000 |
| **कुल आमदनी** | **1,03,000** |
| **कुल लाभ (1,03,000 – 35,365)** | **67,635** |
| प्रति बकरी लाभ (67,635 ÷ 10) | 6,763.5 |
| **लाभ खर्च अनुपात (1,03,000 ÷ 35,365)** | **2.91** |

संदर्भ : पशु चिकित्सा एवं पशु विज्ञान महाविद्यालय गोविंद बल्लभ पंत कृषि एवं प्रौद्योगिकी विश्वविद्यालय पंतनगर, उत्तराखण्ड (बकरी इकाई)

उपरोक्त बकरी अर्थशास्त्र बकरियों की खरीद लागत, मार्केट परिदृश्य एवं क्षेत्रवार भिन्न हो सकता है। इसके साथ – साथ उच्च प्रबंधन एवं रख–रखाव बकरी मृत्यु दर को कम कर सकता है। जिससे लाभ खर्च का अनुपात कम या ज्यादा हो सकता है।

**62**

# केस स्टडी
## बकरी पालन से आजीविका संवर्धन

रामश्री और सुदामा धौलपुर जिले के गिरोनिया गांव में रहते है, जिन्होनें कुछ वर्ष पूर्व बकरी पालन का व्यवसाय प्रारम्भ किया था। इससे पहले यह परिवार वर्षा आधारित खेती व मजदूरी पर ही निर्भर था। परिवार की आर्थिक स्थिति अच्छी नहीं थी, तथा मजदूरी भी स्थायी रूप से नहीं मिलती थी जिसके कारण घर के पुरुष को पलायन पर जाना पड़ता था।

कुछ वर्ष पहले जिला गरीबी उन्मूलन कार्यक्रम के तहत परिवार को बकरी पालन को शुरू करने के लिए आर्थिक सहायता प्रदान की गई जिसके तहत परिवार ने 10 बकरी व एक बकरा खरीदा और अपनी बकरी आधारित आजीविका की शुरूआत की। इससे पहले उन्हें इस नये व्यवसाय के बारे में जानकारी के साथ आवश्यक प्रशिक्षण भी प्रदान किया गया। इसके अलावा गांव के स्तर पर पशु सखी के माध्यम से संतुलित आहार प्रणाली, आवास व्यवस्था, समयबद्ध तरीके से टीकाकरण और डी वर्मींग के बारे में जानकारी प्रदान की गई। बकरी पालन शुरू करने के बाद रामश्री व सुदामा की आर्थिक स्थिती में धीरे धीरे सुधार होने लगा और उन्होनें विशेषज्ञों की सलाह के अनुसार सभी जानवरों का नियमित टीकाकरण और डी वर्मींग किया जिससे उनके जानवर स्वस्थ्य बने रहें और उनकी उत्पादकता में वृद्धि हुई। संतुलित आहार प्रणाली का पालन करने से बकरियों की प्रजनन दर भी अच्छी रहीं।

आज परिवार के पास बकरियों की संख्या बढकर 60 हो गई है, प्रतिवर्ष परिवार लगभग एक लाख रूपये की बकरियों को बेच देता है जिससे उन्हें नियमित आमदनी प्राप्त हो रहीं है, यह आमदनी उनकी पुरानी मजदूरी और कृषि आमदनी से लगभग दौ गुना से अधिक है। आज रामश्री और सुदामा का परिवार आर्थिक रूप से सशक्त है उनके पास एक स्थायी आजीविका का स्त्रोत है, आज उनकी बकरियों के झुण्ड की कीमत लगभग 6 लाख रूपये है।

बकरी पालन ने उनकी जीवन शैली को पूरी तरह से बदल दिया है, अब परिवार बच्चों की शिक्षा व घर की अन्य आवश्यकताओं को आसानी से पूरा कर पा रहें है। आज यह परिवार गांव में अन्य परिवारों के लिए एक प्रेरणा का स्त्रोत बना हुआ है। रामश्री और सुदामा की इस सफलता में नियमित टीकाकरण, डी वर्मींगं और सन्तुलित आहार प्रणाली का बड़ा योगदान रहा है इन सब के चलते उनकी बकरियों स्वस्थ्य उत्पादक बनी रही, अब परिवार पूरी तरह से आश्वस्त है कि बकरी पालन उनके क्षैत्र में आजीविका का सबसे अच्छा साधन है। रामश्री कहती है "बकरियां हमारे लिए वरदान साबित हुई है, अब हमें अपने भविष्य की चिन्ता नहीं है, हम इस व्यवसाय को और आगे बढायेगें।

# मुर्गियों की नस्लें

*"भारत के पोल्ट्री बाजार में हाल के वर्षों में उल्लेखनीय वृद्धि हुई है।, जिसका आकार 2023 में 30.46 बिलियन अमेरिकी डॉलर तक पहुंच गया है।"*

वर्तमान परिदृश्य में मुर्गी पालन बहुत तेजी से बढ़ रहा है और भविष्य में और भी ऊंचाई पर जाने की उम्मीद है। 20वीं पशुधन जनगणना रिपोर्ट के अनुसार, अनुमान है कि भारत में कुल मुर्गा–मुर्गियाँ की संख्या 851.8 मिलियन है। दिलचस्प बात यह है कि उनमें से 250 मिलियन (लगभग 30 प्रतिशत) को 'पिछवाड़े मुर्गीपालन' के रूप में माना जाता है जो मुख्य रूप से छोटे किसानों द्वारा पाला जाता है ।

सीमांत किसान हालाँकि पिछले कुछ वर्षों में भारत में चिकन उत्पादन में काफी विस्तार देखा गया है, परन्तु ग्रामीण कुक्कुट (Backyard Poultry) पालन लगातार पिछड़ रहा है और कभी–कभी इसे अनदेखा कर दिया जाता है। क्योंकि यह सबसे ज्यादा है छोटे किसानों के लिए न्यूनतम इनपुट के साथ अपनी आय बढ़ाने का यह लागत प्रभावी तरीका है। मुर्गी पालन के क्षेत्र में प्रगति के लिए संतुलित आहार, रोग प्रबंधन, और कुशल अंडा और मांस विपणन प्रणाली को विकसित करना अनिवार्य है।

पिछवाड़े मुर्गीपालन उत्पादन प्रणाली एक कम लागत वाली मुर्गीपालन स्वदेशी प्रणाली है, इस प्रणाली में कम लागत, सही साफ – सफाई व्यवस्था, उचित आवास प्रबन्धन एवं समयबद्ध टीकाकरण से अच्छा एवं उत्तम गुणवता वाला मांस एवं अण्डे प्राप्त किये जा सकते है। इस प्रणाली में चूजों का प्राकृतिक रूप से अंडे से निकलना एक प्राकृतिक प्रक्रिया है। देशी नस्लें आजकल लोगों का ध्यान आकर्षित कर रही है और इनकी खपत बड़ रही है। पिछवाडे मुर्गी उत्पादन आजीविका के साथ – साथ पोषण की समस्या का समाधान कर रहा है।

देश में कुल पोल्ट्री आबादी पिछली जनगणना की तुलना में 12.39 प्रतिशत बढ़ी है और 2012 में देश में कुल पोल्ट्री संख्या 729.2 मिलियन है। सकल घरेलू उत्पाद में योगदान के मामले में पशुधन क्षेत्र कृषि क्षेत्र से आगे निकल गया है। राजस्थान भौगोलिक क्षेत्रफल की दृष्टि से सबसे बड़े राज्यों में से एक है, लेकिन यहां केवल 1.1 प्रतिशत कुक्कुट आबादी है। पिछवाड़े में मुर्गी पालन की अधिकांश गतिविधि आदिवासी बहुल क्षेत्रों यानी दक्षिण राजस्थान में केंद्रित है। अधिकांश आदिवासी परिवार चूजे पालते हैं, जो पोषण के महत्वपूर्ण स्रोतों में से एक है।

मुर्गियों की नस्लों को दो भागों में बाटा गया है। देशी एवं विदेशी नस्लें देशी नस्ले में 18 व विदेशी नस्ले को 4 वर्गों में बाटा गया है। विदेशी नस्लें मुख्यतः अमेरिकन वर्ग, इंग्लिश वर्ग, मेडिटेरियन वर्ग एवं एशियटिक वर्ग

<table>
<tr><th colspan="4" align="center">मुर्गियों की देशी नस्ले</th></tr>
<tr><td>1</td><td>Ankaleshwar</td><td>Gujarat</td><td>INDIA_CHICKEN_0400_ANKALESHWAR_12001</td></tr>
<tr><td>2</td><td>Aseel</td><td>Chhattisgarh Orissa and Andhra Pradesh</td><td>INDIA_CHICKEN_2615_ASEEL_12002</td></tr>
<tr><td>3</td><td>Busra</td><td>Gujarat and Maharashtra</td><td>INDIA_CHICKEN_0411_BUSRA_12003</td></tr>
<tr><td>4</td><td>Chittagong</td><td>Meghalaya and Tripura</td><td>INDIA_CHICKEN_1319_CHITTAGONG_12004</td></tr>
<tr><td>5</td><td>Danki</td><td>Andhra Pradesh</td><td>INDIA_CHICKEN_0100_DANKI_12005</td></tr>
<tr><td>6</td><td>Daothigir</td><td>Assam</td><td>INDIA_CHICKEN_0200_DAOTHIGIR_12006</td></tr>
<tr><td>7</td><td>Ghagus</td><td>Andhra Pradesh and Karnataka</td><td>INDIA_CHICKEN_0108_GHAGUS_12007</td></tr>
<tr><td>8</td><td>Harringhata Black</td><td>West Bengal</td><td>INDIA_CHICKEN_2100_HARRINGHATABLACK_12008</td></tr>
<tr><td>9</td><td>Kadaknath</td><td>Madhya Pradesh</td><td>INDIA_CHICKEN_1000_KADAKNATH_12009</td></tr>
<tr><td>10</td><td>Kalasthi</td><td>Andhra Pradesh</td><td>INDIA_CHICKEN_0100_KALASTHI_12010</td></tr>
<tr><td>11</td><td>Kashmir Favorolla</td><td>Jammu and Kashmir</td><td>INDIA_CHICKEN_0700_KASHMIRFAVOROLLA_12011</td></tr>
<tr><td>12</td><td>Miri</td><td>Assam</td><td>INDIA_CHICKEN_0200_MIRI_12012</td></tr>
<tr><td>13</td><td>Nicobari</td><td>Andaman & Nicobar</td><td>INDIA_CHICKEN_3300_NICOBARI_12013</td></tr>
<tr><td>14</td><td>Punjab Brown</td><td>Punjab and Haryana</td><td>INDIA_CHICKEN_1605_PUNJABBROWN_12014</td></tr>
<tr><td>15</td><td>Tellichery</td><td>Kerala</td><td>INDIA_CHICKEN_0900_TELLICHERY_12015</td></tr>
<tr><td>16</td><td>Mewari</td><td>Rajasthan</td><td>INDIA_CHICKEN_1700_MEWARI_12016</td></tr>
<tr><td>17</td><td>Kaunayen</td><td>Manipur</td><td>INDIA_CHICKEN_1200_KAUNAYEN_12017</td></tr>
<tr><td>18</td><td>Hansli</td><td>Odisha</td><td>INDIA_CHICKEN_1500_HANSLI_12018</td></tr>
<tr><td>19</td><td>Uttara</td><td>Uttarakhand</td><td>INDIA_CHICKEN_2400_ UTTARA_12019</td></tr>
<tr><td colspan="4" align="center">Source: ICAR-National Bureau of Animal Genetic Resources, Karnal (Haryana), India</td></tr>
</table>

# असील

- यह नस्ल हैदराबाद के आसपास क्षेत्र, उत्तर प्रदेश में लखनऊ और रामपुर में पायी जाती है।

**शारीरिक लक्षण –**

- यह नस्ल लडाकू होती है।
- रंग इस नस्ल की मुर्गिया विभिन्न रंगों की होती है जैसे–पीली, काली, लाल, सफेद, भूरा आदि।
- शरीर सुसंगठित, सीना चौड़ा व सिर छोटा होता है।
- कलंगी छोटी, मटर के आकार की होती है।
- वैटलस एवं कान की लटकन छोटी तथा चमकीले, लाल रंग के होते है।
- चोंच छोटी होती है परन्तु गर्दन मजबूत व लम्बी होती है।
- पीठ सीधी होती है लेकिन पूँछ छोटी व लटकी हुई होती है।
- पंख कम होते है।
- यह नस्ल अण्डे कम देती है लेकिन मांस अधिक प्रदान करती है।
- शारीरिक वजन – नर में – 5 किलोग्राम और मादा में – 3 से 4 किलोग्राम।

# कड़कनाथ

- कड़कनाथ मुर्गा की एक भारतीय नस्ल है। इनकी उत्पत्ति मध्य प्रदेश के धार और झाबुआ से हुई है। ये पक्षी अधिकतर ग्रामीण और आदिवासियों द्वारा पाले जाते हैं। इसकी तीन किस्में हैं, जेट ब्लैक, गोल्डन और पेंसिल्ड।
- इसका मांस काला होता है लेकिन स्वादिष्ट होता है इसलिए इसे कालामासी मुर्गा भी कहते है।

## शारीरिक लक्षण –

- रंग इस नस्ल की मुर्गियों की त्वचा, चोंच, सैंक, नाखून व पैर स्लेटी या धूसर रंग के होते है।
- कलंगी व जीभ काले रंग के होते है।
- इसके आंतरिक अंग भी काले होते हैं यहां तक की रक्त भी काला होता है।
- अण्डों का रंग भूरा होता है।
- इसके पंखों का रंग भी काला होता है।
- शारीरिक वजन – नर में – 1.5 किलोग्राम और मादा में – 1 किलोग्राम।

# चितांगंग

- इस नस्ल की मुर्गियाँ पूर्वी भारत में पाई जाती है ।
- इस नस्ल की मुर्गियाँ शक्तिशाली तथा झगड़ालू प्रवृति की लम्बी नस्ल की मुर्गी होती है ।

## शारीरिक लक्षण –

- इसकी चोंच लम्बी व पीले रंग की लाल रंग के छोटे व लाल रंग के होते है ।
- पैर पीले होते हैं ।
- पंख बहुत कम होते है ।
- कलंगी एकल होती है ।
- इसका मांस बहुत स्वादिष्ट होता है ।
- शारीरिक वजन – नर में – 4 किलोग्राम और मादा में – 3.5 किलोग्राम ।
- अण्डे उत्पादन प्रतिवर्ष लगभग 140 ।

# बुसरा

- बुसरा पक्षी महाराष्ट्र के नंदुरबार के नवापुर तालुक और धुले जिले के सकरी तालुक और गुजरात के सूरत जिले के सोनगढ़ और उच्छल तालुक में पाए जाते हैं।

## विशेषताएँ

- मध्यम आकार का पक्षी गहरा शरीर वाला, हल्के पंख वाला व स्वभाव से सतर्क।
- यह ज्यादातर सफेद मिश्रित होता है, गर्दन, पीठ, पूंछ पर काले पंख और कंधों और पंखों पर लाल भूरे रंग के पंख होते हैं।
- कंघी लाल, एकल, आकार में छोटी से मध्यम, सीधी खड़ी होती है।
- चोंच पीली होती है और वॉटल्स लाल होते हैं, पीले रंग की टांग के साथ।
- औसत (मानक) वजन
-      मुर्गा 0.85 से 1.25 किलोग्राम
-      मुर्गियाँ 0.8 से 1.2 किलोग्राम।
- पहले अंडे देने के चक्र की औसत आयु 5–7 महीने।
- वार्षिक अंडा उत्पादन 40–55 प्रतिशत
- अंडे सेने की क्षमता 60–85 प्रतिशत
- अंडे छोटे होते हैं जिनका वजन लगभग 28 – 38 ग्राम होता है।
- खोल का रंग मुख्यतः हल्का भूरा होता है।

# अंकलेश्वर चिकन नस्ल

- अंकलेश्वर, भारत के अंकलेश्वर क्षेत्र की एक कम–ज्ञात लेकिन विशिष्ट मुर्गी नस्ल है, जो अद्वितीय विशेषताएं रखती है जो इसे मुर्गी पालन की दुनिया में अलग करती है।
- स्थानीय अनुकूलनशीलताः अंकलेश्वर मुर्गियाँ स्थानीय जलवायु और पर्यावरणीय परिस्थितियों के लिए उल्लेखनीय अनुकूलनशीलता प्रदर्शित करती हैं, जो उन्हें क्षेत्रीय खेती के लिए लचीला और उपयुक्त बनाती हैं।
- स्वादिष्ट मांसः अपने स्वादिष्ट मांस के लिए प्रसिद्ध, अंकलेश्वर मुर्गियों को उनके पोल्ट्री उत्पादों के समृद्ध स्वाद और गुणवत्ता के लिए सराहा जाता है, जो उन्हें मांस–केंद्रित संचालन के लिए एक अनुकूल विकल्प बनाता है।
- कम इनपुट लागतः इन पक्षियों को अक्सर न्यूनतम इनपुट लागत की आवश्यकता होती है, जो उन्हें छोटे पैमाने के किसानों के लिए आर्थिक रूप से व्यवहार्य बनाती है। बुनियादी देखभाल और पोषण के साथ पनपने की उनकी क्षमता एक महत्वपूर्ण लाभ है।
- मुर्गे एवं मुर्गी का 72 सप्ताह में औसत वजन (Ref. National Bureau of Animal Genetic Resources Karnal )
- मुर्गा 1.76 ± 0.007
- मुर्गी 1.49 ± 0.006
- वार्षिक अण्डा उत्पादन लगभग 79
- औसत अण्डा वजन 35 ग्राम

## प्रतापधन

कुक्कुट प्रजनन पर अखिल भारतीय समन्वित अनुसंधान परियोजना, महाराणा प्रताप कृषि एवं प्रौद्योगिकी विश्वविद्यालय, उदयपुर ने एक दोहरे उद्देश्य वाली मुर्गी नस्ल विकसित की है। प्रतापधन जो रूपात्मक रूप से देशी मुर्गे जैसा दिखता है, लेकिन अधिक अंडे देता है और शरीर के वजन में भारी होता है। हालाँकि, शरीर का वजन और अंडे का उत्पादन पालन और भोजन के तरीकों पर निर्भर करता है।

यह मुर्गा देखने में आकर्षक बहुरंगी पंख वाला होता है। पंखों के रंग के कारण मुर्गों में खुद को शिकारियों से बचाने के लिए छद्म वर्ण होते हैं। इसकी टांगों की लम्बाई अन्य मुर्गों से अधिक होती है जो पिछवाड़े के क्षेत्रों में शिकारियों से आत्म–सुरक्षा में मदद करती है। पिछवाड़े/फ्री–रेंज में अच्छी अनुकूलनशीलता, इसमें अच्छी प्रतिरक्षा क्षमता है क्योंकि अच्छी गुणवत्ता वाले भोजन और पीने के पानी की उपलब्धता की कमी है, मुर्गों को भोजन की तलाश में गंदे परिवेश में घूमना पड़ता है।

इसके अलावा इसमें पोषण के निम्न स्तर (कम और नगण्य इनपुट) और कठोर जलवायु परिस्थितियों में भी जीवित रहने की क्षमता है। प्रतापधन मुर्गियां भूरे छिलके वाले अंडे का उत्पादन करती है।

इस नस्ल के मुर्गे – मुर्गियां 20 सप्ताह की आयु में औसत वजन वयस्क नर में 1478 से 3020 ग्राम और मादाओं में 1283 से 2736 ग्राम तक होती है। प्रतापधन मुर्गियां 161 अंडों का उत्पादन कर सकती है।

**स्वास्थ्य देखभाल :**

फ्री रेंज फार्मिंग के तहत पक्षियों को प्रभावित करने वाली सबसे महत्वपूर्ण बीमारी रानीखेत बीमारी है। उचित टीकाकरण कार्यक्रम का पालन करना अनिवार्य है। प्रतापधन मुर्गों को 6 महीने के अंतराल पर रानीखेत रोग से बचाव हेतु टीका लगाया जाना चाहिए।

आवास में अच्छा वेंटिलेशन, आवश्यक रोशनी और शिकारियों से सुरक्षा होनी चाहिए। रात्रि आश्रय के लिए उपयोग की जाने वाली सामग्री जैसे लकड़ी और बांस बाहरी परजीवियों के लिए छिपने की अच्छी जगह प्रदान करते हैं। इसलिए आवास की समय–समय पर सफाई जरूरी है। चूंकि चूजे मुक्त–सीमा में विचरण करते हैं, इसलिए परजीवी संक्रमण की संभावना रहती है। 2–3 महीने के अंतराल पर कृमि मुक्ति की आवश्यकता होती है।


## प्रतापधन चिकन का अर्थशास्त्र

- एक दिन पुराने चुजे का वजन (ग्राम) – 35
- 8 सप्ताह की आयु में वजन (ग्राम) – 681–718
- मुर्गे में 20 सप्ताह की आयु में शरीर का वजन (ग्राम) – 2309
- मुर्गिया में 20 सप्ताह की आयु में शरीर का वजन (ग्राम) – 1734
- मुर्गे में 40 सप्ताह की आयु में शरीर का वजन (ग्राम) – 2491
- मुर्गिया में 40 सप्ताह की आयु में शरीर का वजन (ग्राम) – 2230
- पहले अंडे के उत्पादन की औसत आयु (दिन) – 125
- यौन परिपक्वता पर आयु (दिन) – 170
- अंडे का औसत वजन (ग्राम) – 50
- वार्षिक अंडा उत्पादन – 161

# मुर्गियों की विदेशी नस्ल

## अमेरिकन (American)

- जन्म स्थान अमेरिका

**शारीरिक लक्षण –**

- यह बहुउपयोगी नस्ल है अर्थात् अण्डे व मांस दोनों उत्पादन अच्छी संख्या में देती है।
- कानों के लोब्स लाल रंग के होते हैं।
- त्वचा पीले रंग की होती है।
- अण्डा भूरे रंग का देती है।
- स्नेक पर पंख नहीं होते है, साफ होती है।
- अमेरिकी श्रेणी में निम्नलिखित नस्लों की मुर्गिया शामिल है।

## (A) रोड आईसलेण्ड रैड (Rhode Island Red)

यह ब्रह्मा, लैंगसन व चितांगन का सम्मिश्रण है।

**शारीरिक लक्षण –**

- किलंगी एकल तथा रोजी होती है।
- आंखें तथा कानों के लाल रंग के होते है।
- छाती चौड़ी व आगे की तरफ निकली होती है।
- पंखों का रंग गहरा लाल तथा नर में Primary व Secondary पंख काले होते है।
- अण्डे भूरे रंग के देती है।
- वजन नर का 3.9 किलोग्राम मादा का 3 किलोग्राम।

## (B) प्लायमाउथ रोक (Plymouth Rock)

- इसका रंग सफेद होता है।
- कलंगी एकल होती है।
- स्नेक पर काले धब्बे होते है।
- अण्डे बडे आकार के देती है।
- ब्रोयलर उत्पादन के लिए प्रसिद्ध है।
- नर का भार – 4 से 4.5 किलोग्राम मादा का भार 3 से 3.5 किलोग्राम।

## मेडिटेरियन वर्ग (Mediterranean)

- इस वर्ग की मुर्गियों का सर्वप्रथम जन्म इटली में हुआ था।

**शारीरिक लक्षण –**

* किलंगी सामान्यतया बड़े आकार होती है तथा सफेद क्रीम रंग के होते है ।
* पिण्डली पर पंख नहीं होते है ।
* अण्डे सफेद रंग के देती है लेकिन सेहती नहीं है ।
* अण्डा उत्पादन बहुत अच्छा करती है ।
* इस श्रेणी में निम्न नस्लें शामिल है । –

# (A) लेगोर्न (Leghorn)

* इस नस्ल की मुर्गियों की 12 प्रजातियाँ हैं जिनमें सफेद लेगोर्न सबसे विख्यात है, सफेद रंग होने के कारण ही इसे कहा गया है ।

**शारीरिक लक्षण –**

* इसका रंग सफेद होता है ।
* पिंडली, नख, चोंच व त्वचा पीले रंग की होती है ।
* किलंगी, रोजी अथवा एकल तथा करोत की भाँति होती है ।
* अण्डा सफेद रंग का होता है ।
* अण्डो की उत्पादन क्षमता बहुत अच्छी होती है औसतन प्रथम वर्ष में 280 अण्डे देती है ।
* वजन नर का 2.5 किलोग्राम मादा का 2 किलोग्राम ।

# (B) मिनोरका (Minorca)

* यह काली बड़ी व सबसे भारी नस्ल की मुर्गी है ।
* इसकी किलंगी एकल व रोज प्रकार की होती है तथा काले रंग की होती है ।
* Wattles लम्बे लाल रंग के होते हैं लेकिन बड़े–बड़े से Ear Lobes सफेद रंग के होते है ।
* इसकी चोंच, व काले रंग के होते हैं ।
* अण्डे सफेद रंग के होते हैं तथा अण्डे का उत्पादन लगभग 280 प्रतिवर्ष ।

# इंग्लिश वर्ग (English Class)

* इस नस्ल की मुर्गियों की उत्पति इंग्लैण्ड से हुई है ।
* इस नस्ल के सामान्य लक्षण है–
* त्वचा सफेद होती है केवल कोरिनिश जाति में पीले रंग की होती है ।

- कान के लाल रंग के होते है।
- ये भूरे रंग के अण्डे देती है लेकिन डोरकिंश एवं रैडकैप सफेद रंग के अण्डे देती है।
- यह मांस के उद्देश्य की नस्ल है–

## एसियेटिक वर्ग (Asiatic Class)

- इस नस्ल की मुर्गियां लुप्त होने के कगार पर है।
- इस श्रेणी में निम्न नस्ल की मुर्गियां आती है।
- (अ) कोचिन – इसकी कलंगी एकल होती है तथा काली व सफेद रंग की होती है एवं शंक पर पंख होते हैं।
- (ब) ब्रह्मा – इसकी मटर की तरह की किलंगी होती है, इसमें भी शंक पर पंख होते है।
- (स) लैंससेन – इसकी किलंगी एकल होती है, लम्बी शंक होती है, पंख नहीं होते है।

# ऊँट

*"संयुक्त राष्ट्र ने 2024 को अंतर्राष्ट्रीय कैमलिड्स वर्ष के रूप में नामित किया है।"*

ऊँट को रेगिस्तान का जहॉज कहा जाता है और रेगिस्तानी पारिस्थितिकी तंत्र का एक महत्वपूर्ण घटक है । ऊँट मुख्यतः शुष्क एवं अर्धशुष्क क्षेत्रों में पाया जाता है। अक्टूबर 2012 में 19 वीं पशुधन जनगणना से पता चलता है कि 2007 के बाद भारतीय उंट की आबादी में 22.48 प्रतिशत की गिरावट आई है । इसकी प्रतिक्रिया स्वरूप 30 जून 2014 को ऊँट को राजस्थान का राज्य पशु घोषित कर दिया गया है। इसके साथ 29 मार्च 2015 को राजस्थान ऊँट (वध एवं निषेध और अस्थीय प्रवसन या निर्यात का विनियमन) विधेयक पारित किया गया था ।

ऊँटों की उत्पति के विषय में अनेक कहॉनिया एवं किदवंतियाँ है। कुछ इतिहासकारों का मानना है कि ऊँट मूलतः श्रीलंका से आया है। एक साक्ष्य के अनुसार ऊँटों को सिंध में 717 ईस्वी में मुहम्मद कासिम द्वारा लाया गया था । जब वह आक्रमण करने आया उसके साथ 3000 ऊँट थे । ऐतिहासिक रूप से यह प्रमाण मिले है कि 997 ई0 महमूद गजनी व अन्य अफगान आक्रमणकारी जैसलमेर से होकर गुजरते थे और रेगिस्तान को पार करने के लिये ऊँटों का प्रयोग करते थे । बाड़मेर जिले के किराडू मंदिरों के स्तम्भों में उल्लेखित प्रमाणों के अनुसार 12 वीं सदी से ऊँट का उपयोग व्यापार के लिए किया जाता था ।

16 वीं शताब्दी में मुगल सम्राट अकबर और राजस्थान के महाराजाओं ने युद्ध के लिए ऊँट वाहिनी की स्थापना की महाराजाओं के पास ऊँट प्रजनन के झुण्ड थे जिनकी देखभाल रायका करते थे । 1889 में बीकानेर के महाराजा गंगासिंह ने 500 पुरूषों और ऊँटों वाले प्रसिद्ध गंगा रिसाला की स्थापना की जिसे इंपीरियल सर्विस कोर थे शामिल किया गया और मध्यपूर्व मिस्त्र और अन्य देशों में सेवा प्रदान की । आजादी के बाद राजाओं — महाराजाओं ने ऊँट प्रजनन झुण्डो को खत्म कर दिया और ऊँटों पर रायकाओं का कब्जा हो गया ।

20 वीं सदी के मध्य में प्रयुक्त हवाई जहॉज के टायरों से सुसज्जित दो पहियॉ ऊँट गाड़ी लोक प्रिय हो गई और उसने ऊँट को एक अपरिहार्य व वजन ढोने वाला पशु बना दिया इन गाड़ियों को खींचने के लिए ऊँटों की बहुत मांग थी और पशुधन जनगणना डीएचडी (DHAD), भारत सरकार ऊँटों की आबादी लगभग 1 मिलियन थी हांलाकि 1990 के बाद इसमें गिरावट शुरू हो गई थी ।

**भारत में पाई जाने वाली ऊँट की नस्लें —**

| | | | |
|---|---|---|---|
| 1. | बीकानेरी नस्ल | 2. | जैसलमेरी नस्ल |
| 3. | मेवाड़ी नस्ल | 4. | कच्छी नस्ल |

## बीकानेरी नस्ल

- जन्म स्थान यह बीकानेरी नस्ल सिंधी, ब्लूचि, अफगानी तथा देशी ऊँट के संकरण द्वारा विकसित की गई है।
- वितरण क्षेत्र यह बीकानेर व आसपास के इलाकों में पाई जाती है।

### शारीरिक लक्षण –

- इसका रंग लाल से गहरा भूरा होता है।
- इसका सिर घुमावदार होता है तथा आंखों के ऊपरकी तरफ ललाट पर एक गड्ढा पाया जाता है जिसे स्टॉप कहते हैं यह इस नस्ल का विशेष गुण है।
- इस नस्ल के कुछ ऊँटों की भौंहों, पलकों व कान पर काले बाल होते हैं जिन्हें स्थानीय में झीपरा कहते है।
- थूई सुविकसित होता है।
- कान छोटे होते हैं तथा पिनबोल उभरी हुई होती है।
- इस नस्ल का ऊँट सामान ढोने व कृषि कार्य में मुख्यतया काम में लिया जाता है।

# जैसलमेरी नस्ल

- जन्म स्थान इसकी उत्पति सिंध प्रान्त है।
- वितरण क्षेत्र राजस्थान में जैसलमेर के आसपास के क्षेत्र में पाया जाता है।

**शारीरिक लक्षण —**

- शरीर का आकार मध्यम होता है।
- सिर छोटा होता है।
- गर्दन पतली होती है तथा आंखे उभरी हुई होती है।
- रंग हल्का भूरा होता है।
- त्वचा पर बाल छोटे होते हैं, कान भी छोटे होते हैं।
- इस पशु में दौड़ने की अद्भुत क्षमता होती है तथा यह एक साथ 100—125 किलोमीटर लगातार आसानी से चल सकता है। इसीलिए यह सवारी के काम लिया जाता है।
- जैलसमेरी ऊँट में स्टॉप नहीं होता है।

# मेवाड़ी नस्ल

- जन्म स्थान व वितरण क्षेत्र राजस्थान के अरावली पर्वतमाला के आसपास का क्षेत्र है। इसका उद्गम स्थान व वितरण क्षेत्र है, इस क्षेत्र के अलावा गुजरात, मध्यप्रदेश आदि के क्षेत्र में भी इस नस्ल के ऊँट पाये जाते हैं।
- इस नस्ल का प्रमुख प्रजनन क्षेत्र उदयपुर, चित्तौड़गढ़, राजसमंद जिले और मध्य प्रदेश के निकटवर्ती नीमच और मंदसौर जिले शामिल हैं।

## शारीरिक लक्षण –

- शरीर का रंग हल्का भूरा।
- शरीर मोटे तथा सघन बालों से ढका रहता है।
- सिर व गर्दन मोटी होती है।
- नीचे का होंट लटका रहता है। इसमें भी स्टॉप नहीं होता है।
- कान छोटे व मोटे होते है।
- यह पहाड़ी क्षेत्र में होता है इसलिए इसका खुर (Foot Pad) मोटा होता है तथा शरीर लम्बे गहरे बालों से ढका रहता है जिसमें Foot पर भारी खुर (Foot Pad) से चोंट नहीं आती तथा इसके शरीर पर लम्बे बाल होने के कारण पहाड़ी क्षेत्र में मधुमक्खियाँ अधिक होते हुए भी इसे काट नहीं सकती है।

79

# कच्छी नस्ल

- जन्म स्थान – कच्छी नस्ल का उद्गम स्थल गुजरात का कच्छ क्षेत्र है ।
- वितरण क्षेत्र – मुख्यतः कच्छी उँट गुजरात जिले कच्छ और बनासकांठा जिले में पाई जाती है ।

## शारीरिक लक्षण :–

- इस नस्ल के ऊँट सामान्यतः मटमैले रंग के होते है तथा भौहें एवं कानों पर बाल नहीं होते है ।
- इनका सिर मध्यम आकार का होता है और अग्रसिर पर गड्डा नहीं होता है ।
- इनके पुठ्ठे मजबूत, टांगे भारी, पाँवों के तलवे कठोर एंव मोटे होते है ।
- इस प्रजाति के ऊँटों में दांत दूरी पर स्थित होने के कारण नीचे होंठ लटके हुये होते है ।
- इनके अयन अच्छी तरह से विकसित एवं आकार में गोल होते है ।
- इनका दुग्ध काल 14 से 16 माह तक होता है ।
- एक औसत कच्छी मादा ऊँट पहली बार 1729 दिन की उम्र गर्भधारण करती है और वह 2259 दिन की उम्र में पहले बच्चे को जन्म देती है ।
- इस नस्ल के ब्याहने का अन्तराल लगभग 746 दिन होता है और पहले गर्भधारण में लगभग 390 दिन और बाद के गर्भधारण में 386 दिन लगते है । नर 5–5 से 6 साल की उम्र में ऊँट के लक्षण प्रदर्शित करते है और 6 से 6.5 साल की उम्र नियमित प्रजनन के लिये इस्तेमाल किया जाता है ।

# ऊँट के लिए आहार प्रबंधन

ऊँट शुष्क पदार्थ, फाइबर और क्रूड प्रोटीन पचाने में अन्य जुगाली करने वालों और घरेलू गैर–जुगाली करने वालें जानवरों की तुलना में अधिक निपुण होते हैं। आहार की गुणवत्ता के दृष्टिकोण से ऊँटों को उच्च प्रोटीन एवं कम सेल्यूलोज वाला हरा चारा खिलाना चाहिए।

**सूखे चारा :** ऊँटों को सूखे खुरदरे और कुछ मात्रा में दाना खिलाना चाहिए जैसे कि भूसा, पुआल, चना, दालों का भूसा व झाड़ीदार वृक्षियों की पतियाँ इत्यादि।

**दाना :** ऊँट के लिए दाना खिलाना बहुत आवश्यक है क्योंकि यह उनके लिए एक मुख्य ऊर्जा स्त्रोत है। यह दूग्ध उत्पादन, मांस उत्पादन के उदेश्य के लिए आवश्यक है। भारत में कंसट्रेट (दाना) आमतौर पर 1/2 किलो से 1 किलो मोठ का आटा या बाजरा या जौ का आटा और 350 से 400 ग्राम गुड़ (शीरा) होता है।

सर्दियो में, सरसों या तिल का तेल ऊँटों को 18 से 20 दिनों के लिए दिया जाता है जो खराब शरीर की स्थिति में होते है। अनाज या फलीदार अनाज को कुचल दिया जाना चाहिए और इसे खिलाने से पहले लगभग 7 से 9 घंटे के लिए पानी में भीगों दिया जाना चाहिए। हम अन्य दाना और गुड़ (गुड़) की थोड़ी मात्रा के साथ संयोजन में प्रतिदिन 1/2 से 1 कि.ग्रा. की मात्रा वाले खली का उपयोग कर सकते है। कपास के बीज में प्रतिदिन 1/2 से 1 कि.ग्रा. पानी के साथ लगभग 500 ग्राम कुचल मोठ, ग्वार या ग्राम का उपयोग किया जाता है।

**नमक :** ऊँट को प्रतिदिन लगभग 60 से 100 ग्राम नमक खिलाना चाहिए। इसे अनाज या दाने के साथ मिलाकर खिलाया जा सकता है।

**दौड़ वाले ऊँटों के लिए भोजन :** दौड़ वाले ऊँटों को एक अतिरिक्त दाना खिलाने की आवश्यकता होती है ऊँट को रूमेन फंक्शन से समझौता किए बिना सूखे पदार्थ के 3–35 प्रतिशत के स्तर तक आहार वसा की आवश्यकता होती है।

भारत में निम्न दिए गए मानक का प्रयोग राशन के लिए किया जाता है–

| | |
|---|---|
| चना चुरी | 1.35 कि.ग्रा. |
| जौ | 1.35 कि.ग्रा. |
| मीसा भूसा | 8–9 कि.ग्रा. |
| नमक | 0.15 कि.ग्रा. |

**पानी की मात्रा** : पानी किसी भी जीव के लिए बहुत महत्वपूर्ण होता है पानी का सेवन चराई व तापमान पर निर्भर करता है। वैसे तो ऊँट बिना पानी पीये रह सकता है परन्तु फिर भी ऊँट को कम से कम 18–20 लीटर पानी प्रतिदिन पिलाना चाहिए।

**ऊँटों को खिलाने के लिए सुझाव** : ऊँट को अचानक अधिक अनाज न खिलाएं, क्योंकि इससे उनमें एसिडिटी या ब्लोट की समस्या हो सकती है। ऊँट, को लंबे समय तक भूखा न रखें। इससे धीरे–धीरे चबाने और फिर पेट में दर्द होने लगता है। लंबी यात्रा के बाद तुरंत अनाज या भूसा नहीं खिलायें, इससे उनमें पेट दर्द या प्रभाव हो सकता है।

# ऊँटनी के दुग्ध के फायदे

ऊँटनी का दूध बहुत लाभकारी माना गया है –ऊँटनी के दूध में विटामिन, खनिज और कई जरूरी पोषक तत्व पाए जाते हैं, जो मानव शरीर के लिए उपयोगी होते हैं। इसमें 3.4 प्रतिशत प्रोटीन, 3.5 प्रतिशत वसा, 4.4 प्रतिशत लैक्टोज शर्करा और 87 प्रतिशत पानी पाया जाता है। ऊँटनी के दूध में प्रचुर मात्रा में विटामिन भी पाए जाते हैं, जैसे विटामिन – ए, बी, सी, डी और विटामिन – ई।

ऊँटनी के दूध की प्रति 100 ग्राम में निम्नलिखित मात्रा में मिनरल पाए जाते हैं–

जिंक – 0.53 मि.ग्रा., मैंगनीज – 0.05 मि.ग्रा., मैग्नीशियम – 10.5 मि.ग्रा., आयरन – 0.29 मि.ग्रा., सोडियम – 59 मि.ग्रा., पोटेशियम – 156 मि.ग्रा., कैल्शियम – 114 मि.ग्रा.

**ऊँटनी के दूध के लाभ**

**किडनी के लिए :** ऊँटनी के दूध से किडनी फेल होने या खराब होने से बचाने में मदद करता है।

**मधुमेह के नियंत्रण :** ऊँटनी के दूध से ब्लड शुगर को नियंत्रित करने में किया जाता है, क्योंकि इसमें एंटीहाइपरग्लाइसेमिक प्रभाव पाए जाते है। इंटरनेशनल जर्नल ऑफ एंडोक्रिनोलॉजी एंड मेटाबॉलिजम द्वारा की गई रिसर्च में यह पाया गया है कि ऊँटनी का दूध लिपिड प्रोफाइल में सुधार करके और इन्सुलिन प्रतिरोधी को कम करके मधुमेह के घरेलू उपचार के रूप में काम कर सकता है।

**लिवर हेतु :** अमेरिकन जर्नल ऑफ एथनोमिडिसिन द्वारा प्रकाशित एक शोध में पाया गया है कि ऊँटनी के दूध का उपयोग लिवर को स्वस्थ रखने में मदद करता है। हेपेटाइटिस – सी के मरीजों पर किए गए अध्ययन में देखा गया है कि ऊँटनी का दूध लिवर एंजाइम्स के बढ़े हुए स्तर को कम करने में मदद करता है।

**एलर्जी से बचाव के लिए :** ऊँटनी का दूध बैक्टीरिया और फंगस से होने वाली एलर्जी से आराम दिलाने में मदद करते हैं, क्योंकि इसमें एंटीबैक्टीरियल, एंटीफंगल एवं एंटीवायरल गुण पाए जाते हैं, जो एलर्जी फैलाने वाले इन जीवाणुओं को खत्म करने में मदद करते हैं। साथ ही इसके दूध में एंटीइन्फ्लामेट्री गुण भी पाए जाते हैं, यह एलर्जी के कारण होने वाली सूजन को कम करने में लाभदाक साबित होता है।

इसके साथ – साथ ऊँटनी का दूध आंतों एवं त्वचा संबंधित विकारों को सही करने में लाभदायक है।

# पशु के बाह्य अंगो की पहचान

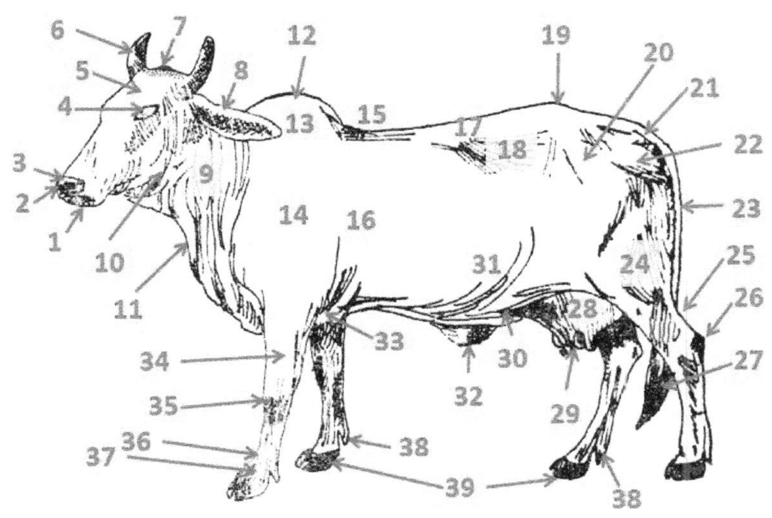



| | | | |
|---|---|---|---|
| 1 | Muzzle (मजल) | 21 | Pastern (पेस्टनं) |
| 2 | Mouth (मुँह) | 22 | Hoof (खुर) |
| 3 | Nostril (नाक) | 23 | Dew clkaw (ड्यू कला) |
| 4 | Nose bone (नाक की हड्डी) | 24 | Withers/Hump (हंप) |
| 5 | Face (चेहरा) | 25 | Back (बैक) |
| 6 | Jaw (जबडा) | 26 | Loin (लोईन) |
| 7 | Eye (ऑंख) | 27 | Pin bone (पिन बोन) |
| 8 | Fore head (फोर हैड) | 28 | Tail head (टेल हेड) |
| 9 | Ear (कान) | 29 | Belly (बेली) |
| 10 | Poll (पोल) | 30 | Girth (गर्थ) |
| 11 | Horn (सीगं) | 31 | Hip joint (हिप जोड) |
| 12 | Neck (गर्दन ) | 32 | Anus. (गुदा) |
| 13 | Dewlap (ड्यूलेप) | 33 | Thigh (थाई) |
| 14 | Brisket (ब्रिस्केट) | 34 | Hock (हॉक) |
| 15 | Shoulder (कंधा) | 35 | Tail (पूछं) |
| 16 | Shoulder joint (कंधा का जोड) | 36 | Switch (स्विच) |
| 17 | Elbow joint (एल्बो जोईटं) | 37 | Udder (ओगंरी) |
| 18 | Radius&ulna (रेडियस अल्ना) | 38 | Teat (थन) |
| 19 | Knee joint (घुटना) | 39 | Mammary vein (दुग्ध की नस) |
| 20 | Metacarpal bone (मेटाकार्पल बोन) | 40 | Naval sheat (नेवल शीथ) |

## म्जल (Muzzle)

* इसे देखकर पशु के बीमार या स्वस्थ होने का अंदाजा लगाया जा सकता है। स्वस्थ पशु मे यह गीला(उवपेज) होता है व मोती जैसा पानी चमकता रहता है। लेकिन बीमार पशु मे यह पूरी तरह से सूखा हुआ रहता है।

## पॉल (Poll)

* दोनो सीगो के बीच की जगह पॉल कहलाती है।

## डयूलेप (Dewlap)

* गर्दन से लेकर आगे के पेरो तक लटकता हुआ चमडी का ढीला भाग डयूलेप होता है। यह सिर्फ गाय मे ही होता है। भैस मे डयूलेप नही होता है।

## ब्रिसकेट (Brisket)

* आगे के दोनो पेरो के बीच लटकता हुआ मांसॅल भाग ब्रिसकेट कहलाता है। यह भैस मे ज्यादा विकसित होता हैं। कभी—कभी चोट की वजह से इसमे सूजन आ जाती है इस बीमारी को ब्रिसकेट ईडिमा कहते है।

## मेमेरी वेन (दुग्ध की नस)

* यह पशु के पेट के नीचे की ओर दोनो तरफ होती है। दुग्ध देने वाले पशु मे यह बहुत ज्यादा विकसित होती हैं। इसकी मोटाई को देखकर पशु की दुग्ध देने की क्षमता को ऑका जाता है।

## फलेक (Flank)

* पेट के दोनो तरफ उपर की ओर के भाग को फलेंक कहते है।

## ट्राइएंगुलर फोसा

* यह बायी तरफ होता है इसी कें नीचे रूमन होता है। जब कभी पशु मे आफरा आता है तो इसी ट्राइएंगुलर फोसा के बीच मे से ट्रोकार केनुला या मोटी सूई के द्वारा गैस को निकाला जाता है।

## टेल हेड (Tail head)

* जहा से पूछ शरीर के भाग से जुडी रहती है। उसे टेल हेड कहते है। पशु के ब्याहने के समय टेल हेड के आसपास के लिगामेण्ट ढीले हो जाते है। जब यह लिगामेण्ट ढीले हो जाते है तो यह अंदाजा लगाया जाता हे कि पशु अगले कुछ घंटो मे ब्याहने वाला हैं।

## स्विच (Switch)

* पूंछ के बालो के गुच्छे को स्विच कहते है। बालो का गुच्छा भी पशु की नस्लो को पहचानने मे मदद करता है।

## हंप (Hump)

* यह देशी नस्ल के पशुओ मे पीठ पर उभरा हुआ भाग होता है। जबकि यह भाग विदेशी नस्ल की गायो मे नही होता है।

## अगला पैर के जोड

शोल्डर जोइंट (कॅधा)

* स्केपूला व ह्यूमरस के जोड को शोल्डर जोइंट कहते है। यह पशु के शरीर मे बाहर की ओर नही होता हैं।

## एल्बो (कोहनी)

* यह ह्यूमरस व रेडियस–अल्ना का जोड होता है।

नी जोइंट(घुटना)

* यह रेडियस–अल्ना, कार्पस व मेटाकार्पस के मध्य का जोड होता है।

फेटलोक जोइंट

* यह मेटाकार्पस व पहली फेलिग्ंस के मध्य का जोड होता है।

पेस्टर्न जोइंट

* यह पहली फेलिग्स व द्वितीय फेलिग्स के मध्य का जोड होता हैं।

कोफिन जोइंट

* यह द्वितीय व तृतीय (अंतिम) फेलिग्स के मध्य का जोड होता है।

## पिछला पैर के जोड

हिप जोइंट

* यह पेल्विस व फीमर के मध्य का जोड होता हैं।

स्टाइफल जोइंट

* यह फीमर व टिबीया–फिबुला तथा पटैला के मध्य का जोड होता है। इसी जोड पर मीडियल पटेलर डेस्मोटोमी (चिटकी का ऑपरेशन) की जाती है।

हॉक जोइंट

* यह टिबीया–फिबुला व टार्सस तथा मेटा टार्सस के मध्य का जोड होता है।

फेटलोक जोइंट

* यह मेटाटार्सस व पहली फेलिग्ंस के मध्य का जोड होता है।

पेस्टर्न जोइंट

* यह पहली फेलिग्स व द्वितीय फेलिग्स के मध्य का जोड होता हैं।

कोफिन जोइंट

* यह द्वितीय व तृतीय (अंतिम) फेलिग्स के मध्य का जोड होता है।

# पशुओं के शरीर का वजन

**पशुओं का भार व माप**

पशुओं के शरीर का भार व माप ज्ञात करना प्रबन्धन की महत्वपूर्ण क्रिया है क्योंकि पशुओं के शारीरिक भार को मापने के बाद ही उनके लिए उचित आहार, पोषण एवं स्वास्थ्य संबधित निर्णय लेने में मदद मिलती है। किसी भी पशु के वजन से उसके स्वास्थ्य तथा रख–रखाव का अनुमान लगाया जा सकता है।

**(क) पशुओं का वजन ज्ञात करने का उद्देश्य–**

- पशुओं को नियमित दैनिक क्रियाओं के लिए ऊर्जा की आवश्यकता होती है और यह ऊर्जा उसे उसके दैनिक खाने–पीने (भोजन) पर निर्भर करती है। भोजन की मात्रा उसके वजन पर निर्भर करती है अर्थात् पशुओं को दैनिक दिया जाने वाले आहार (बंटा, हरा एवं सूखा चारा) की मात्रा की गणना उसके वजन पर आधारित की जाती है।
- किसी भी बीमार पशु को दी जाने वाली दवाईयों की मात्रा भी उसके भार पर निर्भर करती है उदाहरण – बछड़ा, वयस्क पशु, वृद्ध पशु, कमजोर पशु इन सब में दवाईयाँ साधारणतया प्रतिकिलो वजन पर निर्भर करती है।
- पशु की वयस्कता की उम्र हमेशा उसके शारीरिक भार पर निर्भर करती है जैसे–मुर्रा भैंस का वजन प्रजनन के लिए 300–350 किलोग्राम तक होना चाहिए।
- माँस उत्पादन पर आधारित पशुपालन का भविष्य पशुओं के शरीर भार पर ही आधारित होता है जैसे–ब्रोयलर, भेड़–बकरी, सूअर आदि का वजन कम समय में अधिक ग्रहण कर लेने पर पशुपालक को काफी अधिक लाभ होता है।
- पशु के भार व माप से पशु के स्वास्थ्य सम्बन्धी जानकारी मिलती है। उदाहरण – बीमारी में पशु का वजन धीरे–धीरे कम होने लगता है।
- पशु की शारीरिक वृद्धि दर का पता भी उसके भार ग्रहण से ही लगता है।
- पशु के नस्ल गुणों के अध्ययन में भी पशु का भार काफी महत्वपूर्ण भूमिका रखता है।

**पशु का भार ज्ञात करने के लिए निम्न सावधनियों का ध्यान रखें–**

(i) पशु का भार ज्ञात करने से पहले 24 घण्टे आहार नहीं दे।

(ii) पशु का भार ज्ञात करने से पहले लगभग 6 घण्टे पूर्व पानी भी नहीं पिलाए।

(iii) पशु को किसी प्रकार की उस दिन दैनिक कसरत भी नहीं करावे।

**पशुओं के वजन नापने की विधियाँ**

पशुओं के नापने के लिए अनेको विधियों जैसे ब्रिज विधि, स्प्रिंग विधि, पेन बेलेन्स विधि, व अनेको सूत्रों का प्रयोग किया जाता है।

- **ब्रिज विधि** : यह विधि सभी बड़े व छोटे दोनों प्रकार के पशुओं के शारीरिक भार को ज्ञात करने हेतु उपयोग में ली जाती है। इसमें एक बड़ा प्लेटफार्म होता है जिस पर पशु को आसानी से खड़ा कर दिया जाता है तथा स्क्रीन की सहायता से आसानी से पता किया जाता है।

- **स्प्रिंग विधि** : यह विधि साधारणतया छोटे पशुओं का वजन ज्ञात करने के लिए उपयोग में ली जाती है जैसे–भेड़–बकरी, कुत्ता आदि। जिस पशु का वजन ज्ञात करना हो उस पशु के पिछले पैरों के ठीक आगे बैली क्षेत्र में पेट पर तथा अगले पैरों के ठीक पीछे विदर क्षेत्र में एक रस्सी अथवा चमड़े का बेल्ट बांध देते हैं। इसी बेल्ट ⁄ रस्सी की सहायता से पर पशु को लटका देते हैं तथा स्प्रिंग का रीडिंग को पढ़ लिया जाता है।

- **सूत्र विधि** : यह विधि विभिन्न वैज्ञानिकों द्वारा बतलाये गये गणितीय सूत्रों पर आधारित होती है लेकिन इन सूत्रों से किसी पशु का वजन ज्ञात करने से पहले पशु की लम्बाई, परिधि का नाप होना अत्यन्त आवश्यक है क्योंकि यह सूत्र इन पर ही आधारित है।

**(क) पशु की लम्बाई** – पशु की लम्बाई पिन बोन से लेकर कन्धे के बिन्दु तक ली जाती है।

**(ख) परिधि** – इसमें पशु के आगे के पैरों में कूबड़ के पीछे से व कूबड़रहित पशुओं में विदर क्षेत्र पर से शरीर का घेरा मापते है। जिसे ग्रिथ कहते हैं।

**(ग) शरीर की ऊँचाई**– पशु के आगे के पैरों की निचली सतह से लेकर कूबड़ रहित पशुओं में के ऊपर तक तथा कूबड़ युक्त में कूबड़ के पीछे वाली ऊँचाई को पशु की ऊँचाई कहते हैं।

हरियाणा कृषि विश्वविद्यालय हिसार द्वारा पशुओं के भार को नापने के लिए निम्नलिखित सूत्र का प्रयोग किया जाता है।

पशु का भार (कि.ग्राम) = 3.3 (हृदय की परिधि से.मी.) + (उदर का घेरा से.मी.) + 0.7 (लम्बाई से.मी.) – 490

एक अनुमान के अनुसार पशुओं में लम्बाई व भार का विवरण निम्नलिखित प्रकार से है।

| शरीर का वजन (लगभग) | | | | |
|---|---|---|---|---|
| क्र.सं. | लम्बाई (सेमी.) | गाय व भैस (किग्रा) | भेड व बकरी (किग्रा) | घोडा, गधा, खच्चर (किग्रा) |
| 1 | 60 |  | 20 |  |
| 2 | 65 |  | 24 |  |
| 3 | 70 | 40 | 30 |  |
| 4 | 75 | 45 | 36 |  |
| 5 | 80 | 50 | 42 | 44 |
| 6 | 90 | 70 | 55 | 62 |
| 7 | 100 | 98 | 75 | 87 |
| 8 | 120 | 150 |  | 147 |
| 9 | 140 | 232 |  | 222 |
| 10 | 160 | 330 |  | 313 |
| 11 | 180 | 185 |  | 426 |
| 12 | 190 | 558 |  | 490 |

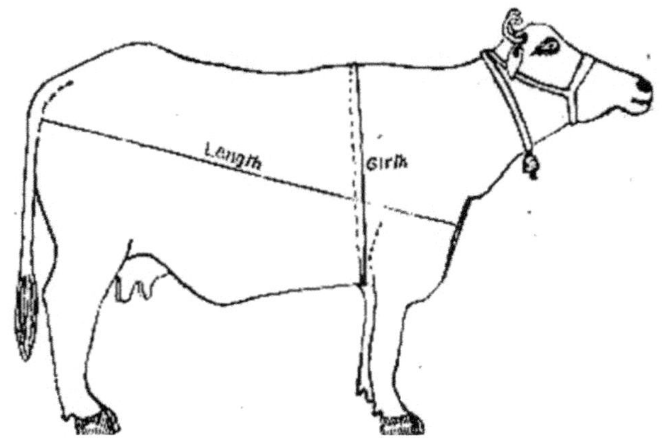


पशुओं के वजन नापने का तरीका

# पशुओं की उम्र

पशुओं की उम्र ज्ञात करना अति महत्वपूर्ण है। पशुओं की सही उम्र ज्ञात होने से किसान व पशु उद्यमी सही व तथ्यात्मक आधार पर निर्णय ले सकतें है। पशुओं की उम्र ज्ञात करने के लाभ निम्नलिखित है :–

1. पशु के प्रजनन हेतु :– पशुओं की सही उम्र का पता होने पर किसान / पशुपालक प्रजनन हेतु सही व सटीक निर्णय ले सकते है। इससे गर्भधारण सम्बधी उचित प्रक्रिया को अपनाया जा सकता है।

2. पशु को पोषण व उचित आहार प्रदान करवाने हेतु :– यदि पशुपालक को पशु की सही सही उम्र का पता चल जाता है तो वो उनको उचित व सम्पूर्ण आहार सम्बन्धी व्यवस्थाओं को दुरस्त करने में मदद करता है जो कि पशु के स्वस्थ्य एवं बढोतरी को प्रभावित करता है।

3. पशुओं को विभिन्न कार्यो हेतु :–पशुओं की सही उम्र का पता होने पर पशुपालक उनको किसी भी कार्य में प्रयोग करने हेतु निर्णय ले सकतें है जैसे बैल को कृषि कार्य में उपयोग लाने हेतु व भैसों व पाड़ा को प्रजनन हेतु प्रयोग करने हेतु।

4. पशुओं के मुल्य का निर्धारण :– पशुओं को खरीदने और बेचने में उम्र एक महत्वपूर्ण मानक है, पशुओं की सही व सटीक उम्र खरीद दार व बेचने वाले दोनो को निर्णय लेने में सहायक है।

5. पशुओं की सही उम्र ज्ञात करने की विधियॉ :– पशुओं की सही उम्र ज्ञात करने की विभिन्न विधियॉ है जैसे लिखे गये रिकार्ड के आधार पर, पशुओं की शारीरिक व भौतिक व्यवस्थाओं के आधार पर सींगों के द्वारा व दातों के आधार पर।


## पशुओं की उम्र ज्ञात करने की विधियाँ

पशुओं की उम्र ज्ञात करने की विधियाँ निम्नलिखित है– लिखित रिकॉर्ड के आधार पर, पशुओं की शारीरिक संरचना के आधार पर, सींगों के आधार पर एवं दाँतों के आधार पर।

1. **लिखित रिकॉर्ड के आधार पर :** लिखित रिकॉर्ड के आधार पर पशुओं की उम्र ज्ञात करना सबसे आसान विधि है। इसकी सत्यतता इस बात पर निर्भर करती है कि रिकॉर्ड सही तरीके से लिखे गये है या नहीं। यह तरीका सामान्यत : डेयरी फार्मो, गौशालाओं व राजकीय उपक्रमों तथा अन्य संस्थानों पर काम लिया जा सकता है जहां पशु के प्रसव दिनांक, उत्पादन, गर्भित दिनांक आदि की जानकारी संधारित किया जाता है।

2. **पशुओं की शारीरिक संरचना के आधार पर :** पशु के शरीर की बनावट व

स्वास्थ्य के आधार पर उसकी उम्र का सही आंकलन करना मुश्किल होता है इससे केवल अंदाजा लगाया जा सकता है पशु को प्राप्त होने वाले पोषण व प्रबंधन निर्भर करता है। इसलिए इस विधि में अनुमानित आयु का पता चलता है।

3. **सींगों के द्वारा :** इस विधि में सींगों पर बने छल्लों की संख्या गिनकर आयु ज्ञात की जाती है। सींगों पर पहला छल्ला तीन वर्ष की आयु में बनता है। इसके बाद एक छल्ला प्रतिवर्ष बनता है। इस विधि में छल्लों की संख्या गिनकर उसमें दो जोड़ने पर पशु की उम्र का अन्दाजा लगाया जा सकता है।

इस विधि की सीमा यह है कि यदि पशु के सींगरोधन कर दिया जाता है तो आयु ज्ञात करना सम्भव नहीं होता है।

4. **दाँतों के द्वारा :** पशुओं में दाँतों के माध्यम से आयु का अनुमान लगाना एक बहुत पुरानी प्रचलित विश्वसनीय एवं उपयुक्त विधि मानी जाती रही है। इस विधि से इनसाइजर दाँतों की संख्या, उनके निकलने तथा गिरना, घिसावट की स्थिति को सावधानीपूर्वक निरीक्षण करके ही खरीदार / बेचानदार / चिकित्सक आदि पशु की आयु ज्ञात करते हैं।

## गाय, बैल व भैंस की उम्र दांतों के आधार पर

| क्रम संख्या | आयु | दातों संख्या |
|---|---|---|
| 1 | जन्म के समय | 2 दूध के दॉत |
| 2 | जन्म के 15 दिन बाद | 4 दूध के दॉत |
| 3 | जन्म के 21 दिन बाद | 6 दूध के दॉत |
| 4 | जन्म के 30 दिन बाद | 6 दूध के दॉत |
| 5 | जन्म के 2 से 3 वर्ष बाद | 4 स्थायी दॉत व 6 दूध के दॉत |
| 6 | जन्म के 3 से 4 वर्ष बाद | 4 स्थायी दॉत व 4 दूध के दॉत |
| 7 | जन्म के 4 से 5 वर्ष बाद | 6 स्थायी दात व 2 दूध या अस्थाई दॉत |
| 8 | 5 वर्ष के बाद | 8 स्थायी दॉत |
| 9 | 7 से 8 वर्ष में | 7 से 8 वर्ष की उम्र में दॉत में ध्यान देने योग्य घिसाव दिखाते है । |
| 10 | 8 से 9 साल की उम्र में | मध्यम जोड़े ध्यान देने योग्य घिसाव दिखाते है और 10 साल की उम्र कोने के दॉत ध्यान देने योग्य घिसाव दिखाते है । |

## मैंस व मवेशियों में स्थायी दान्तों का दिखाना

| दाँतों का प्रकार | दाँत निकलने की उम्र मैंसो में | गाय, बैलों में दाँत निकलने की उम्र |
|---|---|---|
| बीच ( पहली जोड़ी ) | 24 से 30 माह | 30 माह |
| बीच(दूसरी जोड़ी के पहले ) | 36 माह | 42 माह |
| बीच के बाद (Lateral) तीसरी जोड़ी | 48 माह | 54 माह |
| कोने वाली (चौथी जोड़ी) | 54-60 माह | 70-72 माह |

## भैड व बकरी में स्थायी दान्तों का दिखाना

| दाँतों का प्रकार | भेड़ों में दाँत निकलने की उम्र | बकरी में दाँत निकलने की उम्र |
|---|---|---|
| बीच ( पहली जोड़ी ) | 14 से 20 माह | 14 माह |
| बीच(दूसरी जोड़ी के पहले ) | 21-25 माह | 36 माह |
| बीच के बाद (Lateral) तीसरी जोड़ी | 26 – 30 माह | 48 माह |
| कोने वाली (चौथी जोड़ी) | 30-40 माह | 60 माह |

ऊँट के ऊपरी जबड़े में डेंटल पेड के पीछे 2 इन्साइजर होते है–

- जन्म के समय ऊँट के बच्चों में दाँत नहीं होते है ।
- 1 माह की उम्र में ऊपरी जबड़े में दो चीक टीथ तथा निचले जबड़े में 1 चीक टीथ और दो इनसाजर निकल आते है ।
- छ: माह की उम्र में 22 अस्थायी दाँत आ जाते है ।
- 7 वर्ष की आयु तक ऊँट फुल माऊथ हो जाता है ।
- 15 वर्ष की आयु में ऊँट के इनसाइजर दाँतों का क्रमिक क्षारक हो जाने से उसे कठोर आहार सामग्री खाने में कठिनाई होती है ।

पशुओं का जीवन काल उनकी प्रजनन, पोषण, आहार और रख–रखाव पर निर्भर करती है। समानतः पशुओं जीवनकाल निम्नलिखित वर्षों का होता है।

### पुशओं का जीवन काल (Longevity of Different Animals )

| किस्म | औसत उम्र वर्षों में |
|---|---|
| गोवंश | 20 |
| घोड़ा | 30 |
| भेड़ व बकरी | 15 |
| कुत्ता | 14 |
| सुअर | 16 |
| ऊँट | 40 |
| हाथी | 200 |
| गधा | 40 |

# डेयरी मवेशियों के चयन का आधार

डेयरी मवेशियों का चयन बहुत ही महत्वपूर्ण है, क्योंकि किसान मवेशियों के चयन में ध्यान रखेंगें तो उनकी आय में वृद्धि होगी । मवेशियों के चयन में निम्नलिखित बातों का ध्यान रखना चाहिए ।

1.      **दुग्ध उत्पादन क्षमता** :– किसी लेक्टेशन अवधि में दुग्ध उत्पादन की मात्रा को उसका प्रति लेक्टेशन दुग्ध क्षमता कहलाता है । आज भी विदेशी या क्रास नस्ल के पशुओं की तुलना में देशी पशुओं की दुग्ध उत्पादन क्षमता कम है । दुग्ध उत्पादन पशु ब्याने के दिनों की संख्या व लगातार कितना दुग्ध देता है, और कितनी निरन्तरता के साथ दुग्ध देता है उस पर निर्भर है । आमतौर पर डेयरी मवेशियों में पहले स्तनपान / दुग्ध देने से परिपक्वता तक दुग्ध में 30–40 प्रतिशत की वृद्धि देखी जाती है । 3 या 4 बार ब्याने के बाद उत्पादन में गिरावट शुरू हो जाती है ।

विभिन्न नस्लों और पशुओं की दुग्ध उपज की तुलना के लिए दुग्ध उपज को वसा, संधारित दुग्ध (FMC) में परिवर्तित किया जाना चाहिए । आमतौर पर प्रसव के बाद प्रतिदिन दुग्ध की पैदावार बढ जाती है, और ब्याहने के बाद 2 से 4 सप्ताह के भीतर चरम पर पहुँच जाती है । इस स्तर की उपज को **शीर्ष दुग्ध उपज** माना जाता है । बेहतर दुग्ध उत्पादन के लिए अधिकतम उपज को अधिक समय तक बनाए रखना महत्वपूर्ण है, भारतीय नस्लों में लेक्टेशन की अवधि कम होती है इसलिए उत्पादन और परिवर्तन भी कम होता है ।

2.      **दुग्ध उत्पादन की अवधि** :– दुग्ध उत्पादन की अवधि का अर्थ है कि एक ब्यात में पशु कितने दिन दुग्ध देता है । सामान्यतः एक गाय 350 दिन तक दुग्ध देती है । यदि कोई भी गाय इससे कम दिन दुग्ध देती है तो उसका उत्पादन घट जायेगा । सामान्यतः भारतीय नस्लों का दुग्ध अवधि कम होता है परन्तु कुछ नस्लो में दुग्ध अवधि लम्बा होता है परन्तु उनके दुग्ध की मात्रा बहुत कम होती है ।

3.      **दुग्ध की पैदावार में निरन्तरता** :– दुग्ध देने के समय पशु सामान्यतः 2 से 4 सप्ताह में ज्यादा से ज्यादा दुग्ध देने की स्थिति में पहुंच जाता है । इस स्थिति को अधिकतम दुग्ध देने की स्थिति कहा जाता है । किसी भी पशु में दुग्ध उत्पादन को अधिक से अधिक बनाये रखने के लिए इस अधिकतम उच्च स्थिति का लम्बा होना अति आवश्यक है । अधिकतम दुग्ध स्थिति के बाद दुग्ध में कमी आना स्वाभाविक है इसलिए यह स्थिति जितना धीमा होगा उतना ही लाभदायक होगा ।

4.    **प्रथम ब्यात के समय की आयु** :– प्रथम ब्याहने के समय पशु की उम्र उच्च जीवन काल उत्पादन के लिए बहुत महत्वपूर्ण होती है । भारतीय गाय की नस्लों में प्रथम ब्यात 3 वर्ष, शंकर नस्लों में 2 वर्ष एवं भैंस में 3.5 वर्ष  है । यह देखा गया है कि प्रथम ब्यात में पशु की उम्र अधिक होती है तो उसका दुग्ध उत्पादन भी अधिक होता है । परन्तु ब्यातों की संख्या कम होने पर कुल जीवनकाल में दुग्ध उत्पादन में कमी हो जायेगी । यदि पहला ब्यात सही उम्र पर नहीं हो तो पशु को बच्चा पैदा करने में बहुत तकलीफ होती है और दुग्ध उत्पादन भी कम होता है । इसके लिए पशु को उसकी उचित उम्र पर ही गर्भ धारण करवाना चाहिए ।

5.    **सेवा अवधि** :– सेवा अवधि का अर्थ है ब्याने की तारीख और सफल गर्भधारण की तारीख के बीच की अवधि । उपयुक्त सेवा अवधि पशु को तनाव से उबरने में मदद करता है और पशु के जनन अंगों को पुनः सही स्थिति में पहुंचाने में मदद करता है । मवेशियों के लिए उपयुक्त सेवा अवधि 60 से 90 दिन होती है । यदि सेवा अवधि समय बहुत अधिक है तो इसका मतलब एक ब्यात से दूसरे ब्यात की सेवा अवधि बहुत अधिक हो जायेगी । यदि सेवा अवधि बहुत छोटी है तब भी अच्छा नहीं है क्योंकि कम अंतराल होने पर पशु की दुग्ध उत्पादन क्षमता कम हो जायेगी और पशु जीवन काल में कम दुग्ध उत्पादन देगा । इसके साथ–साथ पशु कमजोर हो जायेगा और दुग्ध उत्पादन क्षमता प्रभावित होगी ।

6.    **शुष्क काल** :– पशु द्वारा दुग्ध बन्द करने की अवस्था या स्थिति को शुष्क काल कहा जाता है । पशु द्वारा एक ब्यात से दुसरे ब्यात में आने तक कुछ समय तक पशु दुग्ध नहीं देता इस काल में यदि पशु गर्भधारण कर लिया है तो पशु को कम से कम 2.2 महिने का शुष्क काल देना अनिवार्य है । यदि शुष्क काल कम होगा तो पशु तनाव से पीड़ित होते है । जो अगले ब्यात में दुग्ध उत्पादन को प्रभावित करता है व बछड़े या पडिया , पाड़ा भी कमजोर पैदा होता है ।

7.    **अन्तः ब्यात काल** :– दो कम्रिक ब्यातो के बीच की अवधि को अन्तः ब्यात काल कहा जाता है । गाय व भैंस का अन्तः ब्यात काल 14 से 15 माह होना लाभ दायक होता है । गाय द्वारा 14–15 माह में 1 बछिया या बछड़ा एवं भैंस के द्वारा एक पाड़ा/पाड़ी (काटड़ी) पाडा (काटड़ा) देना लाभकारी होता है । यदि किसी भी जानवर का अन्तः ब्यात काल अधिक होगा तो वह अपने जीवन काल में कम उत्पादन देगा ।

95

8.	**प्रजनन क्षमता** :– प्रजनन दक्षता का अर्थ जीवन काल के दौरान बच्चों की अधिक पैदावार / प्रजनन क्षमता को निर्धारित करने में वंशानुगत एवं पर्यावरण संयुक्त से भूमिका निभाते है । प्रजनन क्षमता को बढाने के लिए बहुत से उपाय किये जा सकते है जैसे प्रति गर्भधारण सेवाओं की संख्या, ब्यात की अवधि और पहले गर्भधारण से बच्चा पैदा करने का समय । प्रजनन क्षमता में आम तौर पर विभिन्नताएँ गैर आनुवांशिक कारणों से होती है । प्रतिकूल परिस्थितियों में कम दुग्ध उत्पादन वाले पशु कम प्रभावित होते है जबकि अधिक उत्पादन देने वाले पशु बहुत अधिक प्रभावित हो जाते है । प्रजनन क्षमता आनुवांशिक और गैर आनुवांशिक दोनों कारकों द्वारा नियंत्रित एक जटिल प्रकिया है । गैर आनुवाशिंक कारक जैसे वातावरण, पोषण और प्रबन्धन इसको प्रभावित करते है । एक ही नस्ल के पशुओं के बीच प्रजनन क्षमता भिन्न–भिन्न हो सकती है । अच्छा पोषण व्यवस्था एवं प्रबन्धन भी एक घटिया जानवर को आनुवांशिक सीमा से अधिक उत्पादन दे सकता है ।

9.	**आहार उपयोग और दुग्ध में रूपांतरण की क्षमता** :–यदि पशु चारे की अधिक मात्रा में उपयोग करता है और उसको उत्पादन में परिवर्तित करता है तो वह लाभदायक होता है ।

10.	**रोग प्रतिरोधक क्षमता** :– विदेशी नस्ल के पशुओं की अपेक्षा भारतीय नस्ल के पशुओं में रोग प्रतिरोधक क्षमता ज्यादा होती है । क्रास ब्रीडिंग इसमें बहुत प्रभावी है । क्रास ब्रेडिंग से पशुओं में रोग प्रतिरोधक क्षमता बनी रहती है ।

# डेयरी नस्ल के लिए सामान्य चयन प्रक्रियाएँ

पशुओं को खरीदना व बेचना एक जटिल प्रक्रिया है । डेयरी पशु खरीदने के लिये निम्नलिखित बातों को ध्यान में रखना चाहिए ।

1. जब भी किसी पशु मेले या किसी स्थान से कोई जानवर खरीदा जाये तो उसकी नस्ल व दुग्ध उत्पादन क्षमता के आधार पर खरीद किया जाना चाहिये ।
2. कुछ डेयरी फार्म पशु की इतिहास या वंशावली भी रखते है, उसका भी प्रयोग किया जा सकता है ।
3. गाय व भैंस पहले 5 ब्यातों में ज्यादा से ज्यादा दुग्ध देती है इसलिए 2 से 3 ब्यात के पशु को खरीदने में प्राथमिकता देनी चाहिए ।
4. खरीदने पहले कम से कम 2 बार दुग्ध दूह कर देखना चाहिए यदि पशु दुग्ध दे रहा है ।
5. पशु ऐसा होना चाहिए जिसे कोई भी दुग्ध दोह लें ।
6. पशु शांत स्वभाव का होना चाहिए ।
7. सामान्यतः अधिक दुग्ध देने वाली डेयरी गाय का शरीर पच्चर के आधार का होता है । उनकी ऑंखे चमकदार व गर्दन पतली होती है थन पेट से अच्छी तरह जुड़ा होना चाहिए थन की त्वचा में रक्तवाहिकाओं का अच्छा नेटवर्क होना चाहिए । थन का ढांचा समतल होना चाहिये । चारों क्वार्टर बगल और पीछे से समतल होना अच्छा होता है ।

# डेयरी मवेशियों का आर्थिक चरित्र एवं पहलू

डेयरी मवेशियां का चयन एवं आर्थिक पहलू में उनकी दुग्ध उपज की मात्रा, दूध देने की अवधि, पशु के प्रथम ब्यांत की समय आयु, सेवा अवधि का समय, शुष्क फल योनि पशु एक ब्यांत से दूसरे ब्यांत तक कितने दिन का अन्तर है, व कितने दिन का शुष्क काल है । इसके साथ ही पशु की प्रजनन क्षमता व उसकी रोग प्रतिरोधक क्षमता का भी बहुत महत्व होता है । जैसा कि अधिकतर विशेषज्ञों का मानना है संतुलित आहार बहुत ही महत्वपूर्ण है जो पशुओं के प्रबन्धन को निर्धारित करता है । इसके लिए एक पशु कितना संतुलित आहार प्रतिदिन खा रहा है वो भी एक महत्वपूर्ण पहलू है जिसे ध्यान में रखना अतिआवश्यक है ।

## 1. दुग्ध उपज

किसी स्तनपान अवधि में स्तनपान उपज को स्तनपान उपज के रूप में जाना जाता है। विदेशी नस्लों की तुलना में भारतीय नस्लों में दुग्ध उत्पादन बहुत कम है। यह ब्याने की संख्या, दुग्ध देने की आवृत्ति, उपज की निरंतरता पर निर्भर है। आम तौर पर डेयरी मवेशियों में पहले स्तनपान से परिपक्वता तक दुग्ध उत्पादन में 30–40 प्रतिशत की वृद्धि देखी जाती है। 3 या 4 स्तनपान के बाद उत्पादन में गिरावट शुरू हो जाती है। विभिन्न नस्लों और पशुओं की दुग्ध उपज की तुलना के लिए दुग्ध उपज को वसा संधारित दुग्ध (एफसीएम) में परिवर्तित किया जाना चाहिए। 4 प्रतिशत एफसीएम 0.4 कुल दुग्ध 0.15 कुल वसा। प्रसव के बाद प्रति दिन दुग्ध की पैदावार बढ़ जाएगी और ब्याने के बाद 2–4 सप्ताह के भीतर चरम पर पहुंच जाएगी। इस उपज को शिखर उपज के रूप में जाना जाता है। बेहतर दुग्ध उत्पादन के लिए अधिकतम उपज को अधिक समय तक बनाए रखना महत्वपूर्ण है। भारतीय नस्लों में स्तनपान की अवधि कम होती है इसलिए उत्पादन और रूपांतरण भी कम होता है ।

## 2. दुग्ध पिलाने की अवधि

ब्याने के बाद दुग्ध उत्पादन की अवधि को स्तनपान अवधि के रूप में जाना जाता है। इष्टतम स्तनपान अवधि 305 दिन है। यदि इस अवधि को छोटा कर दिया गया तो दुग्ध उत्पादन कम हो जाता है। भारतीय नस्लों में स्तनपान की अवधि कम होती है। लेकिन कुछ नस्लों में यह अवधि अधिक होती है और दुग्ध का उत्पादन बहुत कम होता है ।

## 3. दुग्ध की पैदावार की निरंतरता

दुग्ध पिलाने की अवधि के दौरान पशु 2–4 सप्ताह में प्रतिदिन अधिकतम दुग्ध उत्पादन तक पहुंच जाता है, जिसे चरम उपज कहा जाता है। लैक्टेशन उपज के उच्च

स्तर के लिए, इस अधिकतम उपज को जहां तक संभव हो लंबी अवधि तक बनाए रखा जाना चाहिए, लंबी अवधि के लिए अधिकतम उपज को बनाए रखना निरंतरता के रूप में जाना जाता है, चरम उपज तक पहुंचने के बाद डेयरी दुग्ध की उपज में धीमी गति से कमी आना आवश्यक है। दुग्ध उत्पादन के उच्च स्तर को बनाए रखने के लिए उच्च दृढ़ता आवश्यक है।

## 4. प्रथम ब्यांत के समय आयु

पहले ब्याने के समय पशु की उम्र उच्च जीवनकाल उत्पादन के लिए बहुत महत्वपूर्ण होती है। भारतीय नस्लों में पहले ब्यांत की वांछनीय आयु 3 वर्ष, संकर नस्ल के मवेशियों के लिए 2 वर्ष और भैंसों के लिए 3.5 वर्ष है। पहले ब्यांत के समय अधिक आयु होने पर पहले ब्यांत में अधिक उत्पादन होगा, लेकिन ब्यांत कम होने के कारण जीवनकाल में उत्पादन कम हो जाएगा। यदि पहली बार ब्याने की उम्र इष्टतम से कम है, तो पैदा होने वाले बछड़े कमजोर होते हैं, ब्याने में कठिनाई होती है और पहले ब्यांत में कम दुग्ध उत्पादन होता है। उचित आयु होने पर ही गर्भ धारण करवाना चाहिए।

## 5. सेवा अवधि

यह ब्याने की तारीख और सफल गर्भधारण की तारीख के बीच की अवधि है। इष्टतम सेवा अवधि पशु को ब्याने के तनाव से उबरने में मदद करती है और प्रजनन अंगों को वापस सामान्य स्थिति में लाने में भी मदद करती है। मवेशियों के लिए इष्टतम सेवा अवधि 60–90 दिन है। यदि सेवा अवधि बहुत लंबी है तो ब्याने का अंतराल लंबा हो जाएगा, कम नहीं। उसके जीवन काल में अधिकतम बच्चा प्राप्त हो जाएगा और अंततः जीवन काल में कम उत्पादन होगा। यदि सेवा अवधि बहुत कम है, तो पशु कमजोर हो जाएगा और तत्काल गर्भधारण के कारण दुग्ध उत्पादन की स्थिरता खराब हो जाएगी।

## 6. शुष्क काल

यह दुग्ध सूखने 'दुग्ध उत्पादन बंद होने' से लेकर अगले ब्यांत तक की अवधि है। जब पशु गर्भावस्था में हो, अगले ब्याने से पहले। फोकस की वृद्धि की भरपाई के लिए पशु को आराम की अवधि दी जानी चाहिए। कम से कम 2.2 महीने की शुष्क अवधि की अनुमति दी जानी चाहिए, यदि शुष्क अवधि नहीं दी जाती है या बहुत कम शुष्क अवधि दी जाती है, तो पशु तनाव से पीड़ित होते हैं और अगले स्तनपान में दुग्ध का उत्पादन काफी कम हो जाता है और इससे कमजोर बछड़े भी मिलते हैं। दूसरी ओर यदि दी गई शुष्क अवधि बहुत अधिक है, तो अगले स्तनपान में दूध की पैदावार बढ़ाने पर इसका उतना

प्रभाव नहीं पड़ सकता है, लेकिन यह वर्तमान स्तनपान में उत्पादन को कम कर देता है।

## 7.    अन्तः ब्यांत काल

यह दो क्रमिक ब्यांतों के बीच की अवधि है। मवेशियों में सालाना एक बछड़ा और भैंसों में हर 15 महीनों में कम से कम एक पाड़ा या पाड़ी पैदा करना अधिक लाभदायक है। यदि ब्याने का अंतराल अधिक है तो कुल संख्याण् उसके जीवन काल में नक्काशी की मात्रा कम हो जाएगी और दुग्ध का कुल उत्पादन भी कम हो जाएगा।

## 8.    प्रजनन क्षमता

प्रजनन दक्षता का अर्थ है जीवन काल के दौरान बछड़ों की अधिक संख्याए तांकि कुल जीवन काल उत्पादन में वृद्धि हो, प्रजनन या प्रजनन दक्षता वंशानुगत और पर्यावरण के संयुक्त प्रभाव से निर्धारित होती है। प्रजनन दक्षता के कई उपाय जैसे प्रति गर्भधारण सेवाओं की संख्याए ब्याहने का अंतराल और पहले प्रजनन से गर्भधारण तक के दिन उपयोगी हैं। प्रजनन दक्षता में आम तौर पर कम आनुवंशिकता मूल्य होता है जो दर्शाता है कि इस विशेषता में अधिकांश भिन्नताएं गैर आनुवंशिक कारकों के कारण हैं। प्रतिकूल पर्यावरणीय परिस्थितियों में उच्च दुग्ध उत्पादन में उच्च प्रभाव की तुलना में खराब दुग्ध उत्पादक पशु अधिक प्रभावित नहीं हो सकते हैं।

## 9.    आहार उपयोग और दुग्ध में रूपांतरण की दक्षता

पशु को चारा अधिक लेना चाहिए और दुग्ध में परिवर्तित करने के लिए उसका कुशलतापूर्वक उपयोग करना चाहिए।

## 10.    रोग प्रतिरोधक क्षमता

विदेशी मवेशियों की तुलना में भारतीय नस्लें अधिकांश बीमारियों के प्रति अधिक प्रतिरोधी हैं। क्रॉस ब्रीडिंग से इस चरित्र को पाने में मदद मिलती है।

# पशु प्रजनन

*"पशुपालन में पशुओं की प्रजनन क्षमता का सही दोहन करने से आर्थिक समृद्धि को प्राप्त किया जा सकता है।"*

पशु प्रजनन के अर्थशास्त्र में प्रजनन एक महत्वपूर्ण कारण है । यदि प्रजनन और उचित समय पर ब्यात नहीं है तो पशुपालन लाभदायक नहीं हो सकता । इसलिए प्रत्येक वर्ष या अधिकतम 14–15 माह में गाय–भैंस का एक बार ब्याना अनिवार्य है जो कि पशुओं की प्रजनन क्षमता बढाने से ही संभव है ।

प्रजनन क्षमता अनुवांशिक और गैर अनुवांशिक दोनो कारकों द्वारा नियन्त्रित एक जटिल प्रक्रिया है । जलवायु, पोषण एवं प्रबन्धन का तरीका गैर अनुवांशिक कारण है। प्रजनन क्षमता न केवल प्रजातियों और नस्लों के बीच बल्कि एक ही प्रकार के जानवरों के बीच भी भिन्न–भिन्न होती है ।

अच्छा भोजन और प्रबन्धन का तरीका भी एक साधारण नस्ल या आनुवांशिक सीमा से बेहतर उत्पादन मे महत्वपूर्ण योगदान दे सकता है । प्रजनन क्षमता को प्रभावित करने वाले कारक निम्नलिखित है :–

1.　　**अण्डाणुओं की संख्या :–** किसी जानवर की प्रजनन क्षमता उसके ओव्यूलेशन के प्रत्येक चक्र के दौरान निकलने वाले कार्यात्मक अण्डों की संख्या पर निर्भर करता है । ओव्यूलेशन ग्रैफियन रूप से डिंब के निकलने की प्रक्रिया है । गाय के मामले में आमतौर पर एक अण्डाणु केवल 5 से 10 घन्टे की अवधि के लिए निषेचन से गुजरने में सक्षम होता है । Felicitation इस लिए ओव्यूलेशन के विषय में (Mating) संभोग का समय प्रभावी निषेचन में महत्वपूर्ण भूमिका निभाता है ।

2.　　**निषेचन का प्रतिशत :–** प्रजनन का दूसरा महत्वपूर्ण कारक अण्डाणुओं का निषेचन है। निषेचन की विफलता कई कारणों से हो सकती है। कई बार Mating सेवा बहुत जल्दी या बहुत देर से हो जाती है। जिससे शुक्राणु और अण्डे सही समय पर नहीं मिल पाते है जिससे निषेचन प्रभावित होता है ।

3.　　**भ्रूण की मृत्यु :–** निषेचन के समय से लेकर जन्म तक विभिन्न कारणों से भ्रूण की मृत्यु हो सकती है । हार्मोन की कमी या असन्तुलन के कारण अडांणु का प्रत्यारोपण विफल हो सकता है जो बाद में मर जाते है ।

4.　　**प्रथम गर्भधारण की आयु :–** प्रथम प्रजनन में आयु बहुत महत्वपूर्ण भूमिका निभाती है । कम उम्र में प्रजनन करने वाले पशु बौने दिखाई देते है । जिसका उनके शरीर

पर विकृत प्रभाव पड़ता है ।

**5.       गर्भधारण की आवृति** :– लगातार गर्भधारण के अन्तराल को कम करके प्रजनन क्षमता को बहुत हद तक बढाया जा सकता है । प्रसव के बाद 12 से 15 सप्ताहों में गायों को पुनः प्रजनन या ग्याबन किया जा सकता है ।

पशु प्रजनन क्षमता के सुधार के लिए प्रबन्धन प्रकियाऐं बहुत महत्वपूर्ण है जिसके लिए निम्नलिखित सुधार बहुत उपयोगी है :–

1.   ग्याबन होने व प्रसव की तारिखों का रिकार्ड रूप से रखना अनिवार्य है ।
2.   ग्याबन करवाने के लिए प्रसव की तारिखों का उपयोग ध्यानपूर्वक करना चाहिए।
3.   असामान्य स्त्राव वाली गायों / पशुओं की पशुचिकित्सक से जाँच और इलाज करवाना अनिवार्य है ।
4.   प्रजनन के बाद उचित समय पर पशुओं की गर्भावस्था की जाँच करवाये ।
5.   पशुओं की खरीद दारी केवल स्वस्थ्य पशुओं के झुण्ड से ही खरीदें ।
6.   प्रसव कक्ष को साफ सुथरा रखें ।
7.   पशु प्रसव कक्ष अलग होना चाहिए व प्रसव के बाद प्रसव कक्ष को रोगाणु–मुक्त करें ।
8.   प्रजनन को प्रभावित करने वाली बीमारियों के लिए रोग की रोकथाम परीक्षण और टीकाकरण का उचित ध्यान रखें ।
9.   पशु को उचित व सही मात्रा में पोषण दें ।
10.   पशुओं के आवास प्रबन्धन का ध्यान रखें ।

# पशु प्रजनन की विधियाँ

प्रशु प्रजनन का अर्थ है पशुओं की वंश वृद्धि, उनके पालन, पोषण तथा देखभाल सबंधी सभी प्रकार के कार्य आते है लेकिन संक्षिप्त शब्दों में पशु प्रजनन विज्ञान की वह शाखा है जिसमे घरेलु पशुओं का पैत्रिक मुल्यांकन किया जाता है ताकि पशुओं की पैत्रिकता में सुधार करके उन्नत पशुओं का उत्पादन किया जा सकें ।

किसी भी प्रजाति के पशुओं की पैत्रिकी को बनाये रखने के लिए उनकी एक नस्ल विशेष होती है । मुख्यतः एक नस्ल विशेष के पशु देखने में एक जैसे दिखायी देते है व उनके गुण भी लगभग एक जैसे होते है ।


**नस्ल का मतलब :** एक नस्ल विशेष के जीव पशु, चयन और प्रजनन प्रक्रिया के माध्यम से एक दुसरे के समान आ गये है और अपने इन्ही गुणों को समान रूप से अपनी सन्तान में भी स्थानान्तरित करते है ।

इन समान गुणों वाले पशुओं को एक नस्ल कहा जाता है ( PDP 1995 ) पशु प्रजनन की  प्रणालियों को सामान्य दो भागों में बांटा गया है ।

1.      अन्तः प्रजनन (Inbreeding )

2.      बहिः प्रजनन (out breeding )


1.      अन्तः प्रजनन : में जाति प्रजाति के निकट संबधित पशुओं का आपस में प्रजनन करवाया जाता है जिसकों अन्तः प्रजनन (Inbreeding ) कहते है । (NCERT 2018)

इस प्रणाली के अन्तर्गत प्रजनन करने वाले नर एंव मादा का आपस में संबध कम से कम चचेरे या मौसरे का होता है । अन्तः प्रजनन दो प्रकार का होता है एक नजदीकी अतं प्रजनन (close breeding ) एवं दूसरा लाईन अन्तः प्रजनन ( Line breeding )

2.      बहिः प्रजनन ( out breeding ) में एक ही प्रजाति के असम्बन्धित पशुओं का प्रजनन करवाया जाता है ।

बहि प्रजनन में मुख्यतः बहिः संकरण ( out crossing ) संकर प्रजनन ( cross breeding ) जिसके क्रीस–क्रासिंग ( criss crossing ) ट्रीपल क्रासिंग ( Tripple crossing) बैंक क्रासिंग ( Bank crossing ) विधियों का उपयोग किया जाता है । इसी तरह प्रजाति संकरण (species hybridization )

हिट्रोशिश ( Heterosis / Hybrid vigour ) कमान्नित ( Grading up )

बिना किसी सम्बध वाले अर्थात अलग – अलग नस्लों / प्रजातियों के पशुओं के मध्य होने वाले प्रजनन को बहिः प्रजनन कहते है।

|  | अन्तः प्रजनन | बाह्य प्रजनन |
|---|---|---|
| सम्बन्ध | अन्तः प्रजनन में बहुत ही नजदीकी एवं संबधी पशुओं का आपस में प्रजनन करवाया जाता है | बह्य प्रजनन में बहुत ही दूर एवं असंबधी पशुओं का आपस में प्रजनन करवाया जाता है । |
| समान पूर्वज | अन्तः प्रजनन में 4—6 पीढी तक एक ही पीढी के पशुओं का आपस में प्रजनन करवाया जाता है । | बाह्य प्रजनन में 4—6 पीढी तक अलग—अलग पीढी के पशुओं का प्रजनन करवाया जाता है । |
| प्रजाति | अन्तः प्रजनन में केवल एक ही प्रजाति के पशुओं का प्रजनन करवाया जाता है । | इससे अलग—अलग प्रजातियों के पशुओं दोनो देसी व दिवेशी नस्लों का आपस में प्रजनन करवाया जाता है । |
| लाभ | अन्तः प्रजनन से एकरूपता पशुओं में बढती है इसलिए इसका उपयोग शुद्ध नस्ले तैयार करने में किया जाता है । | बाह्य प्रजनन में संकर वर्ण के पशु पैदा होते है । |

# पशुओं में कृत्रिम गर्भाधान

**पशुओं में मुख्यतः** गर्भाधान दो प्रकार से होता है । प्राकृतिक गर्भाधान एवं कृत्रिम गर्भाधान

**प्राकृतिक गर्भाधान :—** गर्भाधान एक प्राकृतिक प्रक्रिया है ओर परिपक्व नरपशु द्वारा नैसर्गिक रूप से मादा पशुओं के  साथ संभोग किया जाता है । इसमें मादा और नर के मिलन से मादा पशु में गर्भाधारण होता है । प्राकृतिक विधि में उत्कृष्ठ सांडो का उपभोग किया जाना चाहिए पशुओं में इन ब्रीडिंग को नियंत्रित करने के लिए हर तीन वर्ष बाद सांड को बदलना लाभदायक रहता है ।

# कृत्रिम गर्भाधान

पशुओं कृत्रिम गर्भाधान एक ऐसी कला या विधि है जिसमें साँड से वीर्य लेकर उसको विभिन्न क्रियाओं के माध्यम से संचित किया जाता है। यह संचित किया हुआ वीर्य तरल नाईट्रोजन में वर्षों तक सुरक्षित रखा जा सकता है।

इस संचित किए हुए वीर्य को मद में आई मादा के गर्भाशय में रखने से मादा पशु का गर्भाधान किया जाता है। गर्भाधान की इस विधि को कृत्रिम गर्भाधान कहा जाता है। कृत्रिम गर्भाधान उच्च आनुवांशिक क्षमता वाले पशुधन प्रदान करने वाली चल रही तकनीकों का   परिणाम है। प्रारंभ में कत्रिम गर्भाधान योनि विधि द्वारा किया जाता था जिसमें वीर्य को योनि विधि (वैजाइनल स्पेकुलम) की सहायता से केथेटर द्वारा पशु के गर्भाशय ग्रीवा में रखा जाता था। लेकिन अब पूरे विश्व में मलाशय—योनि विधि (रेक्टो

वैजाइनल) विधि द्वारा किया जाता है। निम्नलिखित लक्ष्यों को ध्यान में रखते हुए पशुओं में कृत्रिम गर्भाधान किया जाता है।

- पशु नस्ल सुधारीकरण।
- पशुओं में गर्भधारण क्षमता को बढ़ाना।
- पशु नस्ल सुधारीकरण का खर्च कम करना।
- बीमारियों को नियंत्रित करना।

## भारत में कृत्रिम गर्भाधान का इतिहास

- 1939 में, भारत में पहली बार संपत कुमारन द्वारा पैलेस डेयरी फार्म मैसूर की गायों में कृत्रिम गर्भाधान किया गया और 33 होलिकर गायों को गर्भित किया (Patel et al.2017)।
- 1942 में भारतीय पशु चिकित्सा अनुसंधान संस्थान (आईवीआरआई) में एक पायलट प्रोजेक्ट शुरू किया गया था, जिसमें डॉ. पी. भट्टचार्य के मार्गदर्शन में कृत्रिम गर्भाधान की टीम का अध्ययन किया गया था, जिसमें डॉ. एस.एस. प्रभु, डॉ. डी.पी. मुखर्जी, डॉ. एस.एन. लुक्टुके, डॉ. ए. रॉय और डॉ. गर्जन सिंह शामिल थे। इस टीम ने स्वीकार किया कि इस तकनीक का उपयोग भारतीय परिस्थिति में किया जा सकता है, तब से यह तकनीक सामान्य रूप से गायों और भैंसों के प्रजनन के अभ्यास के रूप में उपयोग में आ गई है।
- 1942 में भारत सरकार द्वारा बैंगलोर, कलकत्ता, पटना और मोंटगोमरी (अब पाकिस्तान) में चार क्षेत्रीय केंद्र स्थापित किए गए।
- 1943 में, कृत्रिम गर्भाधान के माध्यम से पहला भैंस का काफ इलाहाबाद कृषि संस्थान में पैदा हुआ (Patel et al.2017)।
- 1951–56 में प्रथम पंचवर्षीय योजना (1951–56) में भारत सरकार ने गायों और भैंसों की नस्ल सुधार के लिए 150 गाँवों में की विलेज केंद्र शुरू किए।
- 1956–61 में द्वितीय पंचवर्षीय योजना में 400 गांवों में की विलेज केंद्रो में शुरू करके कृत्रिम गर्भाधान के कार्य को बढ़ावा दिया।

## कृत्रिम गर्भाधान के फायदे

1. इस विधि से अच्छे सांडों का सही उपयोग किया जा सकता है। प्राकृतिक तरीके से एक सांड बहुत कम (50–60) मादाओं का गर्भाधान करता है। लेकिन इस विधि से एक अच्छे सांड से 5,00,000 मादाओं को गर्भित किया जा सकता है। इस प्रकार अच्छे सांडों से ज्यादा बच्चे पैदा किए जा सकते है।

2. सांड की मृत्यु के पश्चात भी संचित वीर्य से इस विधि द्वारा मादाओं को गर्भित किया जा सकता है।

3. इस विधि के अपनाने से बहुत दूर यहां तक कि विदेशों में पाले जाने वाले उत्तम नस्ल एवं गुणों वाले सांड के वीर्य को भी प्रयोग करके लाभ उठाया जा सकता है।

4. जनानांगों की बीमारियों को नियंत्रण में रखा जा सकता है। इस विधि में साफ–सफाई का विशेष ध्यान रखा जाता है जिससे मादा की प्रजनन की बीमारियों में काफी हद तक कभी आ जाती है और गर्भधारण की क्षमता भी बढ़ जाती है।

5. इस विधि में नर से मादा तथा मादा से नर में फैलने वाले संक्रामक रोगों से बचा जा सकता है।

6. इस विधि द्वारा अच्छे मंहगे सांड का वीर्य भी इस्तेमाल किया जा सकता है।

7. इस विधि में धन एवं श्रम की बचत होती है क्योंकि पशुपालक को सांड पालने की आवश्यकता नहीं है अतः सांड के रखने का खर्च बचाया जा सकता है।

8. इस विधि में सांड के आकार या भार का गर्भाधान के समय कोई फर्क नहीं पड़ता है।

9. इस विधि में विकलांग गायों/भैंसों का प्रयोग भी प्रजनन के लिए किया जा सकता है।

10. इस विधि में पशु का प्रजनन रिकार्ड रखने में आसानी होती है।

11. कृत्रिम गर्भाधान में लिंग वर्गीकृत वीर्य का उपयोग कर अधिक से अधिक मादा पशु पैदा किये जा सकते हैं और नर पशुओं को नियंत्रित किया सकता है व दुग्ध उत्पादन में बढ़ोतरी से किसानों की आय को बढ़ाया जा सकता है।

## कृत्रिम गर्भाधान की सीमायें

1. कृत्रिम गर्भाधान के लिए तकनीकी रूप से दक्ष व्यक्ति की आवश्यकता होती है।

2. कृत्रिम गर्भाधान के लिए उच्च एवं विशेष प्रकार के उपकरणों की आवश्यकता होती है।

3. प्राकृतिक गर्भाधारण की अपेक्षा कृत्रिम गर्भाधारण में अधिक समय खर्च होता है।

4. उचित साफ–सफाई ना होने पर जनानंग सम्बन्धी बीमारीयॉ फैलने का डर बना रहता है।

5. यदि वीर्य लेने के समय सांड की सही जॉच ना कि गई हो तो जनानंग बीमारियों के फैलने का डर हो सकता है।

6. बहुत से वैज्ञानिकों द्वारा यह आंशका व्यक्त की गई है कि कृत्रिम गर्भाधान के उपयोग से केवल कुछ ही नस्लों का वर्चस्व स्थापित हो सकता है जिसके परिणाम स्परूप आनुवांशिक पूल में कमी आ सकती है।

विभिन्न पशुओं का गर्भकाल

| क. सं. | पशु का नाम | समय |
|---|---|---|
| 1 | गाय | 9 माह 9 दिन |
| 2 | भैस | 10 माह 10 दिन |
| 3 | बकरी व भैड | 5 माह 5 दिन |
| 4 | घोडा | 11 माह 11 दिन |
| 5 | ऊंट | 12 माह 12 दिन |
| 6 | कुता व बिल्ली | 60 दिन |
| 7 | सुअर | 120 दिन |

# गर्भकाल के दौरान व ब्याहने के बाद देखभाल

- सबसे पहले पशु को पाडे के पास ले जाने वाली या कृत्रिम गर्भाधान कराने वाली तारीख को अपने पास लिख लेना चाहिए ताकि पशु के ब्याहने वाली तारीख का अंदाजा लगाया जा सके । इससे ग्याबन पशु की देखभाल करने मे आसानी होती है ।

- ग्याबन पशु के बॉधने का स्थान फिसलन वाला नही होना चाहिए ।

- यह ध्यान रखना चाहिए कि ग्याभन पशु पर कोइ हीट मे आया हुआ पशु या नर पशु चढ नही पाये ।

- अयन(गादी) मे सूजन आना, वल्वा का सूज जाना, टेल हेड पर लिगामेण्ट का ढीला हो जाना यह सभी पशु के ब्याहने के लक्षण है । इनसे यह अंदाजा लगाया जा सकता हे कि पशु अगले 24 घंटे मे ब्याहने वाला है ।

- पशु जिस कमरे या स्थान पर ब्याहता हैं वह स्थान हवादार, साफ सुथरा होना चाहिए ।

- ज्यादातर पशुओ का ब्याहते समय सहारे की जरूरत नही होती है या हल्की जरूरत होती है ।

- पशु के ब्याहते समय सबसे पहले आगे के पैर दिखाई देते है उसके बाद मजल । यह सामान्य अवस्था होती है । इसमे किसी भी सहारे की जरूरत नही होती हैं लेकिन यदि यह अवस्था नही दिखाई देती है तो तुरंत जानकार पशु चिकित्सक को दिखाना चाहिए ।

- ब्याहने के बाद बाहय जनन अंग, पूंछ व फलेंक को गर्म पानी से साफ करना चाहिए । यदि पानी मे लाल दवा, नीम की पत्तियों को डालकर साफ करेगे तो ओर अच्छा रहता है ।

- पशु के ब्याहने के बाद सर्दियों मे विशेषकर गर्म पानी व गर्म गुड देना चाहिए ।

- ब्याहते समय अयन काफी बडे हो जाते है तो उस समय अयन को किसी तरह की

चोट नही लगे यह ध्यान रखना चाहिए ।

- जैर सामान्यतया 4 से 6 घंटो मे गिर जाती है लेकिन यदि ऐसा नही हो तो जैर गिराने की  दवा पिलाना चाहिए ।
- जैर को गिरने के बाद इसे जमीन मे गाढ देना चाहिए। पशु को इसे नही खाने देना चाहिए नही तो दुध की मात्रा घट जायेगी ओर पशु चारा आदि खाना भी छोड देगा क्योकि इसमे बहुत ज्यादा प्रोटीन की मात्रा होती है ।
- ब्याहने के बाद सारा कीला नही निकालना चाहिए जितनी बछडे को जरूरत हो उतना ही कीला निकालना चाहिए वरना प्रसुति (Milk Fever) होने की सम्भावना रहती है । लवेरू को कीला जरूर पिलाना चाहिए ।

# पशुओं में मद लक्षण

डेयरी व्यवसाय में मादा पशुओं की उत्पादकता, उनके द्वारा संतान पैदा करने के साथ–साथ उनके पालन पोषण पर निर्भर करती है । सही पालन पोषण होने के बावजूद भी मादा गाय, भैंस का गर्भधारण न हो पाना पशुपालकों के लिए आर्थिक नुकसान का करण बनता है । गर्भधारन करवाने के बाद यदि मादा का गर्भ धारण नहीं होता है तो पशुपालकों को प्रतिदिन कम से कम 50 से 60 रूपये का नुकसान होता है । अतः मादा पशुओं में मद के सही लक्षणों को जानने के लिए पशु पालकों को सवेरे शाम, पशु शाला का चक्कर अवश्य लगाना चाहिए और मद में आई मादाओं की पहचान करके उनका गर्भधारण करवाना चाहिए । से भिन्न होती है । इनके नाम भी स्थानीय स्तर पर अलग अलग होते है ।

## गाय में मद के लक्षण

| लक्षण | मद का प्रथम चरण | मद द्वितीय चरण | मद का तृतीय चरण |
|---|---|---|---|
| समय | 0 से 8 घन्टे | 8 से 18 घन्टे | 18 से 24 घन्टे |
| खड़े होना ऋ चढना | दूसरे पशुओं पर चढना | रूकना | दूर होना |
| उत्तेजना | शुरु होती है | बढ़ जाती है | शांत हो जाती है |
| तौर.तरीके | बैचेन, दूसरों से अलग | पशुओं में जाना | चुप होना |
| रंभाना | थोड़ा | ज्यादा | कनी–कभी |
| भूख | कम | नहीं खाती | सामान्य |
| दूध | कम | कम | सामान्य |
| दूसरे पशुओं से मेल | सामान्य | ज्यादा | कनी–कभी |
| शरीर की गर्मी | थोड़ी अधिक | ज्यादा | सामान्य |
| योनी श्राव | पानी की तरह साफ पारदर्षी , पूँछ व कूल्हों पर चिपका हुआ | गाढा,रस्सी की तरह लम्बा और जाले की भाँति मरोड़ीदार | क्ष ही दिखाई देती है |
| योनी द्वारा पर सूजन | सूजन होती है | ज्यादा | कन हो जाती है |
| योनी द्वार के बाल | कम सीधे खड़े | सीधे खड़े | कन सीधे खड़े |
| पेशाब करना | बार–बार | बार–बार | सामान्य |
| बच्चेदानी | सख्त व कठोर | पूरी कठोर | कठोरता कम हो जाती है |

# भैंस में मद के लक्षण

| लक्षण | मद का प्रथम चरण | मद द्वितीय चरण | मद का तृतीय चरण |
|---|---|---|---|
| समय | 0 से 12 घन्टे | 12 से 20 घन्टे | 20 से 24 घन्टे |
| उत्तेजना | शुरू होती है | बढ़ जाती है | शांत हो जाती है |
| रंभाना | कभी–कभी | ज्यादा | चुप हो जाती है |
| योनि द्वार | सूजन व थोड़ा खुला | सूजन ज्यादा व पूरा खूला | सूजन कम व सख्त हो जाता है |
| योनी द्वार के बाल | कम सीधे खड़े | लगभग सीधे खड़े | कम सीधे खड़े |
| सॉड के करीब होना | कम होती है | पूरी होती है | कम होती है |
| भूख | सामान्य | कम | सामान्य |
| योनी स्त्राव | पानी की तरह साफ पारदर्षी, पूँछ व कूल्हों पर चिपका हुआ | गाढ़ा,रस्सी की तरह लम्बा और जाले की भॉति मरोड़ीदार | कम ही दिखाई देती है |
| दूध | कम | कम | सामान्य |
| शरीर की गर्मी | थोड़ी अधिक | ज्यादा | सामान्य |

# बकरी में मद के लक्षण

- पूँछ हिलाना नर की उपस्थिति में पूँछ हिलाने की आवृत्ति बढ़ जाती है।
- बार–बार मिमियाना, खासकर तब जब बकरी अकेली हो।
- उत्तेजना या बेचैनी।
- एनोरेक्सिया और भोजन में रुचि की कमी।
- दूध की पैदावार में गिरावट।
- योनी में सूजन हो जाती है।
- योनि से थोड़ी मात्रा में स्पष्ट स्राव होना।
- बकरी उत्सुकता से बकरे की तलाश में जाती है।
- बकरी के करीब रहता है और माउंटिंग की अनुमति देता है।

# डेयरी पशु की देखभाल एवं प्रबंधन

*जानवर संपत्ति या 'वस्तुएं' नहीं हैं, बल्कि वे जीवित जीव हैं*
*जो हमारी करुणा, सम्मान, मित्रता और सहयोग के योग्य हैं ।    - मार्क बेकऑफ*

पशुधन प्रबन्धन पशुधन को सुचारू रूप से प्रबंधन करके उनसे उचित मात्रा में दूध, मांस, अण्डा आदि का उत्पादन निर्धारित करता है । पशुप्रबन्धन के अन्तर्गत पशुओं की आहार, पोषण, आवास, रख–रखाव, स्वास्थ्य, टीकाकरण , डी वर्मिंग व उनकी सुरक्षा का समूचा व संपूर्ण रूप से रख रखाव का समावेश है ।

## नवजात बछड़ियों एवं कटड़ियों का प्रबंधन

बच्चें देश का भविष्य होते है किसी भी देश की तरक्की उनके आने वाली पीढी के विकास पर बहुत निर्भर करती है इसी तरह पशुपालन के क्षैत्र या व्यवसाय में नवजात पशुओं की भूमिका बहुत महत्वपूर्ण है । परन्तु आज भी अधिकतर पशुपालक छोटे पशुओं की देखभाल एवं उचित प्रबन्धन नहीं कर पाते है । जिससे उनका मुनाफा एवं भविष्य की पूँजी प्रभावित होती है । छोटे या नवजात पशुपालक की रीड की हड्डी है जो बड़े होकर पशुपालकों की आय का मुख्य साधन बनते है । इसलिए इनकी देखभाल अत्यन्त महत्वपूर्ण है । जैसा कि देखने में आया है कि शुरूआती 30 दिनों में नवजात पशुओं में अधिक बीमारियॉ या विकार आते है जिससे उनकी मृत्यु भी हो जाती है जो सीधे पशु की दुग्ध उत्पादन क्षमता पर बुरा असर डालता है । इन सभी समस्याओं के समाधान व डेयरी को मुनाफे का धन्धा बनाने के लिए निम्नलिखित बिन्दुओं का ध्यान रखना अति आवश्यक है ।

1.      **गर्भ के दौरान देखभाल** : बच्चें के स्वास्थ्य की देख भाल उसके गर्भकाल के दौरान ही शुरू हो जाती है । गर्भ में पल रहें बच्चे के उचित स्वास्थ्य के लिए उसकी मॉ की उचित देखभाल मौसम की दशानसुार करना चाहिए । वैज्ञानिकों व विशेषज्ञों का मानना है कि जन्म से दो–माह पूर्व ग्याभन पशु को उचित व अतिरिक्त आहार देना चाहिए ताकि उसको ब्यात के समय कोई दिक्कत न हो । सामान्यतः कैलशियम , गुड़ व सादृण की उचित मात्रा का उपयोग बहुत प्रभावशील व लाभकारी होता है ।

2.      **जन्म के समय देखभाल:** जन्म के तुरन्त बाद बाद की उचित देखभाल करना अतिआवश्यक है। खासतौर से ऐसी बछिड़यों या कटिड़यों का विशेष ध्यान रखा जाए जिनके पैदा होने में समस्या आयी हो। जैसे ही बच्चे का जन्म होता है तो उसके नाक व मुँह से श्लेष्मा निकाल देना चाहिए ताकि वह ठीक रूप से सांस ले सके ।   यदि वह

सामान्य रूप से सांस न ले रही हो तो पिछले टांगों से पकड़कर एक मिनट के लिए उसे लटका दें व छाती को धीरे से दबाएं तकि श्लेष्मा अपने आप बाहर निकल जाए। नाक व मुँह से भी श्लेष्मा बाहर निकल देना चाहिए।

एक बार नवजात की सांस नली खुल जाने के बाद, उसको छाती के बल बैठा देना चाहिए। इसके बाद बछड़ी / कटड़ी को माँ के पास छोड़ दें। माँ उसे चाट कर साफ व सूखा देती है । यदि माँ न चाटे तो उसको किसी साफ कपड़े से साफ कर देना चाहिए। शरीर चाटने से बच्चे को सांस लेने में सहायता भी मिलती है। आमतौर पर नाभिसूत्र अपने आप ही टूट जाती है और यदि नाभिसूत्र नहीं टूटता तो उसे दो इंच की लंबाई पर धागे से बाँध दें और बाकी बची हुई नाभिसूत्र को साफ कैंची या नई ब्लेड से काटकर उस पर पोवडिन आयोडीन का घोल एक सप्ताह तक लगाते रहना चाहिए। पशुपालकों को याद रखना चाहिए कि ब्याने के बाद बच्चे को सामान्य रूप से जन्म के बाद 3 मिनट में अपना सिर उठा लेना चाहिए, उसे 5 मिनट में बैठ जाना चाहिए, 20 मिनट में खड़ा होने की कोशिश करनी चाहिए और उसके बाद 60–90 मिनट में खड़ा हो जाना चाहिए। अगर बछड़ी / कटड़ी को अपने पैरों पर खड़ा होने में कठिनाई होती है तो पशुपालक को उसे उठने में सहायता करनी चाहिए।

3. **खीस पिलानाः** पशु के ब्याने के बाद उसके बच्चे को उसका खीस पिलाना सबसे महत्वपूर्ण कार्य होता है । नवजात कटड़ी/बछड़ी में रोग प्रतिरोधक क्षमता नहीं होती है और खीस के द्वारा यह माँ से प्राप्त होती है । अतः उनको खीस से रोगों से लड़ने की बनी बनाई शक्ति उपलब्ध होती है ।

खीस जरूर पिलाना चाहिए। दुग्ध के स्थान पर अन्य पेयपदार्थ जैसै कि ताजा छाछ , दही का मीठा पानी , दलिया आदि दिया जा सकता है । दुग्ध के विकल्प के रूप में उसको काफ स्टार्टर दिया जा सकता है । किसी कारणवश यदि बछड़ी / कटड़ी की माँ की मृत्यु हो जाती है तो उसे अन्य ताजी ब्याई हुई गाय /भैंस का खीस पिलाएं लेकिन ध्यान रखें कि दो पशुओं का खीस मिश्रित कर ना पिलाएं । आमतौर पर यह देखने में आता है कि पशुपालक अपनी बछड़ी को उसके शारीरिक भार के अनुसार दुग्ध पिलाने के बजाय उसे 15–20 दिन की उम्र में ही चारा देना अधिक पसंद करते है जिससे उनकी शारीरिक विकास रूकने के कारण उनमें परिक्रमा से भी देरी होती है और ऐसे पशुओं में मादकता के लक्षण भी लेट या कम दिखायी देते है । यह कोई समस्या न हो कर बछड़ी या कटड़ी की सामान्य प्रवृति है जब तक उनका रूमेन अर्थात प्रथम आमाशय के लिए तैयार नही होता है तो वे चारा नहीं खायेगें । उनकी चारा पचाने की सही उम्र 60 दिन के बाद ही शुरू होती है ।

खड़ा होने के बाद से 24 घन्टे में उसके शारीरिक भार का दसवाँ हिस्सा खीस

पिलाना चाहिए। सामान्य आकार की बछड़ी / कटड़ी को जन्म के चार घन्टे के अंदर–अंदर लगभग तीन लीटर और जन्म के 12 घन्टे के अंदर–अंदर कुल चार लीटर खीस अवश्य पिलाना चाहिए। यह याद रखना चाहिए कि खीस में मौजूद इम्यूनोग्लाब्यूनी 35 प्रतिशत ही अवशोषित होते है बल्कि मल के माध्यम से बाहर आ जाते है। नवजात कटड़ी / बछड़ी की अंतिड़यों के सूक्ष्म छिद्रो का आकार बड़ा होता है जो कि जन्म के 12 घन्टे बाद इनका आकार कम होने लगता और खीस के तत्व नवजात को पूरी मात्रा में उपलब्ध नहीं हो पाते है । इसलिए जितनी जल्दी हो सकें तो शोध कार्यो के अनुसार दो घन्टे के अन्दर अन्दर बच्चें को खींस पिला देना चाहिए। आमतौर पर ब्याने के बाद जैर गिराने में पशु को 8–12 घन्टे का समय लगता है लेकिन कई पशुपालक जेर गिराने तक नवजात को खीस नहीं पिलाते है जिससे नवजात भूखा रह जाता है तथा उसकी रोग प्रतिरोधक क्षमता कम हो जाती है । और नवजात के प्रारभिक विकास के लिए अति महत्वपूर्ण है । कई बार अधिक खीस पिलाने से बछड़ी / कटड़ी को दस्ते भी लग जाते है। यह सामान्य घटना है जो स्वतः ही ठीक हो जाती है । अतः पशुपालक इससे ना घबराऐं । बदबुदार दस्त होने की स्थिति में नजदीकी पशुचिकित्सक की सलाह अवश्य लें ।

**4.** **आहार व्यवस्था :** बछड़ी / कटड़ी के सही विकास के लिए उस अधिक मात्रा में प्रोटिन एवं खनिज लवण दिये जाने चाहिए इसकेलिए उसे जन्म के बाद दूसरे सप्ताह से तीन माह की आयु तक दुग्ध के साथ–साथ काफ स्टार्टर (शुरूआती  दाना) एवं हरा चारा भी दिया जा सकता है। प्रत्येक विकासशील बछड़ी या कटड़ी का औसत शारीरिक भार 400–500 ग्राम प्रतिदिन की दर से बढ़ना चाहिए, तभी वह सही उम्र पर पहॅंच कर गर्भधारण करने योग्य होगी, अन्यथा कुपोषण का शिकार होने पर उस की परिपक्व उम्र में बढ़ोतरी होने से पशुपालक को आर्थिक हानि होगी। दलियें का कॉफ स्टार्टर के रूप में दिया जा सकता है ।

नवजात कटड़ी / बछड़ी को उम्र के तीसरे दिन के बाद गुनगुना पानी पिलाना शुरू कर देना चाहिए । इससे उनके रूमेन में सूक्ष्म जीवों को पनपने में मदद मिलती है। 20 दिन की आयु होने पर बछड़ी / कटड़ी को दुग्ध देना पूरी तरह से बन्द किया जा सकता है जिसके स्थान पर उसको काफ स्टार्टर एवं थोड़ा–बहुत हरा दिया जा सकता है। पशुपालकों को चाहिए कि वह अपनी बछड़ी या कटड़ी को 3–6 माह की आयु तक काफ फीड एवं 6 माह की आयु से ब्याहने तक हिफर फीड खिलाएं और साथ में उसे हरा एवं सूखा चारा भी दें, जिनकी मात्रा आयु बढ़ने के साथ–साथ बढ़ायी जा सकती है ।

**5 पेट के कीड़ों की दवाईः** पशुओं के पेट में कीड़े अर्थात जूण होने की स्थिति में वह मिट्टी व अखाद्य वस्तुए खाने लग लग जाते हैं और उनका विकास धीमा हो जाता है।

इससे परिपक्व शारीरिक दशा बड़ी उम्र में आती है और पशुपालकों को आर्थिक हानि उठानी पड़ती है। अतः बछड़ी/कटड़ी को समय–समय पर चिकित्सक की सलाह अनुसार पेट के कीड़ों की दवाई देने के साथ–साथ उनको खनिज मिश्रण भी देना चाहिए। इसी प्रकार बाह्य परजीवियों से बचाने के लिए पुख्ता प्रबन्ध होने चाहिए ।

6 टीकाकरणः चार माह की आयु होने पर कटिड़यो / बछड़ियों को मुँह–खुर, गलगोटू जैसे घातक रोगों से बचाने के लिए टीकाकरण अवश्य कराना चाहिए। पशुपालको को याद रखना चाहिए अगर एक भी छोटा या बड़ा पशु टीकाकरण से छूट जाता है तो उनका सुरक्षा चक्र भी टूट जाता है। इसिलए हर साल समय पर सभी पशुओं का टीकारकण अवश्य कराते रहना चाहिए । 4–8 माह की उम्र में ब्रूसेला टीकाकरण कटिड़यों एवं बछिड़यों में अवश्य करवाना चाहिए ।

7. रोगों से बचावः बछिड़यो कटिड़यो को बीमारियों से बचाना पशुपालक के कुशल प्रबंधन को दर्शाता है। लगभग 20  प्रतिशत बछडियां / कटड़िया तीन माह की आयु तक कठिन ब्यांत, सर्दी गर्मी के दुष्प्रभाव, निमोनिया, दस्त पेट के कीड़ो, कुपोषण के कारण मर जाती है। अतः आवश्यकतानुसार लेकिन समय पर नजदीकी पशु चिकित्सक से ईलाज करवा कर इस प्रकार से होने वाली अधिक हानि से पशुपालक अपने को बचा सकते है ।

8. आवासीय सुविधाः मौसम के बुरे प्रभावों से बचाने के लिए कटिड़यो / बछिड़यो को आवास की आवश्यकता होती है । मौसम की अनुसार बछिड़यो/कटिड़यों का सही आवास प्रबंधन होना चाहिए, जिससे उन्हे किसी भी प्रकार की असुविधा को सहन न करना पड़े। यह उनका असमय होने वाली  मुत्यु  से बचाये रखने में सहायता करने के साथ–साथ उनके शारीरिक विकास को भी ठीक रखने में सहायक होता है।बछिड़यों को कटिड़यों को उनकी उम्र के अनुसार ही अलग–अलग आवास में रखना चाहिए। दो माह की उम्र तक एक बछड़ी/कटड़ी को 30 वर्ग फुट की आवश्यकता होती है । दो माह की उम्र तक एक बछड़ी या कटड़ी को अलग ही रख जाता है जबिक 2–4 माह की उम्र तक 7 बछिड़यो / कटिड़यों को एक ग्रुप में रखा जा सकताहै।

# ग्याभिन पशुओं की देखभाल

ग्याभिन पशुओं की देखभाल व प्रबन्धन बहुत ही आवश्यक है जो उन्नत पशु प्रबन्धन को सुनिश्चित करता है। आज भी ज्यादातर किसान ग्याभिन पशुओं की देखभाल में वैज्ञानिक दृष्टिकोण नही अपना रहें है जिसमें उनको अधिक नुकसान उठाना पड़ रहा है । गर्भावस्था के अंतिम 3 माह के दौरान गर्भ का सर्वाधिक विकास होता है । इन्हीं दिनों में गर्भवती पशु को सबसे अधिक देखभाल की आवश्यकता पड़ती है। इसके लिए निम्नलिखित बातों का ध्यान रखा जाना चाहिए ।

1. **गर्भाधान का रिकार्ड रखना :** आज भी ज्यादातर पशुपालक पशु के गर्भधारण करने की तिथि का रिकार्ड नहीं रखते है इसलिए उनको पशु के ब्याने के दिनों में काफी मशक्कत करनी पड़ती है वो अन्दाजे से उसकी योजना बनाते हैं जो सही नहीं है ।

2. **शान्त एवं तनावमुक्त वातावरण :–** किसी भी ग्याबन पशु के लिए आसपास का वातावरण बहुत असर डालता है। इसलिए ग्याबन पशु के आस–पास शान्त एवं तनावमुक्त वातावरण बनाने का प्रयास किया जाना चाहिए । पशुपालकों को प्रयास करना चाहिए कि इस दौरान पशु को दौड़ाना, मार–पीट करना, अधिक आवाज या अन्य किसी ऐसी गतिविधियाँ जिससे पशु तनाव में आये । पशुओं को तनाव में रहने से गर्भपात हो सकता है ।

3. **आवासीय प्रबन्धन :–** गर्भावस्था के दौरान पशु को फिसलन वाली जगह पर जाने से बचाये । पशु को खुले स्थान पर रखें जहाँ पर्याप्त इवा एवं उठने बैठने की जगह हो ब्याने से 5–6 दिन पहले यदि पक्के स्थान की स्थान बजाय मिट्टी वाली जगह हो तो वो और भी सुविधा जनक होगा ।
   यदि पशुओं में फल दिखान या अन्य योनि विकार है तो इस स्थिति में उनके बैठने की जगह आगे से थोड़ा 3–6 इंच नीचे व पीछे का स्थान छोड़ा अच्छा रखना चाहिए ।

4. **दूध सुखाना या दोहना बन्द करना :–** कुछ पशु पालक दुध के लालच में पशु के ब्यात के अधिक दिनों तक दूध दोहते रहते है जो कि अत्यन्त खतरनाक है क्यों कि ब्यात के अतिम 2–3 माह में पशु को ज्यादा ताकत व आराम की आवश्यकता होती है । इसलिए अतिम दो माह में दूध दूहना धीरे–धीरे बन्द कर देना चाहिए इससे ग्याबन पशु अपने शरीर को सुव्यवस्थित रख पायेगी ।

5. **उचित आहार –** वैज्ञानिकों का मानना है कि गर्भावस्था के अंतिम महिनों में पशुओं को अतिरिक्त उर्जा की आवश्यकता होती है इसलिए इस दौरान पशुओं को लगभग 35–40 किलोग्राम हराचारा, 2 किलो ग्राम संतुलित दाना कम से कम खिलायें ।

# दुधारू पशु की देखभाल एवं प्रबंधन

किसी भी स्तनपान के दौरान अधिक दुग्ध प्राप्त करने के लिए दुधारू पशु को उचित आहार, आवश्यक देखभाल और प्रबंधन करना चाहिए। पशु के उपभोग की सीमा तक फलीदार घास या पुआल के साथ हरा रसीला चारा प्रदान करें, ताकि उसके रखरखाव की सभी आवश्यकताएं केवल चारे के माध्यम से पूरी हो सकें। प्रत्येक 2 से 2.5 लीटर दूध के लिए 1 किलोग्राम की दर से अतिरिक्त सांद्रण प्रदान किया जाना चाहिए। स्तनपान को बनाए रखने के लिए नमक और खनिज की खुराक दी जानी चाहिए। जानवरों को कभी भी डराएं या उत्तेजित न करें। उनके साथ हमेशा नरमी और दयालुता पूर्वक व्यवहार करना चाहिए।

उचित आहार और देखभाल के साथ गाय ब्याने के 16 दिन बाद ही गर्म हो जाएगी। गाय में गर्मी के लक्षण दिखाई देने पर अनावश्यक रूप से सेवा न रोकें। ब्याने के बीच का अंतराल जितना कम होगा, पशु दुग्ध उत्पादक के रूप में उतना ही अधिक कुशल होगा। पशुओं के प्रजनन और ब्याने का उचित अन्तराल बनाए रखने से वर्ष भर दुग्ध का प्रवाह सुनिश्चित होगा। प्रत्येक जानवर को उसके उत्पादन के अनुसार भोजन देने पर व्यक्तिगत ध्यान देना आवश्यक है। सांद्र मिश्रण दुग्ध दुहने से पहले या दुग्ध दुहने के दौरान देना चाहिए। पीने के लिए इच्छानुसार नियमित अंतराल पर पानी उपलब्ध कराया जाना चाहिए।

दुग्ध दुहने में नियमितता आवश्यक है। थन में दुग्ध बढ़ने से दूध का स्राव कम हो जाएगा। थनों को अनावश्यक रूप से झटका दिए बिना तेजी से, निरंतर, सूखे हाथ से दुग्ध दुहना चाहिए। दुग्ध पूरे हाथ से दुहना चाहिए, दुहना अंगूठे और तर्जनी से नहीं। गायों के बछड़े को दुग्ध पिलाए बिना दुग्ध छोड़ने के लिए प्रशिक्षित किया जाना चाहिए। यह बछड़ों को जल्दी दुग्ध छुड़ाने के लिए तैयार करने में मदद करता है। दिन के गर्म समय में आवास के साथ खुला आवास उपलब्ध कराया जाना चाहिए। खुला आवास व्यवस्था में पशुओं को अधिकतम आराम मिलता है।

दुग्ध दोहने से पहले पशुओं को धोने या नहलाने से स्वच्छ दुग्ध उत्पादन में मदद मिलती है। भैंसों को लोट–पोट करने या उनके शरीर पर पानी छिड़कने से विशेषकर गर्मियों में भैंसों को आराम मिलता है। सामान्य बुराइयों का ठीक से पता लगाना चाहिए और सावधानी बरतनी चाहिए। जैसे : लात मारना, चाटना, चूसना आदि। ब्याने के बीच कम से कम 60 से 90 दिन की शुष्क अवधि प्रदान करें। यदि शुष्क अवधि पर्याप्त नहीं है, तो बाद में दुग्ध की पैदावार कम हो जाएगी। पशुओं को महत्वपूर्ण बीमारियों से बचाव का टीका लगवाएं और कीड़ों–मकोड़ों से भी बचाव करें। प्रत्येक जानवर को क्रमांकित किया जाना चाहिए, प्रजनन, सुखाने और ब्याने की तारीखों से संबंधित विवरण दर्ज किया जाना चाहिए। नियमित रूप से थनेला रोग की जाँच करना बहुत लाभदायक रहता हैं।

# सांड की देखभाल एवं प्रबंधन

किसी भी प्रजनन कार्यक्रम की सफलता के लिए उपयुक्त और अच्छी नस्ल व स्थिति में प्रजनन करने वाले सांडो का रख–रखाव अत्यधिक आवश्यक है। प्रजनन करने वाले सांडो को अलग से रखना चाहिए जिसे बीजू सांड भी कहा जाता है। सांडों को पर्याप्त मात्रा में पानी पिलाना व उनका आवास साफ सुथरा होना चाहिए। सांडो को पर्याप्त उर्जामय, प्रोटिन युक्त, खनिज व विटामिन युक्त सन्तुलित राशन उपलब्ध कराना अति आवश्यक है । जितना संभव हो सके हरा चारा व साद्रण दोनों सम्य देना चाहिए कुछ सांड खुंखार होते है , जिनका नाक में नथ पहनाकर नियंत्रित किया जाना चाहिए । सामान्यतः एक सांड से दिन में 2 बार संभोग करवाया जाना सही होता है ।

गिरती हुई स्थिति की तुलना में बढ़ती हुई स्थिति प्रजनन के लिए बेहतर होती है। भारी सांड निम्न गुणवत्ता वाले वीर्य का उत्पादन कर सकते हैं या वे सेवा में धीमे या असफल हो सकते हैं। प्रजनन करने वाले सांड को भरपूर व्यायाम मिलना चाहिए, प्रजनन करने वाले सांड को अलग से रखा जाना चाहिए, जिसे **'बुल शेड या सांड आवास'** के नाम से जाना जाता है, जिसमें फर्श का पर्याप्त क्षेत्र और उचित आवरण हो। ठंडी स्थितियाँ और पर्याप्त पेयजल उपलब्ध कराना एक अच्छा अभ्यास लाईट ⁄ प्रकाश है।

नर बछड़ा ही बड़ा होकर झुण्ड (हर्ड) के लिए प्रजनन हेतु सांड का कार्य करेगा तथा उसी झुण्ड का 50% हिस्सा कहलायेगा। इसलिए चयन के साथ उसके अच्छे प्रजनन हेतु उसके प्रबन्धन के निम्न आयामों पर भी ध्यान देना चाहिए ।

- जिस बछड़े का सांड हेतु चयन करने जा रहे हैं उसे 6 माह की उम्र में ही अन्य बछड़े बछड़ियों से अलग कर दें ।
- नर बछड़े के जन्म के कुछ बाद 10.15 दिन बाद में ही सींग रोधन (Disbudding) कर देना चाहिए ।

## सांड के नाक में छल्ला डालना ( Ringing of Bull)

- सांड के नाक में छल्ला डालने का उद्देश्य है कि सांड को आसानी से नियंत्रित किया जा सके तथा सांड परिचारक को रख–रखाव करते समय सम्भावित नुकसान नहीं पहुँचा सके ।
- छल्ला डालते समय सांड बछड़े की उम्र **8** माह से **1** वर्ष के बीच में होनी चाहिए।
- जो नाक का छल्ला (Ring) आप सांड बछड़े के नाम में डालने जा रहे हैं वह तॉबे का निर्मित हो तथा उसका व्यास 2 से 2.5 इन्च परिधि (Diameter) के समान मोटाई वाला उपयोग में लेना चाहिए ।
- सांड को कभी भी हर्ड के साथ नहीं रखे । उसको अलग से रखे ताकि उसके प्रजनन

को रिकॉर्ड रखा जा सके ।

### सांड का आहार (Feeding of Bull)

- सांड के आहार में कम से कम 12 से 15 प्रतिशत कुल पाच्य प्रोटीन (DCP) व 70 प्रतिशत कुल पाच्य पोषक तत्व (TDN) होना चाहिए ।
- प्रजनन योग्य वृद्धि करने वाले सांड को बछड़े Legume hay 1.0 किलोग्राम + 500 ग्राम दाना प्रति 100 किलोग्राम शारीरिक भार के अनुसार प्रतिदिन उपलब्ध करावें ।
- प्रजनन योग्य सांड को जिसका वनज अनुमानित 400 किलोग्राम हो तो उसे 4 किलोग्राम Legume hay + 2 किलोग्राम दाना आवश्यक रूप से प्रतिदिन दे। यह सांड के वजन व नस्ल के अनुसार थोड़ा संशोधित किया जा सकता है ।
- सांड के आहार में 2 किलोग्राम / 100 किलोग्राम B.W.T. अनुसार शुष्क पदार्थ (Dry Mateiral) होना चाहिए ।
- उक्त के साथ 50 ग्राम खनिज मिश्रण 30 ग्राम नमक व इच्छानुसार स्वच्छ जल भी अवश्य उपलब्ध करावें ।
- सांड को कभी भी अधिक कैल्शियम नहीं दे अन्यथा उसका भण्डारण जोड़ी आदि में हो जायेगा, जो जोड़ो के मूवमेन्ट में दिक्कत पैदा कर सकता है ।

### सांड का आवास

सांड का आवास हमेशा अन्य पशुओं से थोड़ा दूर होना चाहिए, लेकिन इस प्रकार की जगह पर हो कि उसे अन्य पशु दिखाई देते रहें। सांड गृह के बाहर उसके व्यायाम हेतु खुली जगह होनी चाहिए। सांड कक्ष सांड का कमरा 12X12 फुट क्षेत्रफल का हो। सांड के कक्ष में पूर्ण रूप से हवा, प्रकाश, तथा Ventilation की सम्पूर्ण व्यवस्था हो। सांडशाला में स्वच्छ पानी की खेली तथा नॉद बनी होनी चाहिए। वर्षभर में सांडशाला की एक बार सफेदी अवश्य करावे। पैशाब की नाली की नियमित सफाई का ध्यान रखें ।

### सांड स्वास्थ्य देखभाल

- सांड की नियमित जॉच करें ।
- समय – समय पर उसके सीमन की जॉच भी करना आवश्यक है जिससे प्रजनन से फैलने वाली बीमारियों का पता समय रहते हो जावे।
- सांड को नियमित कृमिनाशक दवा व टीकाकरण अवश्य करावें।
- सांड के खुरों के समय – समय पर काटना चाहिए।
- सांड को प्रतिदिन खुरहेरा करना चाहिए जिससे उसके शरीर पर चिपकी हुई गन्दगी,

धूल मिट्टी हट जाती है।

## बैल की देखभाल एवं प्रबंधन

बैलों का उपयोग आमतौर पर कृषि कार्यों या परिवहन उद्देश्यों के लिए किया जाता है। कुछ बैल खूंखार होते हैं इसलिए उन्हें नाक की रस्सी या नाक की अंगूठी से ठीक से नियंत्रित करें। बैलों के खुरों को टूट.फूट से बचाने के लिए धातु के जूते उपलब्ध कराये जाने चाहिए।

## बैलों के लिए काम के घंटे इस प्रकार अनुशंसित हैंः

सामान्य कार्य — 6 घंटे गाड़ी चलाना या 4 घंटे जुताई करना। भारी काम 8 घंटे गाड़ी चलाना या 6 घंटे जुताई करना काम के दौरान ब्रेक अवधि के दौरान बैलों को खिलाने के लिए पर्याप्त मात्रा में चारा और 1 से 2 किलोग्राम सांद्र उपलब्ध कराया जा सकता है, जानवरों को खुला चरने के लिए छोड़ा जा सकता है। बैलों को पर्याप्त जगह और गर्म और ठंडी परिस्थितियों से सुरक्षा के साथ अलग—अलग शेडों में रखा जाता है। पीने के पानी तक आसान पहुंच आवश्यक है। बैलों की नियमित देखभाल करनी चाहिए।

# सन्तुलित आहार

*संतुलित राशन चारे की वह मात्रा है जो पशु को विकास, प्रसव, गर्भधारण, स्तनपान या अंडे देने जैसे विशिष्ट कार्य करने के लिए आवश्यक पोषक तत्वों की उचित मात्रा प्रदान करेगी ।*

डेयरी व्यवसाय कृषि सम्बधी गतिविधियों का अभिन्न अंग है जो परिस्थितिक तंत्र का एक हिस्सा है । यह ग्रामीण आंचल में आजीविका का एक परम्परागत स्त्रोत है। साथ ही यह भारत की अर्थव्यवस्था मे महत्वपूर्ण भूमिका भी निभाता है । डेयरी व्यवसाय का सीधा सम्बन्ध दुग्ध उत्पादन से है, जिसे बेचकर पशुपालक आय अर्जित करते है । पशुओं से अधिकाधिक दुग्ध उत्पादन हेतु उनकों सन्तुलित आहार खिलाना अति आवश्यक है ।

सन्तुलित आहार का तात्पर्य ऐसे आहार से जिसमें पशु की दैनिक आवश्यकताओं की पूर्ति हेतु सभी आवश्यक मौलिक पोषक तत्व संतुलित मात्रा में हो । पशु के आहार की मात्रा का निर्धारण उसके शरीर की आवश्यकता व कार्य के अनुरूप तथा उपलब्ध भोज्य पदार्थो में पाये जाने वाले पोषक तत्वों के आधार पर गणना करके किया जाता है । इसके अनुसार साधारण तौर पर वयस्क दुधारू पशु के आहार को निम्नलिखित वर्गो में बांटा जा सकता है ।

- **अनुरक्षित आहार :—** यह शरीर को स्वस्थ्य रखने की आहार की वह मात्रा है जिससे पशु अपने शरीर के तापमान को उचित सीमा में बनाए रखने, शरीर की आवश्यक क्रियाऐं जैसे पाचन किया, रक्त परिवहन, श्वसन, उत्सर्जन, चयापचय आदि के लिए काम में लाता है । इससे उसके शरीर का भार भी एक सीमा में स्थिर बना रहता है। चाहे पशु दुग्धोउत्पादन हो या न हो इस आहार को उसे प्रदान करना आवश्यक है।
- **विकासात्मक आहार :—** यह आहार की वह मात्रा है जो पशुओं को खास तौर पर छोटे बच्चों का शारीरिक विकास वृद्धि के लिए आवश्यक होती है । पशुओं के छोटे बच्चों की उचित विकास वृद्धि किसी भी पशुपालक की उन्नति के लिए अच्छा संकेत माना जाता है ।
- **दुग्धोत्पादक आहार :—** यह आहार की वह मात्रा है जिसे पशु को जीवन निर्वाह के लिए दिए जाने वाले आहार के अतिरिक्त उसके दुग्ध उत्पादन के लिए दिया जाता है । इसके अभाव में वह कमजोर होने लगता है जिसका प्रभाव उसकी उत्पादन क्षमता तथा प्रजनन क्षमता पर पड़ता है ।
- **गर्भावस्था आहार :—** पशु की गर्भावस्था में उसे पाँचवें महीने से अतिरिक्त आहार दिया जाता है क्यों कि इस अवधि के बाद गर्भ में पल रहें बच्चे की वृद्धि बहुत तेजी के साथ लोने लगती है । अतः गर्भ में पल रहें बच्चे की उचित वृद्धि व विकास के लिए तथा मादा के अगले ब्यांत मे ही सही दुग्ध उत्पादन के लिए इस आहार का देना

अतिआवश्यक है । इससे पशु अगले ब्यांत में अपनी क्षमता के अनुसार अधिकतम दुग्धोत्पादन कर सकतें है ।

## आहारीय पोषक तत्त्वों का महत्व :—

शरीर को सुचारू रूप से कार्य करने के लिए आहारीय पोषक तत्त्वों की आवश्यकता होती है । पशु आहार में पाए जाने वाले विभिन्न पदार्थ शरीर की विभिन्न क्रियाओं में इस प्रकार उपयोग में आते है ।

- शरीर के तापमान को बनाये रखने के लिए उर्जा प्रदान करते है ।
- शरीर की विभिन्न चयापचयीं क्रियाओं, श्वारीच्छवास, रक्त प्रवाह और समस्त शारीरिक एवं मानसिक क्रियाओं हेतु उर्जा प्रदान करते है ।
- शारीरिक विकास वृद्धि गर्भस्थ शिशु के विकास तथा दुग्धोत्पादन आदि में सहायक होते है ।
- जीवन पर्यन्त कोशिकाओं और उत्तकों की होने वाली टूट फूट की मरम्मत के लिए आवश्यक है ।

**संतुलित आहार की आवश्यकता :** ऐसा आहार जो पशु की सभी शारीरिक जरूरतों को पूरा करता है इन जरूरतों मे ऊर्जा की जरूरत, प्रोटीन की जरूरत, रेशों की जरूरत, खनिज तत्व की जरूरत ओर पानी की जरूरत शामिल होती है। एक पशु को अलग—अलग शारीरिक जरूरतों को पूरा करने के लिए आहार की आवश्यकता पड़ती है जैसे शारीरिक निर्वाह के लिए (Maintenance ration), शारीरिक वृद्धि के लिए ( Body growth), दुग्ध उत्पादन के लिए (Milk production), गर्भावस्था के दौरान बच्चे के विकास के लिए (During pregnancy) । यह सभी जरूरतें निम्न चीजों का सही मात्रा मे उपयोग कर   पूरा किया जा सकता है:—

**ऊर्जा के स्त्रोत (Energy concentrates) :—** पशु को ऊर्जा की जरूरत सभी प्रकार के दैनिक कार्य तथा सभी प्रकार की शारीरिक क्रियाओं को करने के लिए होती है ऊर्जा पशु को ऊर्जा के मुख्य स्त्रोत जैसे : मक्का, जौ, गेहूँ, झंगूरा, मड़ुआ, चना, ज्वार, बाजरा, चावल ओर गेहूं की भूसी इत्यादि से प्राप्त होती है

**प्रोटीन के स्त्रोत protein concentrate :—** प्रोटीन की जरूरत शारीरिक विकास ओर उत्पादन जैसे दुग्ध के लिए होती है । प्रोटीन की जरूरत को पूरा करने के मुख्य स्त्रोत

जैसे सोयाबीन खल, मूँगफली की खल, सरसों की खल ओर फिशमिल इत्यादि से पूरा किया जाता है ।

**रेशों के स्त्रोत (fiber source)** :— रेशों की जरूरत पाचन तंत्र की सुचारु प्रक्रिया के लिए तथा प्रोटीन ओर ऊर्जा के स्त्रोत के पाचन के सही समागम के लिए होती है। रेशों के स्त्रोत में हरी और सुखी चारा, घास और पत्ति, धान ओर गेहूँ का स्ट्रॉ इत्यादि उपयोग किये जा सकते है ।

**खनिज तत्व के स्त्रोत (mineral source)** :— यद्यपि खनिज तत्व उपरोक्त सभी से प्राप्त हो सकते है, लेकिन अधिक दुग्ध देने वाले पशु को अलग से जरूरत होती हे जो पूरा करने की आवश्यक होती है शारीरक क्रियाओं ओर संतुलन को बनाए रखने के लिए खनिज तत्व की जरूरत होती है ।

# पशुओं को चारा एवं संतुलित आहार की मात्रा

*''पशुओं के लिए उचित पोषण, स्वस्था की प्रारम्भिक नींव है।''*

एक सामान्य वयस्क पशु को प्रतिदिन 4 से 6 किलोग्राम सूखा तथा 15–20 किलोग्राम हरा चारा खिलाना चाहिए। हरे चारे की कटाई 50% फूल आने की अवस्था पर करनी चाहिए। अधिशेष हरे चारे को 'घास' या 'साइलेज' (हे) के रूप में संरक्षित किया जाना चाहिए गर्मियों के दौरान या हरे चारे की कमी होने पर संरक्षित चारा उपयोगी किया जा सकता है। एक फीड से दूसरे फीड में परिवर्तन अचानक नहीं बल्कि क्रमिक तरीके से होना चाहिए। बर्बादी से बचने और पाचनशक्ति बढ़ाने के लिए, खिलाने से पहले चारे को काट छोटे – छोटे टुकड़ों में काट लेना चाहिए। इसके लिए कुट्टी मशीन / *Chap Cutter* का उपयोग किया जा सकता है।

## पशुओं के लिए राशन की गणना करना
## वैज्ञानिक तरीके से गणना

- कुल राशन की गणना ड्राई मेटर के आधार पर की जाती है।
- गाय को 2.5 कि.ग्रा. ड्राई मेटर प्रति 100 कि. ग्रा.  वजन पर जरूरत होती है।
- भैस व विदेशी नस्ल की गाय को 3 कि. ग्रा. ड्राई मेटर प्रति 100 कि. ग्रा. वजन पर जरूरत होती है। बकरी को भी 3 किग्रा. ड्राई मेटर प्रति 100 कि. ग्रा. वजन पर जरूरत होती है।
- कुल ड्राई मेटर का दो तिहाई भाग चारे (रफेज) (न्यार) से व एक तिहाई भाग बाट / खली से होना चाहिए।
- कुल चारे (न्यार) का भी तीन चौथाई सूखा चारा (न्यार) व एक चौथाई हरा चारा (न्यार) होना चाहिए।

---

**उदाहरण**

यदि कोई भैस 500 किलो वजन की है तो उसे कितने हरे व सूखे चारे की तथा बाट की आवश्यकता होगी?

कुल ड्राई मेटर 3X5 = 15 कि.ग्रा.

चारा से 15X2 / 3 = 10 कि.ग्रा.

बाट से 15X1 / 3 = 5 कि.ग्रा.

सूखा चारा से 10X3 / 4 = 7.5 कि.ग्रा.

हरा चारा से 10X1 / 4 = 2.5 कि.ग्रा.

---

सूखे चारे मे 90 प्रतिशत तक ड्राईमेटर होता है 7.5 कि.ग्रा. ड्राई मेटर प्राप्त करने के लिए लगभग 8.1 कि.ग्रा. सूखा चारा चाहिए।

हरे चारे मे 25 प्रतिशत तक ड्राई मेटर होता हे इसलिए 2.5 कि.ग्रा. ड्राई मेटर प्राप्त करने के लिए लगभग 10 कि.ग्रा. हरा चारा की आवश्यकता होती हैं।

## साधारण तरीके से राशन की गणना

पशुओ को तीन प्रकार के राशन की आवश्यकता होती है।

मेण्टीनेंस राशन, गेस्टेशन राशन, प्रोडक्शन राशन।

## मेण्टिनेसं राशन

यह उस राशन की मात्रा होती हे जो कि पशु को अपने शरीर के सामान्य क्रियाकलापो के लिए आवश्यक होता है। इस राशन की मात्रा की पशु ग्याभन नही भी हो ओर दुध भी नही दे रहा हो तब भी जरूरत होती है।

## गेस्टेशन राशन (Pregnancy Ration)

पशु के गर्भकाल मे पशु को अपने शरीर को स्वस्थ रखने के साथ – साथ गर्भ मे पल रहे बछडे की अच्छी वृद्धि व ब्याहने के बाद पशु अच्छा दुग्ध दे उसके लिए भी अतिरिक्त राशन की आवश्यकता होती है।

## प्रोडक्शन राशन

पशु को दुग्ध उत्पादन के लिए मेण्टिनेंस राशन के अतिरिक्त इस राशन की आवश्यकता होती है।

## पानी की मात्रा

पानी की मात्रा वैसे तो मौसम व हरे चारे की उपलब्धता पर निर्भर करती है। लेकिन फिर भी मोटे तौर पर पानी की मात्रा का निर्धारण कर सकते है।

एक पशु को 3.5 लीटर से 5.5 लीटर पानी की मात्रा प्रति किग्रा. ड्राई मेटर पर जरूरत होती है।

---

**उदाहरण**

यदि एक भैंस का वजन 400 किग्रा. है तो उसे कितने आवश्यकता होगी

कुल ड्राईमेटर    3X4  = 12 किग्रा.

पानी की मात्रा 12X3.5 = 42 लीटर

           12X5.5 = 66 लीटर

---

## मुख्य रूप से उपयोग होने वाले कुछ चारे मे पोष्टिक पदार्थों की मात्राः—

| | भूसा | | हे (Hay) | | हरा चारा | | दाने | खालि |
|---|---|---|---|---|---|---|---|---|
| | भूसा (गेहूं, धान, ज्वार, बाजरा) | सोयबिन/भट राजमा का भूसा | घास की हे (Hay) | बरसिम, लुसर्न की है | हरा चारा (मक्का, नेपियर, बाजरा, गेहूं इत्यादि) | लुसर्न, बरसिम दालें, मटर | मक्का, धान, गेहूं, बाजरा | सोयाबीन, सरसों, मूंगफली इत्यादि की |
| शुष्क पदार्थ | 90 | 90 | 88 | 88 | 30 | 20 | 90 | 90 |
| प्रोटीन | 3-4% | 6-7% | 5-7% | 15% | 2-3% | 4-5% | 9-11% | 30-40% |
| केल्शियम | 0.5-0.6% | 1.0-1.4% | 0.30% | 1.50% | 0.07-0.09% | 0.3-0.5% | 0.04% | 0.50% |
| रेशों की मात्रा | 30-32% | 40% | 30-35% | 30% | 8-10% | 4-5% | 2-5% | 10-12% |

## एक व्यसक मादा गाय/भैंस (300 किलोग्राम) के लिए प्रतिदिन जीवन की विभिन्न अवस्थाओं मे आहार की जरूरत

| | सुखी गाय (Dry Cow) | सुखी गाभिन गाय (Dry Pregnant) | दुधारू गाय (Milker Cow) | दुधारू गाभिन गाय (Milker Pregnant) |
|---|---|---|---|---|
| हरा चारा (Green Fodder) | 25-30 kg | 25-30 kg | 25-30 kg | 25-30 kg |
| सुखा चारा (Dry Fodder) | 5-6 kg | 5-6 kg | 5-6 kg | 5-6 kg |
| दाना (Conc. Feed) | 2.5-3 kg | 2.5-3 kg+1kg 6 महीने के बाद | 2.5-3 kg+3 Lit दुग्ध पर 1kg अतिरिक्त | 2.5-3 kg+3 Lit 1kg+1kg 6 महीने के बाद |
| पानी (Water) | इच्छानुसार (ad-lib) | इच्छानुसार (ad-lib) | इच्छानुसार (ad-lib) | इच्छानुसार (ad-lib) |

# पशु चाट

| क.संख्या | अवयव | मात्रा |
|---|---|---|
| 1 | गैंहूँ की चोकर | 540 ग्राम |
| 2 | काला गुड़ | 200 ग्राम |
| 3 | चूना | 100 ग्राम |
| 4 | मुलतानी मिट्टी | 300 ग्राम |
| 5 | मुर्गी का बीट | 300 ग्राम |
| 6 | खली | 300 ग्राम |
| 7 | खनिज लवण | 160 ग्राम |
| 8 | नमक | 100 ग्राम |

कुल 2 किलो ग्राम इसको बकरी को खिलाने से गर्भपात कम हो जायेगा ।

## हरबल मसाला बोलस

| क.संख्या | अवयव | मात्रा |
|---|---|---|
| 1 | काली मिर्च | 10 ग्राम |
| 2 | जीरा | 10 ग्राम |
| 3 | मेथी | 20 ग्राम |
| 4 | धनिया | 20 ग्राम |
| 5 | अजवाईन | 10 ग्राम |
| 6 | अदरक | 10 ग्राम |
| 7 | हल्दी | 50 ग्राम |
| 8 | ऐलोवेरा | 100 ग्राम |
| 9 | गिलोही | 100 ग्राम |
| 10 | लेहसुन | 50 ग्राम |
| 11 | लाल मिर्च | 50 ग्राम |
| 12 | पान का पत्ता | 10 पीस |
| 13 | तुलसी | 50 ग्राम |
| 14 | तलवार का पत्ता | 100 ग्राम |
| 15 | कढी पत्ता | 100 ग्राम |
| 16 | नारियल | 100 ग्राम |
| 17 | गुण | 100 ग्राम |
| 18 | सेंदा नमक | 50 ग्राम |
| 19 | खाना सोडा | 100 ग्राम |

- सभी का मिश्रण करके 100 ग्राम का लड्डू बनाना है । 3 लड्डू 1 माह मे 3 दिन लगातार खिलाना है ।
- इसको बकरियों को सेवन कराने से बकरियों में रोग प्रतिरोधक क्षमता बढती है एवं पाचन क्रिया सही रहती है ।

# अजोला घास

अजोला एक पौष्टिक घास है जो साफ पानी में तैयार की जाती है। अजोला में उच्च प्रोटीन मूल्य होता है अजोला मवेशियों के लिए एक बहुत ही पौष्टिक और सस्ता जैविक चारा विकल्प है। अजोला एक तैरता हुआ फर्न है।

अजोला एक जल आधारित फसल है उचित विकास के लिए गड्डे में कम से कम 5 इंच पानी सुनिश्चित करना चाहिए। अजोला वहां अच्छी तरह से बढ़ता है जहां आदर्श तापमान सीमा 20–35 डिग्री सेल्सियस है। इसके लिए पानी का पीएच मान 5 से 7 और सापेक्ष आर्द्रता 80–90ः की आवश्यकता होती है। अजोला 2–3 सप्ताह में कटाई के लिए तैयार हो जाता हैं।

यह एजोलसी परिवार से संबंधित है। अजोला वायुमंडलीय नाइट्रोजन को स्थिरीकरण में सहायता करता है जो कि प्रोटीन का बहुत अच्छा स्रोत होता है।

## आवश्यक सामग्री

- 1 गड्ढा – आकार – 10X3 फीट – लंबाई
- गहराई – 1 फुट
- 2.5 किलो गोबर – गाय का गोबर
- 4–5 तसला उपजाऊ मिट्टी
- अजोला बीज – 1 कि.ग्रा.
- 1 छलनी

## अजोला कैसे बनाये :

दो–तीन सप्ताह तक बीज को गड्डे में डालें। अजोला तैयारी में 2–3 सप्ताह लगते हैं। फिर छलनी के सहारे पानी से निकाल लें। इसके बाद 2–3 बार साफ पानी से साफ कर लें।

## पोषक मूल्य

अजोला प्रोटीन से भरपूर है, शुष्क वजन के आधार पर लगभग 20–25ः सीपी (CP)। इसमें विटामिन ए और विटामिन बी12 की अच्छी मात्रा के अलावा आयरन, कैल्शियम, मैग्नीशियम, फॉस्फोरस, तांबा, मैंगनीज आदि जैसे आवश्यक खनिज भी पाए जाते हैं। इसमें लगभग सभी आवश्यक अमीनो एसिड, कई प्रोबायोटिक्स, बायो–पॉलिमर और बीटा कैरोटीन भी पाए जाते हैं।

## मवेशियों को कैसे खिलाएं

अजोला की जैव–रासायनिक संरचना तीव्र गुणन दर के साथ अजोला को पशुधन के लिए

एक आदर्श जैविक चारा विकल्प बनाती है। इसकी उच्च प्रोटीन सामग्री और कम लिग्निन (लिग्निन एक शाखायुक्त पदार्थ है जो पौधे को एक साथ रखता है और पौधे की संरचना को स्थिर रखता है) सामग्री के कारण पशुधन एजोला को आसानी से पचा सकते हैं। ताजा अजोला को 1:1 के अनुपात में व्यावसायिक चारे के साथ मिलाया जा सकता है या सीधे पशुओं को दिया जा सकता है। यह पाया गया कि जब मवेशियों को एजोला खिलाया गया तो उनके दूध उत्पादन में 10–12 प्रतिशत की वृद्धि हुई। यह भी पाया गया है कि एजोला खिलाने से दूध की गुणवत्ता में सुधार होता है।

अजोला घास

# साइलेज

## साइलेज क्या है ?

साइलेज एक संरक्षित हरा चारा है जिसमें नमी की मात्रा 65 से 70 प्रतिशत होती है। इस प्रक्रिया में एक घुलनशील शर्करा से समृद्ध चारे की फसलो को कुट्टी काट कर वायु रहित अवस्था में 45 से 50 दिन तक भंडारित करते है ।

ऐसी स्थिति मे भंडारित चारे में निहित शर्करा लैक्टिक अम्ल में परिवर्तित हो जाती है । लेक्टिक अम्ल चारे को सुरक्षित रखने और पशु के प्रथन अमाष्य (रूमेन) में मोजूद जीवाणुओं के लिए सरलता से उपलब्ध किण्वन योग्य शर्करा के अच्छे स्त्रोत का कार्य करता है । उचित अवस्था में संरक्षित साइलेज को लगभग 2 वर्षो तक भंडारित रखा जा सकता है । अच्छी गुणवत्ता वाले साइलेज में ब्यूट्रिक अम्ल नहीं होना चाहिए जो कि साइलेज को बेस्वाद कर देता है । यदि वायु रहित अवस्था को ठीक प्रकार से नहीं बनाये रखा गया तो साइलेज में ब्यूट्रीक अम्ल बन जाता है ।

## गुणवता युक्त साइलेज उत्पादन के लिए आवश्यक तत्व

1. साइलेज का ढाँचा :– भरने और दबाने की प्रक्रिया मे आसानी होने की वजह से बंकर साइलेज सबसे अच्छा होता है ।
2. चारे युक्त पदार्थ :– 30 से 35 प्रतिशत ।
3. कुट्टी की लम्बाई :– 2.3 से.मी. चारा भरने और दबाने में आराम ।
4. चारे की दबाव / संघनन की प्रक्रिया :– शीघ्रता से पूर्व करनी चाहिए ताकि हवा की उप होने वाले किण्डवन को कम किया जा सके ।
5. साइलेज को बंद रखें ताकि साइलेज में हवा और पानी को नहीं जाने दे ।
6. बंकर साइलो को जमीन की सतह पर तैयार किया जाता है ।

सामुदायिक या बड़े किसानों के स्तर पर 100 मीट्रिक टन क्षमता युक्त बंकर साइलो के निर्माण के लिए अनुमानित निवेश लगभग 12 लाख रूपये तक आयेगा । ट्रेक्टर चालित चारा काटने एवं पावरयुक्त कुट्टी मशीन की कीमत लगभग 1.50 लाख रूपये होती है ।

## साइलेज बनाने की विधि

* एक बंकर अथवा गढ्ढे नुमा साइलो का निर्माण करना । एक घन मीटर की जगह 500 से 600 कि.ग्रा. हरे चारे का भण्डारण किया जा सकता है ।
* फसल की कटाई 30 से 35 प्रतिशत शुष्क पदार्थ की अवस्था पर करे ।
* अगर जरूरी हो तो चारे को 30 से 35 प्रतिशत शुष्क पदार्थ आने तक सुखाये ।
* चारे को छोटे टुकडो (2–3 से.मी लम्बे) में काटें ।

- कटा हुआ चारा साइलो में भरे
- 30–40 से.मी. की परत दर परत रखते हुए साइलों में चारा दबाएं ।
- भरने और दबाने की प्रकिया को अतिशीघ्र पुरा किया जावे ।
- चादर के नीचे पूर्णतया वायु प्रवाह रोकने के लिए उसके उपर मिट्टी की परत या रेत की बोरियो या पुराने टायरो का वजन डाले ।
- चारे की आवश्यकतानुसार साइलो को कम से कम 45 दिन के बाद पशुओ को खिलाने के लिए खोले ।

## साइलेज खिलाने की विधि

- साइलेज को 45 दिन के बाद जरूरत के अनुसार एक तरफ से खोले और साईलेज निकालने के बाद ठीक तरह से बंद कर दे ।
- साइलेज के जरूरत के अनुसार निकाला जा सकता है लेकिन शुरूआत में कुछ दिनों तक पशु को उसका आदी बनाने के लिए केवल 5 कि.ग्रा. साइलेज प्रतिदिन खिलाये ।
- साइलेज हरे चारे का विकल्प है और इसको हरे चारे की तरह पशुओं को खिलाया जा सकता है ।

## साइलेज बनाने के लाभ : (राष्ट्रीय डेरी विकास बोर्ड 2018, ऋषि पाल व कुलदीप सैनी, 2018)

- कम खर्च से उच्च गुणवत्ता वाला रसीला आहार तैयार होता है ।
- जब मौसम चारे को है बनाने के लिए उपयुक्त नहीं होता तब चारे को परिरक्षित करने के लिए साइलेज बनाना आसान है ।
- आमतौर पर चारे के मोटे डण्डलों को पशु नहीं खाते। जिससे मक्का और मोटे डण्ठल के पौधों से बने साइलेज को व्यवहारिक रूप से पशुओं को ना बर्बाद किये खिलाया जा सकता है ।
- खरपतवार सहित चारे से उपयुक्त है नहीं बनती परन्तु इससे सन्तोषजनक साइलेज बनाया जा सकता है ।
- साइलेज को तैयार करने के लिए कम जगह की जरूरत होती है ।
- अगली फसल तैयारी के लिए प्रर्याप्त समय प्रदान करती है ।
- इसे बनाने से, एक फार्म पर ज्यादा पशु पाले जा सकते हैं ।
- दुधरू पशुओं के लिए चारे की नियमित आपूर्ति को सुनिश्चत करना ।
- पशुओं को विभिन्न मौसमों के दौरान समान गुणवत्ता युक्त चारा सुनिश्चित करना ।
- आवश्यकता से अधिक उपलब्ध हरे चारे को संरक्षित करके उसकी बर्बादी कम करना ।
- साइलेज खिलाना परजीवी रोगो के नियन्त्रण के लिए एक प्रभावी उपाय है क्यों कि

हरे चारे में मौजूद परजीवी साइलेज बनाने के विभिन्न चरणो के दौरान नष्ट हो जाते है ।

* विशेष रूप से अभाव की स्थिति के दौरान हरे चारे की आपूर्ति सुनिश्चित करके पशुधन उत्पादकता में वृद्धि करता है ।

**साईलेज बनाने की उपयुक्त फसलें** – क्योंकि साईलेज नियन्त्रित क्रिया के द्वारा बनाया जाता है । अतः वे फसलें जिनमें कार्बोहाइड्रेड की मात्रा ज्यादा होती है, उन्हें साइलेज बनाने में लिया जाता है । जैसे – मक्का, जौ, जई, बाजरा इत्यादि ।

| | गुणवता के आधार पर साईलेज के प्रकार | | | |
|---|---|---|---|---|
| क्र.स. | सारणी | बहुत अच्छा साईलेज | अच्छा साईलेज | उचित साईलेज |
| 1 | pH मान | 3.5-4.2 | 4.2-4.5 | 4.8 या इससे अधिक |
| 2 | नाइट्रोजन की मात्रा | 10% से कम | 10% | 20% या अधिक |
| 3 | व्यूटायरिक अम्ल | नगण्य | कम | कम |
| 4 | लेक्टिक अम्ल | अधिक | कम | नगण्य |

## अच्छे साइलेज की विशेषताएं

* हल्के पीले या भूरे रंग में ।
* लैक्टिक अम्ली की गंध से युक्त लेकिन ब्यूट्रिक अम्ल और अमोनिया की गंध से मुक्त
* नरम और सुदृढ़ बनावट
* नमी 65 से 70 प्रतिशत
* लेक्टिक अम्ल 3 से 14 प्रतिशत
* व्यूट्रिक अम्ल 0.2 प्रतिशत से कम
* पी.एच. – 4.2

### हे एवं साइलेज में अंतर

| क्र.स. | सारणी | हे | साईलेज |
|---|---|---|---|
| 1 | परिभाषा | सूखा चारा | किण्वन द्वारा हरे चारे को संरक्षित रखना |
| 2 | नमी की मात्रा | 12-14% | 60-70% |
| 3 | सर्वोत्तम फसल | जई, रिजका | मक्का , बाजरा |
| 4 | पादप | पत्तियां अधिक एवं तना पतला होना चाहिए | पत्तियां कम एवं तना मोटा होना चाहिए |
| 5 | फसल काटने का उचित समय | पुष्प अवस्था के समय | पुष्प अवस्था से परिपक्व अवस्था के बीच |
| 6 | pH | उदासीन | अम्लीय |

130

# पोषक तत्वों की आवश्यकता
# डेयरी मवेशियों को खिलाने के लिए टिप्स



- पशुओं की उनकी उत्पादन आवश्यकताओं के अनुसार सांद्रण को खिलाया जाना चाहिए।

- अच्छी गुणवत्ता वाला रौघेज सांद्रण को बचाता है। प्रोटीन सामग्री के संदर्भ में लगभग 20 किलोग्राम घास, नेपियर आदि या 6.8 किलोग्राम फलियां चारा 1 किलोग्राम सांद्र मिश्रण 0.14–0.16 किलोग्राम डीसीपी की जगह ले सकता है।

- 1 किलो भूसा शुष्क पदार्थ के आधार पर 4.5 किलो घास की जगह ले सकता है। इस मामले में प्रोटीन और अन्य पोषक तत्वों की कमी की भरपाई एक उपयुक्त सांद्र मिश्रण से की जानी चाहिए।

- पशुआहार में नियमितता बरतनी चाहिए। सांद्रित मिश्रण दूध दोहन के समय या हो सके तो उससे पहले दिया जा सकता है। आधा सुबह और दूसरा आधा शाम को दो बार दुग्ध दोहन से पहले। पशुओं को पानी पिलाने और नहलाने के बाद दोपहर में आधा चारा खिलाया जा सकता है। दूसरे आधे हिस्से को शाम को दुग्ध दोहने और पानी पिलाने के बाद खिलाया जाना चाहिए है। अधिक उपज देने वाले जानवरों को दिन में तीन बार **'रौघ और सांद्र दोनों'** खिलाया जा सकता है। सांद्र आहार की आवृत्ति बढ़ाने से सामान्य रुमेन गतिशीलता और इष्टतम दुग्ध वसा स्तर को बनाए रखने में मदद मिलेगी।

- अधिक मात्रा में सांद्रण खिलाने से भोजन की कमी और अपच की समस्या हो सकती है।

- चारे में अचानक परिवर्तन से बचना चाहिए।

- मवेशियों को खिलाने से पहले अनाज को मध्यम दर्जे तक बारीक पीसना चाहिए।

- नेपियर जैसे लंबे और मोटे तने वाले चारे को काटकर खिलाया जा सकता है।

- अत्यधिक नम और कोमल घासों को खिलाने से पहले मुरझाया जा सकता है या भूसे के साथ मिलाया जा सकता है। सूजन और अपच की घटना को रोकने के लिए फलीदार चारे को पुआल या अन्य घास के साथ मिलाया जा सकता है।

- साइलेज और अन्य चारा जो दुग्ध को स्वाद प्रदान कर सकता है, दुग्ध दोहन के बाद खिलाया जा सकता है। मैश के रूप में सांद्रित मिश्रण को पानी से सिक्त किया जा सकता है और तुरंत खिलाया जा सकता है। छर्रों को ऐसे ही खिलाया जा सकता है।

- सभी खाद्य पदार्थों को अच्छी तरह हवादार और सूखी जगहों पर ठीक से संग्रहित

किया जाना चाहिए। फफूंदयुक्त या अन्यथा क्षतिग्रस्त चारा नहीं खिलाना चाहिए।

* अधिक उपज देने वाले पशुओं के लिए शुष्क पदार्थ के आधार पर इष्टतम सांद्रित रौगे का अनुपात 60:40 होना चाहिए।

# पशुओं को पानी की आवश्यकता

| पशु | पानी की मात्रा |
|---|---|
| गाय | 36–40 लीटर प्रतिदिन |
| भैंस | 45–65 लीटर प्रतिदिन |
| भेड व बकरी | 5–9 लीटर प्रतिदिन |
| घोड़ा | 36 लीटर प्रतिदिन |
| सुअर | 20–25 लीटर प्रतिदिन |
| ऊंट | 65–90 लीटर प्रतिदिन |
| मुर्गी | 250 मिली. प्रतिदिन |

# पशुओं का आवास प्रबंधन



इस सृष्टि में हर जीव अपने आप को प्राकृतिक आपदाओं से बचाने के लिए बसेरा बनाता है । मनुष्य एक ऐसा जीव है जो बिना छत के नहीं रह सकता है और इसी के साथ वह अपने पालतु पशुओं को भी रहने का प्रबंध करता है । पशुओं का बसेरा ऐसी छत के नीचे हो जिसमें वे आरामदायक एवं स्वास्थ्यवर्द्धक जीवन बिता सकें । पशु आवास ऐसा होना चाहिए कि उनको गर्मी–सर्दी में बचा सकें, उनको चारा–दाना–पानी आसानी से उपलब्ध हो सकें और उसमें श्रमिकों को कार्य करने में आसानी हो एवं साथ ही उनकी सफाई भी आसानी से की जा सके ।

## पशुओं के लिए स्थान की आवश्यकता

| पशुओं का प्रकार | फर्श स्थान की आवश्यकता एम-2 | | पशुओं / बाड़ो की अधिकतम संख्या | शेड की उंचाई सेन्टीमीटर में |
|---|---|---|---|---|
| | ढका हुआ हिस्सा | खुला क्षैत्र | | |
| बैल | 12.0 | 24.0 | 1 | |
| गाय | 3.5 | 7.0 | 50 | |
| भैंस | 4.0 | 8.0 | 50 | |
| डाउन क्लैवर ( गर्भावस्था के अंतिम 6-8 सप्ताह के गायें जिन्हें डाउन क्लैवर कहा जाता है ) | 12.0 | 12.0 | 1 | 175 सेमी. मध्यम और भारी बारिश में गिरावट और 220 सेमी. शुष्क क्षैत्रों में । |
| युवा डाउन क्लैवर | 1.0 | 2.0 | 30 | |
| वृद्ध बछड़े | 2.0 | 4.0 | 30 | |

## नांद का आकार

| पशु का वर्ग | नांद में पशु के लिए जगह | पानी पीने के लिए जगह | नांद का परिमाप |
|---|---|---|---|
| गाय/भैंस | 60—70 से.मी. प्रत्येक | 60—70 से.मी. प्रत्येक | नांद की ऊंचाई — 1.5 फीट<br>नांद की चौड़ाई — 2 फीट |
| बछड़ा | 30—40 से.मी. प्रत्येक | 30—40 से.मी. प्रत्येक | |

## आदर्श पशु नोहरा/आवास के मापदण्ड

| | नौहरे/आवास का मापदण्ड | हाँ | नहीं |
|---|---|---|---|
| 1 | आवास/नौरे का रूख पूरब से पश्चिम है | | |
| 2 | आवास/नौरा क्या गर्मी में हवादार है | | |
| 3 | क्या गर्मी और ठंड से बचाव की व्यवस्था है | | |
| 4 | फर्श साफ सुथरा व सुखा है | | |
| 5 | भैंस के पांव में चोट है | | |
| 6 | क्या इतनी जगह है कि भैंस व उसका बछड़ा आराम से रह सकें | | |
| 7 | क्या सानी और पानी के बर्तन हल्के और मजबूत है जो आसानी से धोएं जा सकें | | |
| 8 | क्या आप भैंस को कीचड़/तालाब में लौटने का मौका देते है | | |
| 9 | क्या दूध निकालने की जगह बाँधनें की जगह से अलग है | | |
| 10 | क्या भैंस को चरने के लिए बाहर छोड़ते है | | |
| 11 | क्या सफाई का सारा सामान सुरक्षित जगह पर बन्द करके रखा जाता है। | | |
| 12 | क्या सफाई के बाद हाथ पैर अच्छी तरह साबुन से धोते है | | |
| 13 | क्या गोबर आवास/नौरे से दूर एक जगह इकठ्ठा करते है | | |
| 14 | क्या गोबर का इस्तेमाल ईधन के लिए या खाद के लिए करते है | | |
| 15 | क्या मक्खी, मच्छर भगाने के लिए धुऑ करते है | | |
| 16 | क्या ठड से बचने के लिए गरम कपडे से पशु और आवास/नौहरे को ढकते है | | |
| 17 | क्या पशु को गर्मी में 2 से 3 बार नहलाते है | | |
| 18 | क्या समय समय पर आवास/नौहरे की मरम्मत और पुताई करते है | | |

उपरोक्त बिन्दुओं में यदि आप का जवाब हाँ है तो आपका आवास प्रबन्धन संतोषजनक है और यदि उपरोक्त बिन्दुओं में आपका जवाब नहीं है तो आपको अपने पशु आवास में सुधार करने की आवश्यकता है, अन्यथा आपका पशु बीमार व रोग ग्रस्त हो सकता है।

**134**

## पशु आवास में सावधानियाँ

- समय – समय पर पशु आवास नौरे की मरम्मत एवं पुताई करते रहना चाहिए।
- जब छोटी टूट–फूट हो तो मरम्मत जल्दी हो जाती है और पैसे भी कम लगते है।
- समय समय पर पुताई करने पर चीचीं, जूएं आदि जैसे खून चुसने वाले कीटाणु भैंस पर नहीं लगते है।
- नौरे में किसी जलने वाली वस्तु को नहीं रखें।
- यदि कभी किसी कारण से भुस, तुड़ी में आग लग जाऐं तो, पहलें पशु को बाहर निकाले, तत्पश्चात अपनी सुरक्षा देखते हुए आग को बुझाऐं।
- आग बुझाने के लिए पानी, रेत या कम्बल का प्रयोग करें। मदद के लिए पुकारे।

## पशु आवास बनाते समय निम्न बातों को ध्यान में रखना चाहिए।

- पशु आवास पानी वाले स्थानों से दूर ऊँचे सूखे साफ–सुथरें एवं स्वच्छ वातावरण में होना चाहिए तथा आवास वाले स्थान की मिट्टी बलुवा किस्म की होनी चाहिए।
- पशु आवास हवादार तथा दिन भर सूर्य की रोशनी से परिपूर्ण होना चाहिए अर्थात् धूप कम से कम तीन तरफ से लगनी चाहिए।
- पशुओं का आवास कार्य स्थल से नजदीक होना चाहिए, साथ ही बाजार से जुड़ने वाले मुख्य मार्ग के नजदीक होना चाहिए।
- पशु गृह का घेरा इतना बड़ा होना चाहिए कि पशु आसानी से शरीर घुमा सकें तथा उसमें बैठ सके तथा नस्लवार दैनिक आवश्यकता के अनुसार सामान्य व्यवहार दर्शाने की सुविधा हो। साथ ही दरवाजें एव खुरली इस प्रकार बने हो कि चारा – दाना आसानी से खिलाया जा सकें।
- पशु का बैठने एवं विश्राम का स्थान साफ, सूखा एवं फिसलन रहित होना चाहिए।
- पशु आवास पर बिजली एवं पानी की समुचित व्यवस्था होनी चाहिए।
- विभिन्न श्रेणी के पशु जैसे बछड़ो, ग्याभिन पशु, बीमार पशु इत्यादि को रखने के लिए अलग–अलग बाड़ा होना चाहिए।
- चारा काटने तथा चारा–दाना रखने के लिए अलग भण्डार गृह होने चाहिए।
- पशु आवास के चारो ओर छायादार वृक्ष होने से लाभदायक होता है।

## पशु आवास की दिशा

पशु आवास की लंबाई पूर्व से पश्चिम दिशा में होनी चाहिए, ताकि सूर्य की रोशनी खिड़कियों तथा दरवाजों से आवास में प्रवेश कर सके तथा पेशाब की नाली पर दिनभर धूप लग पाए।

**पशु आवास के प्रकार**

आमतौर पर पशुपालक अपने पशुओं को कच्चे या पक्के फर्श पर रस्सी या लोहे की चेन के साथ बांधते है । अनियोजित ढंग से बनवाये गये आवास में पशु इधर उधर घूमते रहते हें । ऐसे पशु आवास में चारा भी काफी मात्रा में खराब हो जाता है और न ही पशु गर्मी और सर्दी में आराम से रह सकतें है । आमतौर पर तीन तरह के पशु आवास बनाए जाते है ।

1.  **खुली आवास व्यवस्था**

खुली आवासी व्यवस्था में पशु आमतौर पर खुले रहते है । इन्हें केवल दुग्ध निकालने व उपचार के समय ही बांधा जाता है । इस व्यवस्था में जगह का एक तिहाई हिस्सा उपर से छत द्वारा ढका होता है तथा दो–तिहाई हिस्सा खुला रहता है । आवास में बनी एक ही हौदी से पशु पानी पीते है तथा एक लंबी खुरली में चारा खाते है जो छत से ढके हुए स्थान पर बनी होती है । इस तरह का आवास बहुत कम लागत में तैयार हो जाता है । इसकी मुख्य विशेषताएं निम्नलिखित है ।

*   इसे बनाने में निर्माण लागत कम आती है ।
*   बिना किसी परिवर्तन के भविष्य में निर्माण विस्तार आसानी से संभव होता है ।
*   पशु का मद में आने का जल्दी पता लगाया जा सकता है ।
*   पशु आजाद रहता है तथा कम लागत में अधिक दूध देता है ।
*   प्रबंधन में आसानी होती है ।
*   पशु की आवश्यकता टहलना आसानी से हो जाता है जो उत्तम स्वास्थ्य के लिए जरूरी है।

खुली आवास व्यवस्था में पशुओं का आहारीय प्रबधंन, दुग्धशाला,ब्याने वाले पशुओ के लिए एवं छोटे बच्चों के लिए अलग से आवास व्यवस्था की जानी चाहिए । प्रत्येक आवास में पशुओं को खाने के लिए खुरली,पीने के पानी व मलमूत्र आदि की निकासी का उचित प्रबन्ध होना चाहिए । गर्मियों मं पशुओं के बैठने के लिए छायादार वृक्षों का रोपण करना चाहिए ।

2.  **बंद आवास व्यवस्था**

इस तरह के आवास में पशुओं को हर समय रस्से या लोहे की चेन से बांध कर रखा जाता है । पशुओं को चारा खिलाना ओर दूध निकालना एक ही जगह पर किया जाता है । इस तरह के आवास से पशुओं व पशुशाला में काम करने वाले मजदूरों का गर्मी–सर्दी से बचाव रहता है तथा बीमारी का नियन्त्रण बेहतर होता है । यह व्यवस्था उन

स्थानों पर उपयुक्त है जहाँ सर्दी लंबे समय तक रहती है ।

### 3. अर्ध खुला आवास – आधुनिक पशु आवास व्यवस्था

अर्ध खुला आवास बंद और खुले आवासों की कमियों का दूर करता है । अतः आवास की यह विधि पशु पालकों के लिए अधिक उपयोगी है । इसमें पशु को आदार खिलाना, दुग्ध दोहन अथवा उपचार करते समय बांधा जाता है और बल्कि समय में उसे खुला छोड़ दिया जाता है ।

पशुशाला की भूमि आसपास के क्षेत्र से उंचाई पर होनी ताकि वर्षाकाल में उस जगह पर जलभराव न हो । आवास में कुछ ढका हुआ और खुला क्षेत्र होना चाहिए । पशुशाला के आवास की दिशा पूर्व–पश्चिम जिसकी ढलवां छत होनी चाहिए ताकि गर्मी के मौसम में गौवंश को छाया उपलब्ध रहें । पूर्व–पश्चिम की दिशा में आवास बनाने से दोपहर के समय सूर्य की किरणें सीधी नहीं आती है ।

### पशुशाला में विभिन्न प्रकार के शैड

यदि डेयरी फार्म पर 10 से कम पशु है तो उन्हें केवल एक ही कतार में बांधा जा सकता है । अधिक पशु होने पर दो कतारों में बांधा जाना चाहिए । दो कतारों पर बांधे जाने पर पशुओं का आवास दो प्रकार का होता है ।

1. **चहरे से चेहरा विधि** : इस विधि में पशुओं को एक ही खराली या दो अलग–अलग खुरलियों पर बांधा जाता है । अलग अलग खुरलियों पर बांधने पर दोनो खुरलियों के बीच मजदूरों, ट्रेक्टर इत्यादि आने जाने और चारा डालने के लिए 8–10 फूट चौड़ा रास्ता भी बनाया जा सकता है ।
2. **पूँछ से पूँछ विधि** : इस विधि में पशुओं को इस तरह बांधा जाता है कि उनका चेहरा एक दूसरे से विपरित दिशा में होता है और दोनों कतारों में बंध पशुओं पूँछे एक ही ओर होती है ।

### दो कतारों में बांधने की विधि के निम्नलिखित लाभ है :

- बीमारी फैलने की संभावना कम होती है ।
- देखने में अच्छा लगता है ।
- पशुओं के लिए अधिक स्वच्छ हवा उपलब्ध रहती है ।
- पशु अपनी जगह पर आसानी से पहुंच जाता है ।
- दूध निकालते समय आसान निरीक्षण ।
- सूर्य की रोशनी आसानी से पहुंच जाती है ।

- बीमार पशु की पहचान आसान रहती है ।
- पशुओं को चारा डालने मे आसानी रहती है ।
- कम मजदूरी की आवश्यकता होती हे ।
- कम जगह के लिए ज्यादा उपयुक्त है ।

## गौशाला में विभिन्न प्रकार के शैड

गौशाला में देशी और विदेशी गौवंश के लिए अलग–अलग आवास होने चाहिए । क्योंकि विदेशी नस्ल के गौवंश भारतीय जलवायु में अपने आपको असहज महसूस करते है, वे तापघात से जल्दी पीड़ित होते है और जल्दी ही बीमार हो जाते है । अतः विदेशीमूल के गौवंश को ज्यादा देखभाल की आवश्यकता होती है । इसके अतिरिक्त देशी गौवंश के उत्पादों का महत्व ही अलग होता है । इसलिए देशी और विदेशी नस्ल के गौवंश की आवासीय व्यवस्था भी अलग होनी चाहिए । विभिन्न प्रकार के देशी / विदेशी नस्ल के गौवंश के लिए गृह व्यवस्था इस प्रकार है :

- **छोटे बच्चों के लिए :** गौशाला में जन्म बछड़े बछड़ियां के अलावा आमतौर पर पशुपालक नर बछड़ो को भी गौशाला भेज देते है । अतः उनकी उचित देखभाल के लिए अलग से बाड़ा होना चाहिए ।
- **औसर बहड़ियों के लिए :** आमतौर पर यह देखने में आता है कि गर्भ न ठहरने के कारण पशुपालक औसर बछड़ियाँ (Heifer) को गौशाला में छोड़ देते है। ऐसी बछड़ियाँ (Heifer) में कई गर्भित भी होती है । अतः गौशाला में बछड़ियाँ (Heifer) का बाड़ा अलग से होना चाहिए ताकि उनकी उचित देखभाल की जा सकें ।
- **नंदी के लिए :** घटती जोत एवं मशीनीकरण के कारण गौपशुओं में सबसे अधिक बेकद्री नंदीयों अर्थात नरों की होती है । नंदी उग्र स्वभाव के होते है जो आपस में लड़ने के साथ–साथ अन्य पशुओं को भी शारीरिक हॉनी पहुंचाते है ! अतः गौशाला में अलग से नंदीशाला बनाने का प्रावधान होना चाहिए ।
- **बैलों के लिए :** अक्सर छोटी जोत वाले किसान बैलों से कार्य लेते है लेकिन उनके बूढें होने पर गौशाला में छोड़ दिया जाता है । बूढे होने के कारण इनको चारा पानी के लिए अन्य पशुओं से जूझना पड़ता है । अतः इनके लिए भी अलग बाड़े का प्रावधान होना चाहिए ! बैल दूध न देने वाली देशी गायों वाले शेडो में भी रह सकतें है ।
- **दूध न देने वाली गायें :** गौशाला में अक्सर ऐसी गायें आती है जिनका पशुपालको द्वारा परित्याग कर दिया जाता है जो दूध न देना, बार बार गर्भित होना इत्यादि किसी न किसी समस्या के कारण त्याजित होती है । ऐसी गायों के लिए अलग अन्य पशुओ से अलग बाड़े में रखा जाना चाहिए । लेकिन ऐसा भी देखने में आया है कि इनमें से

कुछ गायें गर्भित भी होती है । अतः ऐसी गायों की पहचान करके अलग शैड में भेज देना चाहिए ।

- **प्रसवकालिन गायों के लिए शैड** : प्रसवकालिन गायों के लिए 10x10 का हवादार कमरा होना चाहिए । इस बात का भी ध्यान रखना चाहिए कि इस कमरे का तापमान 30 डिग्री सेल्सियस से नीचे ही होना चाहिए । इस कमरे मे रोशनी भी कम होनी चाहिए । नीचे फर्श पर चार इंच मोटा भूसा या पराल बिछी हुई हो या फर्श पर रबड़ का गद्दा भी बिछाया जा सकता है । साथ ही इस कमरे में प्रचुर मात्रा में दाना पानी होना चाहिए । यहॉ यह भी जानकारी जरूरी है कि इन पशुओं की औसत लम्बाई 7 फीट होती है और ये पशु लेट कर ब्याते है । प्रसवकालिन गाय को ठण्ड काफी लगती है इसलिए उसे प्रसव काल से पहले तथा बाद में ठण्डे पानी से नहीं नहलाना चाहिए। इसके लिए गुनगुने पानी का ही इस्तेमाल किया जाना चाहिए ।

- **बीमार गौवशों के लिए शेड** : गौशाला मे स्वस्थ गौवशं को बीमार पशुओं से अलग रखने की व्यवस्था करने के लिए अलग से शैड बनाया जाता है ताकि बीमार पशुओं से रोग स्वस्थ मे न होने पायें । इस शेड में उनको बांधने की उचित व्यवस्था होनी चाहिए । यहॉ पर बीमार गौवंश की सेवा कर रहें श्रमिकों के लिए नहाने और कपड़े बदलने की व्यवस्था भी होनी चाहिए । इस शैड में गौवंश के आराम के लिए उनके फर्श पर रबड़ के गद्दे बिछाये जाने की व्यवस्था होतो उनको बीमारी से जल्दी आराम मिलता है । इस शेड में पशुओं को गर्म लू से बचाने के लिए पंखे लगे होने चाहिए । जिन पशुओं को खड़े होने में परेशानी होती है तो उनके लिए स्लिंग (sling) की व्यवस्था होनी चाहिए ।

- संगरोधक गृह ( Quanrantine shed )  बाहर से आने वाले नये गौवंश को अलग रखा जाता है ताकि नये पशुओ द्वारा पहले से रह पशुओं में कोई रोग संवाहित होने से बचाया जा सकें । नये पशु को 30 दिन के लिए संगरोधक गृह में रखना उचित होता है । इस दौरान गौशाला के अन्य पशु इनके सम्पर्क में नही आने चाहिए ।


देशी नस्ल के गौवंश, विदेशी गौवंश की तुलना में जल्दी बीमार होते है और उनको ज्यादा देखभाल की आवश्यकता भी होती है। विदेशी नस्ल के गौवंश बीमार होने पर जल्दी ठीक नहीं होते है । वे भारतीय जलवायु में अपने आपको ढाल पाने में असमर्थ होते है । देशी नस्ल के गौवंश को अलग से रखने पर उनके दूध की मार्केट वेल्यू भी बढ जाती है ।अतः देशी और विदेशी गौवंश को अलग अलग रखना चाहिए।


- **औषधालय** : गौशाला में हर रोज कोई न कोई पशु बीमार होते ही है  । अतः उनके ईलाज के लिए अलग से एक कमरे में दवाईयॉ उपलब्ध होनी चाहिए जिनका उपयोग

पशुचिकत्स के द्वारा ही किया जाना चाहिए ।

* **कार्यालय एवं श्रमिक आवास :** गौशाला में कार्य को अच्छी तरह निभाने के लिए कार्यालय का होना अतिआवश्यक है । अतः गौशाला में पशुओं के नजदीक ही इसका निर्माण किया जाना उचित रहता है । यदि कार्यालय का निर्माण प्रवेश द्वार के पास ही हो तो अच्छा रहता है । इससे गौशाला में आने जाने वाले आगन्तुको पर निगरानी करने मे भी सुविधा रहती है । कार्यालय का निर्माण इस प्रकार किया जाए ताकि वहाँ से गौशाला के लगभग हर क्षैत्र को देखा जा सकें । इसी प्रकार श्रमिक के आवास का भी गौशाला में प्रावधान किया जाना चाहिए ।

* **स्टोर :** चारा, तूड़ी फीड इत्यादि के लिए गौशाला परिसर में ही स्टोर का निर्माण होना चाहिए ।

## गौ शाला में भोजन और पानी देने की स्थान संबंधी आवश्यकताऐं

| पशु का प्रकार | प्रति पशु स्थान से. मी. | नॉद की कुल लम्बाई100 जानवरों के लिए एक कलम | पानी की टंकी की कुल लम्बाई 100 जानवरों के लिए एक कलम) |
|---|---|---|---|
| वयस्क गाय एवं भैंस | 60 – 75 | 6000 – 7500 | 600 – 750 |
| बछड़े | 40 – 50 | 4000 – 5000 | 400 – 500 |

## गौशाला रिकार्ड रखना :–

* पशु रिकार्ड की पहचान
* स्वास्थ्य रिकॉर्ड
* बछड़े की मौत का रिकॉर्ड
* डेयरी दूध की उपज की रिकॉर्डिंग
* जल आवश्यकता रिकार्ड
* पशु बेचने की रिकार्डिंग
* सांद्रण फीड और मिश्रण फीडिंग की रिकॉर्डिंग

* पशु विकास का रिकॉर्ड
* पशु मृत्यु रिकार्ड
* प्रजनन और ब्याने का रिकॉर्ड
* श्रम रखरखाव रिकॉर्ड
* जानवरों को मारने की रिकॉर्डिंग
* पशु खरीदने की रिकॉर्डिंग

# पशुओं में सामान्य शरीर का तापमान एवं पल्स दर

पशुओं का तापमान उनके स्वास्थ्य के लिए अतिमहत्त्वपूर्ण होता है। पशुओं के तापमान को नियंत्रित रखने से उनकी सेहत बनी रहती है। पशुओं का तापमान उनकी सामान्य स्थिति, उत्पादकता और सेहत का एक महत्वपूर्ण मानक होता है। बहुत उच्च या बहुत कम तापमान उनके लिए हानिकारक हो सकता है। पशुओं का तापमान नियमित रूप से निरीक्षण किया जाना चाहिए, खासकर मौसम के बदलावों के समय। यदि पशु का तापमान सामान्य सीमा से अधिक है, तो उसकी चिकित्सा जाँच करवानी चाहिए। उच्च या निम्न तापमान पशु की स्वास्थ्य और उत्पादकता को प्रभावित कर सकता है, इसलिए उसे सावधानीपूर्वक ध्यान में रखना चाहिए। अलग – अलग पशुओं का तापमान अलग – अलग होता है जिसका विवरण नीचे दिया गया है।

| पशु का नाम | पशु शरीर तापमान | | |
|---|---|---|---|
| | सीमा (Range °F) | औसत °F | औसत °C |
| गाय, बैल | 100-102.5 °F | 101.5 | 38.5 |
| भैंस | 99-102.0 °F | 101.0 | 38.5 |
| बकरी | 102-103.0 °F | 102.3 | 39.3 |
| भेड़ | 102-103.0 °F | 102.3 | 38.9 |
| ऊँट | 95.0-100.5 °F | 96 | 37.5 |
| मनुष्य | 96-97.0 °F | 96.2 | 35.7 |

**पशुओं के शरीर के तापमान पर असर डालने वाले कारक –**

- **लिंग** – नर से मादा पशु में थोड़ा सा अधिक होता है।
- **नस्ल** – संकर व उन्नत नस्ल के पशुओं का स्थानीय पशुओं से अधिक तापमान होता है।
- **उम्र** – युवा में वृद्धों से 1°F अधिक होता है।
- **पशुभार** – जो पशु वजन में भारी होता है उसका हल्कें पशु से कम होता है।
- **खुराक** – पशु जब जुगाली करता है या पशु के शरीर में आहार लेने के तुरन्त बाद शरीर का तापक्रम ज्यादा होता है लेकिन यदि पशु पानी पी ले तो बॉडी तापमान कम आयेगा।
- **संक्रमण रोग** – यदि पशु संक्रमित है तो तापमान कम या ज्यादा हो सकता है।
- **वातावरण** – गर्मियों में ज्यादा व सर्दियों में कम।

**पशुओं में पल्स दर**

पल्स को हृदय की धड़कन के परिणामस्वरूप धमनियों के लयबद्ध संकुचन और फैलाव के रूप में परिभाषित किया जा सकता है। जैसे ही हृदय धमनियों में रक्त पंप करता है, धमनियां रक्त के प्रवाह के साथ–साथ फैलती और सिकुड़ती हैं। इस प्रकार नाड़ी वह दर है जिस पर हृदय धड़कता है। विभिन्न प्रकार नाड़ी का संचलन हृदय से रक्त संचरण तंत्र तथा अति संवदेनशील अंक जैसे **वृक्क, फेफड़े, मस्तिष्क, यकृत** आदि की स्थिति जानी जाती है। पल्स दर का उपर–नीचे होना पशु के स्वास्थ्य को निर्धारित करता है।

**पल्स के प्रकार –**

**तीव्र पल्स** – साधारण पल्स दर से बढ़ी पल्स को तीव्र Frequent Pulse पल्स कहते है।

**अतीव/विरल पल्स** – साधारण घटी हुई पल्स दर को विरल पल्स कहते है। Infrequent Pulse

**धीमी पल्स** – इसे सुस्त पल्स भी कहते हैं इस पल्स SlowPulse

पशुओं में अलग – अलग जातियों में अलग – अलग पल्स दर होती है।

| पशु का नाम | पल्स / मिनट |
|---|---|
| गाय, भैंस | 60–70 |
| भेड़ व बकरी | 70–80 |
| ऊँट | 28–32 |
| घोड़ा | 30–34 |
| पुरूष | 72 |
| महिला | 78 |

**पल्स को प्रभावित करने वाले कारक –**

**लिंग** – मादा में पल्स दर नर से ज्यादा होती है।

**उम्र** – बच्चों में पल्स दर बुर्जगों से ज्यादा होती है।

**शरीर का उत्सर्जन** – घुड़दौड़ में काम आने वाले घोड़े व आखेट वाले कुत्तों में पल्स दर कम होती है।

**प्रसव** – ब्याते समय पशुओं में पल्स दर बढ़ जाती है।

**दुग्ध स्थिति** – जब पशु अपने दुग्धकाल में अधिकतम दुग्ध देने की स्थिति में अधिक होती है।

# पशुओं का टीकाकरण

*"पशुधन के टीकाकरण के लिए एक दूरगामी और उद्योग-व्यापी दृष्टिकोण*
*यह सुनिश्चित करने का एक महत्वपूर्ण हिस्सा है कि हमारे जानवर स्वस्थ हैं।*
*स्वस्थ पशुओं का अर्थ है बेहतर कल्याण, उच्च उत्पादकता और अधिक टिकाऊ खेती।"*

*- NOAH के मुख्य कार्यकारी डॉन हॉवर्ड*

## वैक्सीन क्या है

टीकाकरण हानिकारक बीमारियों के संपर्क में आने से पहले ही उनसे बचाने का एक सरल सुरक्षित और प्रभावी तरीका है। यह विशिष्ट संक्रमणों के प्रति प्रतिरोध पैदा करने के लिए शरीर की प्राकृतिक सुरक्षा का उपयोग करता है और पशुओं के शरीर की प्रतिरक्षा प्रणाली को मजबूत बनाता है।

टीके प्रतिरक्षा प्रणाली को एंटीबॉडी बनाने के लिए तैयार करते हैं, ठीक वैसे ही जैसे यह किसी बीमारी के संपर्क में आने पर होता है। हालाँकि, क्योंकि टीकों में वायरस या बैक्टीरिया जैसे रोगाणुओं के केवल मारे गए या कमजोर रूप होते हैं– वे बीमारी का कारण नहीं बनते हैं या इसकी जटिलताओं के खतरे में नहीं डालते हैं।
अधिकांश टीके इंजेक्शन द्वारा दिए जाते हैं, लेकिन कुछ मौखिक रूप से (मुंह से) दिए जाते हैं या नाक में स्प्रे किए जाते हैं।

## टीकाकरण की आवश्यकता

टीकाकरण के महत्व को इस प्रकार समझा जा सकता है कि भारत सरकार पोलियो उन्मूलन अभियान के अंतर्गत चलाये गये टीकाकरण से भारत में बच्चों में पोलियो को समाप्त करने में सफलता प्राप्त कर ली। कोरोना काल में भी कोरोना को हराने के लिए कोरोना वैक्सिन का उपयोग किया गया।

भारत वर्ष में प्रति वर्ष खरबों रूपये का नुकसान असामयिक पशु मृत्यु से प्रत्यक्ष रूप में हो जाता है। इसके अतिरिक्त, पशुओं में अलाक्षणिक रोग होने की स्थिति में पशुओं का अंतराष्ट्रीय व्यापार प्रभावित होने से देश को राजकोषीय धनहानि होती है। जिसका सीधा असर देश की अर्थव्यवस्था पर पड़ता है।

- पशुओं में गलगोटू रोग के कारण प्रति वर्ष 5255 करोड़ रूपये की धनहानि होती है। *(Signh et al. 2014)*।
- मुँहखुर रोग से भारत में हर वर्ष लगभग 12000–14000 हजार करोड़ रूपये का नुकसान उठाना पड़ता है। *(Signh et al. 2013)*। यह रोग मनुष्यों को भी हो सकता है।
- भारतीय पशुधन में, पशुओं ब्रुसेलोसिस के कारण प्रति वर्ष 20400 करोड़ रूपये की

औसत हानि होती है । *(Signh et al. 2015)* । जबिक 62.75 करोड़ रूपये की हानि मनुष्यों में होने के कारण जाती है *(Signh et al. 2018)* ।

- वैश्विक स्तर पर रेबीज के कारण लगभग 61000 मनुष्यों की मृत्यु हो जाती है (WHO 2013) जिन में से एक – तहाई संख्या भारत की है। इसके अतिरिक्त रेबीज के कारण प्रति वर्ष लगभग 8.6 अरब रूपये की हानि विश्व में होती है। हालाकि, पशुओं में रेबीज से होने वाली मौतों का आंकड़ा तो नहीं है लेकिन लक्षणोपरांत इसका कोई भी उपचार नहीं है और पशुपालकों को पशुधन हानि का सामना करना पड़ता है ।

इनके अतिरिक्त अन्य बहुत से संक्रामक रोग हैं जिन से राष्ट्र को प्रतिवर्ष खरबों रूपये की हानि होती है ।

कुछ रोगों में पशुओं की उत्पादन क्षमता प्रभावित होती है तो अधिकतर में उनकी मृत्यु ही होती है। इसलिए टीकारकण इन रोगों की रोकथाम का सबसे कारगर उपाय है। सभी पशु पालकों को पशु रोगों के प्रति जागरूकता दिखाने की आवश्यकता है तभी इन रोगों की रोकथाम संभव है ।


## वैक्सीन कैसे काम करती है

टीका शरीर की प्राकृतिक प्रतिरोधक क्षमता के साथ मिलकर शरीर को बीमारियों से सुरक्षित रखने में मदद करता है । जब पशु को टीका लगता है तो उसमें प्रतिरक्षा प्रणाली सक्रिय हो जाती है और वह शरीर को हानि पहॅुचाने वाले रोगाणुओं जैसे वायरस या बैक्टिरियॉ को पहचाना जाता है ।


टीका शरीर में एंटीबाडी का निर्माण करता है एटींबाडीज प्रोटीन होते है, जो रोग से लड़ने के लिए प्रतिरक्षा प्रणाली द्वारा स्वाभाविक रूप से पैदा होते है । इसलिए टीका बीमारी पैदा किए बिना शरीर में प्रतिरक्षा प्रतिक्रिया उत्पन्न करने का एक सुरक्षित एंव बेहतर तरीका है ।


एक बार किसी टीके की एक या अधिक खुराक लेने से आमतौर पर वर्षो या महीनों उस बीमारी से बचा जा सकता है। किसी बीमारी के होने के बाद उसका इलाज कराने की जगह टीकाकरण पहले ही बीमार होने से रोकते है ।


## क्या वैक्सीन सुरक्षित हैं

कोई भी वैक्सीन या टीकाकरण पूर्णतः सुरक्षित होता है । क्योंकि किसी भी टीके को जारी करने से पहले उसकी सघन जॉच होती है और उसको एक विशेष प्रयोगशाला में जॉचा जाता है ।

किसी भी टीके से होने वाले दुष्प्रभाव आमतौर पर अस्थायी और मामूली होते है । बहुत ही कम परिस्थितियों ऐसी देखी गई है जिसमें दुष्प्रभाव विकट या अत्यन्त प्रभावी हो । इसलिए टीके का उपयोग अतिआवश्यक एवं लाभदायक होता है ।

## वैक्सीन के फायदे

1. संक्रामक रोगो की रोकथाम एवं उन्मुलन में सहायक टीकाकरण का प्रयोग वर्षों से किया जा रहा है । इससे पशु व मानव दोनों के जीवन पर उत्कृष्ठ प्रभाव पड़ा है । टीका रोग के विरूद्ध उत्कृष्ट प्रतिरक्षा प्रदान करते है ।
   चेचक जैसे घातक संक्रामक रोग 'मनुष्य' और पशु में प्लेग को खत्म करने में सफलता हांसिल की गई है । आज भी टीकाकरण के माध्यम से खुरपका, मुंहपका, रेबीज जैसे रोगों को नियन्त्रण करने का मुख्य साधन बना हुआ है।

2. एंटीबायोटिक दवाओं के उपयोग की आवश्यकता को कम करना – एंटीबॉयोटिक दवाओं का उत्पादन दुनिया भर में एक चुनौती का विषय है । टीकाकरण के उचित क्रियान्वयन से वायरल बीमारियों से भी बचाव किया जा सकता है ।

3. सार्वजनिक स्वास्थ्य सुनिश्चित करने में भी प्रभावी पशु और मानव में बहुत ही घनिष्ठ संबध बीमारिया जूनोटिक यानी सीधे सम्पर्क से उत्पन्न होते है जिसमें बीमार जानवर, या उनके उत्पादों का उपयोग करना या जानवरों के काटने से फैलने का डर बना रहता है ।
   दुनिया के अनेक देशों में जानवरों में टीकाकरण के माध्यम से लिस्टिरि ओसिज व रेबिज जैसे रोगों को रोकने में कमी आई है ।

## टीकाकरण का सिद्धान्त (Principle of Vaccination)

जिस दिन पशु को टीका लगाया जाता है उसी दिन पशु के शरीर मे उस विशेष बीमारी के खिलाफ एंटीबॉडी नही बनती है । जिस बीमारी का टीका तैयार करना है उसके लिए पहले जीवाणुओ को मारा जाता है या उन्हे असक्रिय (Attenuated) किया जाता है । जब इन मृत या असक्रिय जीवाणुओ को सुई के द्वारा पशु के शरीर मे पहुचाया जाता है तो पशु के शरीर मे इन बीमारी के खिलाफ एण्टिबॉडी बनती है । एण्टिबॉडी बनने मे लगभग दो सप्ताह का समय लगता है । इसीलिए टीकाकरण पशु मे बीमारी आने के समय के पहले ही किया जाता है । इन मृत या असक्रिय जीवाणुओ मे बीमारी पैदा करने की क्षमता नही होती है ओर इन्हे जब शरीर मे पहुचाया जाता है तो इनकी मात्रा भी कम होती है । जब पशु

पर सक्रिय जीवाणुओ का हमला होता है तो पहले से ही शरीर मे मौजूद एंटीबॉडी इन सक्रिय जीवाणुओं को मार देती हे ओर पशु मे रोग उत्पन्न नही होता है ।

- टीकाकरण करते समय कुछ चीजे ध्यान मे रखनी चाहिए ।
- बीमार पशु का कभी टीकाकरण नही करना चाहिए ।
- यदि टीको मे असक्रिय जीवाणु है तो उन्हे कभी भी ग्याभन पशु को नही लगाना चाहिए ।
- 3 माह से छोटे पशु का टीकाकरण नही करना चाहिए ।
- टीकाकरण से पहले पशु को बाह्य व अन्त: परजीवीयो से मुक्त करना चाहिए । इसके लिए अन्त: परजीवो को मारने के लिए टीकाकरण से 20 दिन पहले पशु को दवा देनी चाहिए ।
- टीकाकरण के लिए हमेशा नई सीरिजं व नीडल प्रयोग मे लेनी चाहिए ।
- टीको को 2–8 डिग्री से. पर रखना चाहिए ।
- टीकाकरण के समय पशुओ मे स्टीरोइडस (डेक्सोना) नही लगाना चाहिए ।

**टीकाकरण करते समय किन–2 बातों का ध्यान रखना चाहिए –**

1. यदि टीके में असक्रिय जीवाणु है तो उन्हें कभी भी ग्याबन पशु को नहीं लगाना चाहिए ।
2. गायों एवं भैंसों में संक्रामक रोगों की रोकथाम के लिए टीकारण सर्वोत्तम विधि मानी जाती है । इनका पशुओं के शरीर पर कोई दुष्प्रभाव नहीं होती है । टीकाकरण पशुओं को स्वस्थ एवं अधिक उत्पादनशील बनाए रखने में पशुपालकों की मदद करता है ।

पशुओं के टीकाकरण से पशुओं को कृमिनाशक औषधियों द्वारा कृमि मुक्त करना चाहिए । टीकाकरण के दो सप्ताह बाद तक पशुओं को तनावपूर्ण रखें और रोगी पशु के संपर्क से बचाये रखना चाहिए । रोगी और कमजोर पशुओं का टीकाकरण नहीं करना चाहिए । टीकाकरण के दो सप्ताह तक पशुओं के उपचार हेतु रोगाणुरोधी, कृमिनाशक और प्रतिरक्षा दमनक औषधियों का प्रयोग नहीं करना चाहिए ।

**पशुओं में टीकारण :– भ्रान्तिया**

आज भी बहुत सारे पशुपालक टीकाकरण से अनभिज्ञ है व उनमें अनेकों भ्रान्तियां फैली हुई है । अनेकों पशुपालकों का मानना है कि टीकाकरण से पशुओं का दूध कम हो जायेगा, या गर्भपात हो जायेगा ।

बहुत सारे पशुपालकों में मिथक होता है कि आज तक हमारा पशु बीमार नहीं

हुआ है तो टीकाकरण की क्या आवश्यकता है ।

कुछ पशुओं में टीके के कारण डर या भय पैदा हो जाता है जिससे उनका दुग्ध उत्पादन प्रभावित हो जाता है परन्तु वैज्ञानिको का मानना है कि ये केवल 2—4 दिन तक ही होता है उसके बाद पशु सामान्य हो जाता है । इसलिए टीकाकरण से सम्बन्धित भ्रान्तियों को दूर करना अतिआवश्यक है । इसके लिए व्यापक स्तर पर पशुपालकों का क्षमतावर्धन करना अतिआवश्यक है भारत सरकार ने इसके लिये व्यापक स्तर पर टीकाकरण अभियान चलाया है । जिसके तहत पशुओं को विभिन्न प्रकार के टीकाकरण किया जा रहा है ।

## गाय – भैंस में टीकाकरण

| रोग का नाम | टीका | पहली खुराक | बूस्टर डोज | टीके की मात्रा | समय | विधि | विवरण |
|---|---|---|---|---|---|---|---|
| H.S. (गुरी) | फिटकरी सांद्रित | 6 माह की उम्र | प्रति वर्ष 6 माह बाद | 5 मि.ली. चमडी मे | जून माह मे | चमड़ी के नीचे (Subcutaneous) | पशुपालन विभाग के इस टीके मे मृत जीवाणु होते है। इसलिए इसे ग्याभन पशुओं लगा सकते है। |
| | तेल गुण वर्धक | 6 माह की उम्र | प्रति वर्ष 6 माह बाद | 3 मि.ली. | | | |
| FMD (खुर्शीटा) | एल्युमिनियम हाइड्रॉक्साइड जैल अवशोषित टीका | 6 माह की उम्र | 9 माह बाद | अलग कम्पनी की अलग खुराक | अक्टूबर— नवम्बर व मार्च – अप्रेल | चमड़ी के नीचे (Subcutaneous) | |
| | तेल गुण वर्धक | 6 माह की उम्र | 9 माह बाद | 2 मि.ली. | अक्टूबर— नवम्बर व मार्च – अप्रेल | अतः पेशी में गहराई से (Deep i. m.) | |
| Ephemeral fever (लंगडा बुखार) | लंगाड़िया बुखार जीवाणु टीका | वर्षा ऋतु शुरू होने से पहले | प्रति वर्ष | 5 मि.ली. चमडी मे | जून माह मे | चमड़ी के नीचे (Subcutaneous) | |
| ब्रुसेलेसिस | ब्रुसेला अर्बोटस | 4 से 6 माह | | 2 मि.ली. | | चमड़ी के नीचे (Subcutaneous) | |
| गिल्टी | ऐंथ्रेक्स जीवाणु टीका | वर्षा ऋतु शुरू होने से पहले | प्रति वर्ष | 1 मि.ली. | मई – जून | चमड़ी के नीचे (Subcutaneous) | |

**बकरी मे टीकाकरण**

| बीमारी का नाम | पहली खुराक | बुस्टर डोज | टीके की मात्रा | समय | विवरण |
|---|---|---|---|---|---|
| E.T. (फडकि या) | 3—6 माह की उम्र | दुसरी खुराक 14 दिन बाद एवं उसके बाद प्रति वर्ष | 2.5 मिली. चमडी मे | अप्रेल—म ई | पशुपालन विभाग के इस टीके मे मृत जीवाणु होते है। इसलिए इसे ग्याबन पशु को लगा सकते है। |
| PPR (माता रोग) | 3—6 माह की उम्र | प्रति वर्ष | 1 मिली . चमडी मे | जुलाई— अगस्त | इस टीके मे असकिय विषाणु होते हे इसलिए इसे ग्याभन पशु को नही लगाते है। |
| FMD (खुर्शीटा) | 3—6 माह की उम्र | प्रति छ माह | अलग. अलग कम्पनी की अलग खुराक | अक्टूबर— नवम्बर व मार्च —अप्रेल | इस टीके मे असकिय विषाणु होते है इसलिए इसे ग्याभन पशु को नही लगाते है। |
| POX | 3—6 माह की उम्र | प्रति वर्ष | 1 मिली . चमडी मे | मई—जून | इस टीके मे असकिय विषाणु होते हे इसलिए इसे ग्याभन पशु को नही लगाते है। |

**148**

# पशुओं में डी - वर्मिंग

*"पशुओं में डी-वर्मिंग से बीमारियों पर नियत्रंण व रोगो से लडने की क्षमता बढती है।"*

## Deworming - डी वर्मिंग

पशुओं का शरीर कीडों का अजायबघर है पशुओं के पेट में कीड़े होने का मुख्य कारण उनके चारा प्रबन्धन व आवास प्रबन्धन के साथ भी जुड़ा हुआ है । गन्दी जगह पर पानी पीने व गन्दा चारा खाने से भी पशुओं के पेट में कीड़े पड़ जाते है ।

पशुओं के पेट में कीड़ो के मुख्य लक्षण :

पशुओं के पेट में कीड़ो के सामान्य लक्षण निम्नलिखित है ।

1. **<u>शरीर में बढोत्तरी न होना</u>** :– पशुओं के पेट में कीड़े होने पर उनकी शारीरिक वृद्धि या बढोत्तरी गम्भीर रूप से प्रभावित होती है । क्योंकि ये पेट में कीड़े होने से पशु को व्याप्त उर्जा नहीं मिलती जिससे उसकी बढोत्तरी रूक जाती है ।

2. **<u>जानवरों का कमजोर होना</u>** :– पशुओं के पेट में कीड़े होने से पशु कमजोर हो जाता है क्योकि पेट के कीड़े भोजन को पचने नहीं देते व पशु में दस्त की शुरूआत हो जाती है जिससे गोबर अत्यन्त पतला आता है व पशु को खाया – पीया नहीं लगता ।

3. **<u>पेट का आकार ढोलक जैसा होना</u>** :– पशुओं के पेट में कीड़े पड़ने पर पशु का पेट फूलने लगता है जिससे पशुओं की शारीरिक संरचना बिगड़ जाती है ।

4. **<u>खून आना या गोबर का पतला होना</u>** :– पशुओं के पेट में कीड़े पड़ने से पशुओं के गोबर में गोबर के साथ खून भी आना शुरू हो जाता है जिससे पशु शारीरिक रूप से भंयकर कमजोर हो जाता है और कुछ परिस्थितियों में पशु की मृत्यु हो जाती है ।

5. **<u>सुस्त रहना</u>** :– कई बार देखा गया है कि कुछ पशु बहुत सुस्त रहने लगते है उसका कारण पेट में कीड़े होने की संभावना ज्यादा होती है ।

6. **<u>पशु चमड़ी का सख्त हो कर बाल खुश्क खड़े रहना</u>** :– कई बार देखा गया है कि पेट में कीड़ों की वजह से पशु की चमड़ी सख्त हो जाती है और बाल भी खुश्क होकर खड़े रहना शुरू हो जाते है ।

## रोकथाम व बचाव

1. **<u>गन्दा पानी नहीं पिलाना</u>** :– पशुओं के पेट के कीड़े होने का मुख्य कारण गन्दा पानी व गन्दा आहार होता है इसलिए पशुओं का गन्दे पानी से बचाव करें व साफ पानी पिलायें उससे पेट में कीड़े होने की संभावना काफी हद तक कम हो जाती है ।

2. **पशु आवास की साफ सफाई :–** पशओं के आवास की साफ सफाई भी इसमें अहम भूमिका निभाती है इसलिए उचित पशु आवास प्रबन्धन के साथ–साथ साफ–सफाई अतिआवश्यक है ।

3. **गेस्ट्रोइंटेस्टाइल** परजीवियों को आमतौर पर कमिनाशक दवाओं के प्रयोग से नियन्त्रित किया जा सकता है ।

## पशुओं के लिए मुख्यतः तीन तरह के कमि नाशक उपलब्ध है ।

1. बेजिमिडा जोल्स
2. मैक्रो साईक्लिक लैक्टोन
3. इमिडाजोशिया जोल्स

बेजिमिडाजोल्स और मैको साईकिल लैक्टोन श्रेणी के कमिनाशकों का उपयोग पशुओं में सबसे अधिक होता है । मैकोसाइक्लिक लैक्टोन आमतौर पर टीके के माध्यम से व बैजिमिडाजोल्स आमतौर पर मुख के माध्यम से दिया जाता है ।

## पशुओं के परजीवी दो प्रकार के होते है

1. बाह्य परजीवी
2. अन्तः परजीवी

अन्तःपरजीवी : अन्तःपरजीवी में मुख्यतः ट्रिमटोड नीमटोड, आईमेरिया आते है जिनके लक्षण व उपचार नीचे दी गई सारणी में दर्शाये गये है ।

### अन्तः परजीवी  (Internal Parasites)

| ट्रिमेटोड | | |
|---|---|---|
| **नाम** | **लक्षण** | **उपचार** |
| एम्फीस्टोम्स (स्टोमक फलूक) | दस्त लगना, नीचले जबडे के नीचे सूजन आना,  पशु का कमजोर होना | डिस्टोडिन(आक्सीक्लोजे नाइड) |
| फेसिओला (लिवर फलूक) | एनीमिया, सुस्ती, नीचले जबडे के नीचे सूजन और शरीर के नीचे के ज्यादातर हिस्सो मे सूजन आना | डिस्टोडिन(आक्सीक्लोजे नाइड) |
| **बचाव :–** काफी दिनो से भरे हुए पानी वाले तालाब या पोखर मे पशुओ को पानी नही पिलाना चाहिये | | |
| टेपवर्म | | |
| मोनिजिआ(टेपवर्म) | पशु सुस्त, कमजोर, भूख नही लगना, पशु का वजन नही बढना आदि। | एलबेण्डाजोल व फेनबेण्डाजोल 10 मि. ग्रा. प्रति किग्रा. शरीर का वजन के अनुसार |
| **बचाव :–** नियमित पेट के कीडो की दवाई देना चाहिए (प्रत्येक चार माह पर) | | |

| नीमेटोड | | |
|---|---|---|
| **पेट मे** | | |
| हीमोकंस | खून चूसते हे, एनिमिया, कमजोरी, दस्त | एलबेण्डाजोल |
| ट्राइकोस्ट्रोगाइलस | मे म्यूकस के साथ खून | फेनबेण्डाजोल |
| इस्टरटेगिया | | मेरण्टल |
| | | साइट्रेट(बेनमिन्थ) |
| | | टेट्रामिजोल(निलवर्म) |
| **ऑंतो मे छोटे निमेटोड** | | |
| केपिलेरिया | दस्त, कमजोरी, भूख नही लगना, पशु | एलबेण्डाजोल |
| कुपेरिया | का वजन नही बढना | फेनबेण्डाजोल |
| निमेटोडायरस | | मेरण्टल |
| स्ट्रोगाइलस | | साइट्रेट(बेनमिन्थ) |
| ट्राइचुरिस | | टेट्रामिजोल(निलवर्म) |
| **ऑंतो मे बडे निमेटोड** | | |
| एस्केरिड | एनीमिया, भेजन का नही पचना, ऑंतो | पाइपेराजिन |
| टोक्सोलेरा विचुलोरम | मे अवरोध आना, पाइका होना | एलबेण्डाजोल |
| **आइमेरिया** | | |
| | डिसेण्ट्री, दस्त मे खून व म्यूकस आना, | सल्फाडिमिडिन |
| | कमजोर होना, भूख नही लगना आदि | नाइट्रोफयूराजोन |

बाह्य परजीवीयों में मुख्यतः टिक माइटस, लाइस, फलाईज आते है ।

- **बाह्य परजीवी :–** टिक, माइटस, लाइस, फलाइज यह सभी बाहय परजीवी होते है ।

## टिक (कलीले) (Ticks)

- यह आकार मे बढे व पशु पर आसानी से देखे जा सकते है । यह पूरे शरीर पर हो सकते है या फिर उस भाग पर ज्यादा होते है जहा से पशु नही हटा सकता है जैसे कान के अंदर, अयन के आसपास आदि। यह लगातार पशु के शरीर से खून चूसते रहते है। एक बडा टिक एक दिन मे लगभग 0.5 मिली. खून चूस जाता है। खून चूसने के साथ साथ यह यह एक पशु से दुसरे पशु मे बीमारियाँ भी फैलाते है जैसे बबेसियोसिस, थीलेरियोसिस आदि ।

## माईट (Mite)

- यह बहुत छोटे होते है जिन्हे नग्न ऑंखो से देख नही सकते है। यह चमडी मे घुसे हुए होते है। यह पशु के शरीर मे खुजली की बीमारी पैदा करते है जिसे मेंज कहते है। कभी कभी यह चमड़ी को ज्यादा नुकसान पहुचाते है अतः डर्मेटाइटिस की बीमारी हो जाती है।

## फलाइज (Flies)

- यह बरसात के दिनो मे ज्यादा होती है ओर पशु को परेशान करती है ओर पशु ढंग से चारा आदि खा नही सकता ओर पशु का दुध कम हो जाता हैं।

## नियत्रंण :–

पशुओ को इन बाहय परजीवो से बचाना चाहिए इसके लिए पाउडर, पानी मे घुलने वाली दवा, स्प्रे आदि बाजार मे मिलते है।

लिक्विड टिककिल, ब्यूटोक्स – इसकी निश्चित मात्रा को पानी मे घोलकर पशु के शरीर पर लगाते हे जहा पर टिक, माइटस चिपके होते हैं।

पाउडर– इसे राख मे मिलाकर पशु के शरीर पर लगा सकते है।

## सावधानी :–

- शरीर पर लगाते समय यह ध्यान रखना चाहिए कि पशु इस दवा को चाट नही पाये। सूखने के बाद पशु चाटता हे तो कोई फर्क नही पडता है।

- दवा लगाने के बाद अपने हाथ अच्छी तरह साबुन से धोने चाहिए।

- बची हुई दवा को बच्चो की पहुचॅ से दूर रखना चाहिए।

- पशु के शरीर पर दवा लगाने के साथ साथ इसी दवा का छिडकाव या स्प्रे उस जगह पर करना चाहिए जहा पर पशु को रखते है। क्योकि कीट, मिट्टी आदि मे घुसे रहते है। स्प्रे करने के बाद वहा के चारे आदि को जला देना चाहिए।

- यह उपचार लगातार दो सप्ताह तक करना चाहिए ताकि परजीवी पूरी तरह से खत्म हो जाये।

  बाहय परजीवो को खत्म करने के लिए इजें. आइवरमेक्टिन का भी प्रयोग कर सकते हैं। यह खुजली के उपचार मे बहुत ज्यादा प्रभावशाली होता है। इसे एक बार लगाने के बाद दुसरे सप्ताह भी रीपिट करना चाहिए। डोज – 1 मिली. प्रति 50 किग्रा. शरीर के वजन अनुसार चमडी मे।


1. कृमिनाशक कार्यक्रम को लागू करते समय निम्नलिखित बातों का ध्यान रखना आवश्यक है । केवल उच्च जोखिम वाले जानवरों को कृमि मुक्त करें। इसमें छोटे जानवरों (16 महीने) विशेषकर बछड़ा, बछड़ी झोरी इत्यादि। बड़े मवेशियों में समय के साथ–2 अपने आप ही परजीवियों से लड़ने की प्रतिरोधक क्षमता पैदा हो जाती है, और वो विकसित युवा जानवरों की अपेक्षा परजीवियों से बेहतर ढंग से निपटने में लक्षण होते है ।

2. कैलेन्डर के अनुसार कृमिनाशक देने से बचें । जानवरों को कृमिनाशक आवश्यकता अनुसार ही दिया जाता चाहिए । इससे पशुओं में कृमिनाशक के

प्रति प्रभावशीलता बनी रहती है ।

3. कृमिनाशक का प्रयोग करते समय ध्यान रखें कि यह चयनात्मक हो यानि 10 से 15 प्रतिशत सबसे सर्वोतम उत्पादन वाले जानवरों को छोड़कर सभी उच्च जोखिम जानवरों को कृमि नाशक देना चाहिए ।

4. मिश्रित विधि :– कृमिनाशक का प्रयोग करते समय मिश्रित विधि का प्रयोग करना ज्यादा प्रभावशील होता है । इस प्रक्रिया मे एक दवा वर्ग के प्रति प्रतिरोधी कोई भी परजीवी दूसरे वर्ग के लिए अतिसंवेदनशील होगा जो किसी भी को काफी कम कर देगा । यह विधि दवा वर्गो के बीच प्रतिरोधक के विकास को नियन्त्रित करने में अधिक प्रभावी होगा ।

5. उचित खुराक का सेवन :– ज्यादातर पशुपालक का प्रयोग करते है अन्दाज से कृमिनाशक के वजन का सही पता नहीं होता, इसलिए ज्यादातर मामलों में कृमिनाशक की डोज या तो ज्यादा हो जाती है है या बहुत कम । इसलिए कृमिनाशक के प्रयोग से पहले पशुओं के वजन का पता लगाना अतिमहत्वपूर्ण है ।

6. चराई विधी व व्यवस्था को भी बार–बार जॉच करना अति आवश्यक है कई बार जानवर गन्दगी या खाद के ढेर के करीब चरते रहते है जिससे उनमें परजीवियों के सम्पर्क का खतरा बढ जाता है ।

# पशुओं में प्रमुख रोग - लक्षण एवं बचाव

मवेशियों में रोगो की वजह से प्रति वर्ष पशु पालकों को अधिक हानि का सामना करना पड़ता है । वैज्ञानिकों का मानना है कि आज भी पशुपालक पशुओं को पशुचिकित्सक के पास ले जाने से हिचकिचाते है । आज भी बहुत से गॉवों में चिकित्सीय सुविधाओं का अभाव है । जिससे समय पर ईलाज न होने के कारण पशुओं की मौत हो जाती है या उनकी उत्पादन क्षमता बहुत अधिक कम हो जाती है ।

पशुओं में फफूद बीमारियॉ, जीवाणुओं फफूद व वायरस भी बीमारियों से फैलती है । बहुत से रोग मनुष्य से आते है जिनके फफूद रोग कहा जाता है । प्रागिरूजा रोग मुख्यतः मुखः के द्वार से सीधे सम्पर्क में आने, मच्छर, मक्खी, कीट व धूलकणों से फैलते है ।

**प्राजिरूजा**

1. लैप्टोस्पाईरोसिस
2. क्यू फीवर
3. गिल्टी रोग
4. रिंग वर्म
5. बुसे लोसिस
6. क्षय रोग
7. साल्मोनेला


**बकरी के मुख्य रोग व रोकथाम**

**अ. फैलने वाली बीमारियॉ**

**1. पी पी आर (बकरी का प्लेग)**

संक्रामक तथा छुआछूत वाली बीमारी लक्षण –

इसके व्यापक नुकसान को देखते हुए से बकरी का प्लेग भी कहा जाता है । इस बीमारी के फैलने पर झुण्ड के झुण्ड बकरी मर जाती है ।


**लक्षण 1** :– पी पी आर से प्रभावित बकरी में पीपदार ऑखे तथा नाक से बहाव आंख के नीचे नम बाल , ऑखों की पुतली का चिपकना और नाक का मवाद से बन्द सा होना ।

**लक्षण 2** :– शुरूआती दौर में ऑखों का फूलना तथा लाल होना, ऑख से मवादयुक्त बहाव

**लक्षण 3** :– शुरू के मुंह घाव, मसूढे पर घाव व सूखे पपड़ी के निशान

**लक्षण 4** :– बाद की अवस्था में मुंह के अंदर की सतह पर सफेद पपड़ी का जमाव , पपड़ी

के नीचे हल्के घाव के निशान ।

**लक्षण 5** :– फुले हुए तथा घाव से कट कर गिरने वाले होठ ।

**लक्षण 6** :– प्रभावित बकरी मे दस्त तथा दस्त से सने पिछले पैर ।

**लक्षण 7** :– मुंह पर गांठदार घाव के निशान जो बाद में और बढ जाते है ।

**लक्षण 8** :– प्रभावित बकरी के फेफड़े में ठोस लाल रंग के निशान ।

# रोकथाम

चूंकि ये बामारी वायरस से फैलती हे अतः बीमार पशु को सबसे पहले बाकी झुण्ड से तुरंत अलग कर दें व खाना पीना भी अलग से दे । इस बीमारी से बचने के लिए टीकाकरण कराना सबसे प्रभावी उपाय है । पी पी आर का टीका 3 वर्ष में एक बार लगाना प्रभावी रहता है। बीमारी हो जाने की स्थिती में लाल दवा से घाव को धोना चाहिए, एंटीबायोटिक का इस्तेमाल तथा बोतल से इलेक्ट्रालाइट का घोल पिलाना चाहिए । ग्वार पाठा (Aloe Vera) केला तथा कपूर को मुंह से खिलाना लाभदायक सिद्ध होता है ।

**2.     बकरी चेचक या माता रोग :–**

यह एक विषाणुजनित रोग है जो रोगी बकरी के सम्पर्क में आने से फैलता है। इस रोग में शरीर के उपर दाने निकल आते है । बीमार बकरियों को बुखार आ जाता है साथ ही नाक, कान, थनों व शरीर के अन्य भागों पर गोल—गोल लाल रंग के चकते हो जाते है जो फफोले का रूप लेकर अन्त में फूट के घाव बन जाते है । बकरी चारा खाना कम कर देती है तथा उसका उत्पादन कम हो जाता है । कही पर पानी रखा हो तो जानवर अपना मुहं पानी में डाल कर रखता है ।

**मुख्य लक्षण :–**

1.     तेज बुखार

2.     शरीर के बाहरी भाग जैसे मुंह, सर, पूंछ के नीचे , पैंरो के बीच में लाल लाल दाने निकलना ।

3.     ये दाने फफोले बनकर फूट जाने पर वहॉ घाव बन जाता है ।

4.     श्वासं नली में फफोले बनने से श्वांस लेने में कठिनाई होने लगती है ।

5.     बकरी में दस्त शुरू हो जाता है, बकरी बहुत कमजोर व सुस्त हो जाती है ।

6.     बकरी खाना भी बन्द कर देती है ।

| अ | मुंह में लाल लाल दाने निकलना |
| अ | कान में लाल लाल रंग के दाने निकलना |
| ब | थनों व शरीर के अन्य भागों में लाल रंग के चकत्ते |

## रोकथाम व बचाव

रोग के प्रकोप से बचने के    लिए प्रतिवर्ष वर्षा से पहले रोग प्रतिरोधक टीके लगवाने चाहिए । बीमारी होने पर एन्टीबायोटिक्स प्रयोग करना चाहिए । जिससे दूसरे प्रकार के विषाणुओं को रोका जा सकता है। बीमार पशुओं को स्वस्थय पशुओं से अलग रखना चाहिए तथा रोगी पशु के बिछौने तथा खाने से बची सामग्री और मृत पशु को सुदूर जमीन में गाड़ देना चाहिए ।

## 3.    फड़किया (इन्ट्रोटॉक्सिमियॉ) पेट में जहर का बनना ।

बकरियों की यह एक प्रमुख बीमारी है जो अधिकतर वर्षा ऋतु में फैलती है । एक साथ रेवड़ में अधिक बकरियां रखने , आहार में अचानक परिवर्तन तथा अधिक प्रोटीनयुक्त हरा चारा लेने से यह रोग तीव्रता से बढ़ता है । इस रोग पशु लक्षण प्रकट होने के 3.4 घण्टे में मर जाता है । पेट में दर्द के कारण बकरी पिछले पैर मारती है तथा धीरे धीरे सुस्त होकर मर जाती है ।

## रोकथाम व बचाव

वर्षा का मौसम शुरू होने से पहले 3 माह के उपर सभी बकरियों को इसका रोग निरोधक टीका लगवा देना चाहिए । पहली बार टीका लगे पशु को बूस्टर खुराक हेतु 15 दिन के अन्तर पर फिर टीका लगवा देना चाहिए । उत्तम रख–रखाव तथा अचानक चारे में परिवर्तन न होने देना , इस बीमारी से बचने में सहायक होते है ।

## 4.    जाड़िया रोग ( कन्टेजियस एक्जिमा )

यह एक गंभीर रोग है जिसमें मुंह और नाम पर घाव हो जाता है । यह चराते समय कांटे के लगने और वायरस से होता है इसलिए कुछ जगहों पर इसे कटीला बीमारी कहतें है ।

1. प्रभावित पशु में होठ, मुंह, नाक , ऑंख की पलके , जीभ लाल व जबड़ो के कोने से लगी हुई त्वचा पर छाले पड़ जाते है ।
2. फफोले शुरू में लाल रंग के होते है जो बाद में मवाद भरने से सफेद हो जाते है।
3. मेमने दूध पीना व चरना बंद कर देते है ।

**बचाव व उपचार**

1. रोगी पशुओं को अलग रखना चाहिए ।
2. तीन माह से छोटे मेमने को चरने न भेजें
3. घावों को नीली दवा (जेनसन वायलेट) या लाल दवा से रगड़कर (शुष्क परत हट जाये) साफ करें ।
4. टेरामासीन या कोई एंटीसेप्टिक मलहम लगाएं ।
5. पशु चिकित्सक की सलाह लें ।

## ब. असंक्रामक (न फेलने वाली) बीमारियाँ

1. आफरा :– इस रोग में बकरी या बकरे के पेट में गैस बनने से अधिक फूल जाता है जिससे सांस लेने में अधिक परेशानी होती है । अगर समय पर गैस नही निकले या प्राथमिक चिकित्सा उपलब्ध न हो तो बकरी की मृत्यु हो सकती है । यह गैस बकरी के प्रथम पेट रयूमेन में बनती है , जहाँ चारा – दाना संग्रहित होता है ।

**कारण :–**

1. सड़ा गला खाना खाने से जैसे बासी चावल / दाल इत्यादि ।
2. अनाज या दाल (दलहनी) अधिक खा लेने से ।
3. दाल वाली हरा चारा अधिक खाने और खाली पेट खाने से।

**लक्षण :–**

1. बकरी बेचैन हो जाती है ।
2. बकरी को सांस लेने में कठिनाई होती है और ऑखे बड़ी बड़ी हो जाती है ।
3. पेट का बायां हिस्सा ज्यादा फूला हुआ दीखता है ।
4. फूले हुए कोख पर हाथ मारने पर ढोलक सी आवाज आती है ।
5. बकरी अपने पेट पर बार बार लात मारती है ।
6. बार–बार उठने बैठने में दिक्कत होती है ।

**बचाव :–**

1. ज्यादा अनाज या दाल की फसल ना खिलाऍ और खाली पेट कभी न दें ।
2. बकरी को दाने की मात्रा धीरे धीरे बढ़ाऍ
3. कोई भी मीठा तेल तथा हींग मिलाकर दें ।
4. टिम्पोल पाउडर को पानी में मिलाकर दें ।
5. अगर आराम न पड़े तो ब्लोटोसील पिलाऍ ।

## डायरिया

* बकरियों में डायरिया कई कारणों से हो सकती है ।
* साधारण अपच से डायरिया
* ज्यादा खाना खाने से अपच में पतला दस्त हो सकता है , जिसमें अनाज के दाने भी निकलते है । ऐसी डायरिया में नेबुलोन पाउडर को पानी में घोल कर दें तथा पाचन को ठीक करने के लिए हिमालय बत्तीसा दे
* जीवाणों से डायरिया
* ऐसी डायरिया में पानी जैसा पतला दस्त होता है तथा दुर्गन्ध भी आती है । ऐसा गंदा खाना खाने तथा बाड़े / बकरी आवास में गंदगी रहने से होता है । पीने का पानी गंदा होने पर भी यह होता है और बकरी को प्रभावित कर सकता है ।
* **निमोनिया :–**
* इस बीमारी से नाक से पानी तथा सर्दी के लक्षण होते है जो आगे चल कर गंभीर रूप ले सकती है । इलाज में देरी करने पर खाॅसी के लक्षण बढ जाती है तथा ज्यादा देर करने से बकरी की मृत्यु हो जाती है । ऐसी स्थिती में प्रबन्धन में सुधार करें मेमने व बकरी को सर्दी से बचाऐं । टेरामासीन का प्रयोग करें तथा पशु चिकित्सक की सलाह लें ।
* **खुर गलन :–**
* बरसात के समय में अधिकतर बकरी के पैरों में बैक्टिरिया के संक्रमण से खुर गलन हो जाते है । बकरी के खुर के बीच हिस्सें में घाव हो जाते है, जिससे बकरी लगड़ाने लगती है । यह बीमारी तेजी से अन्य बकरियो में फैल जाती है ।
* **प्राथमिक चिकित्सा :–**
* सल्फाडिमेडीम की गोली तीन दिन तक लगातार दे ।
* दस्त को रोकने के लिए चाय के पानी के साथ मुल्तानी मिट्टी का घोल देना चाहिए ।
* कभी कभी बार–बार डायरिया पेट में कीड़े होने से होता है ऐसे में पेट के कीड़े की दवाई तुरंत देनी चाहिए ।
* पेट दर्द के साथ या दस्त के साथ खून आने पर मार्कोजिल दवा दें ।


6.      **शरीर पर कीड़े**
        **मैंज के लक्षण**

* खुरदुरी (खराब), मोटी तथा परत छोड़ती त्वचा ।
* बाल गिरते है तथा त्वचा पर घब्बा (पेवन) की तरह दिखाता है ।
* बालों को जब खींचते है तो वे आसानी से बाहर आ जाते है ।

- जानवर अपनी त्वचा को काटता तथा खरोचता रहता है क्योंकि इसमें खुजली बहुत होती है ।
- चमड़े को रगड़ने से वहां जख्म हो जाता है ।
- बाद में जख्म संक्रमित हो सकतें है ।

**उपचार**

10 भाग सरसों का तेल         1 भाग सल्फर का पाउडर

इन दोनों का मिश्रण बना लें और जानवर की त्वचा पर इस मिश्रण को मल दें ।

**अन्य उपचार :–**

1. वुटोक्स अथवा नियासिडोल का प्रयोग करें ।
2. प्रभावित क्षैत्र में हिमेक्स मलहम लगादें ।
3. नीम के घोल से घाव को धोयें
4. पुराना मोबिल आयल भी प्रयोग किया जा सकता है ।

**सावधानी :–**

1. दवा के प्रयोग से पहले बकरी को पानी पिला दें ।
2. ब्यूटाक्स 1/2 ढक्कन दवा एक जग पानी के लिए पर्याप्त है । इस घोल को बकरी के शरीर पर बाल के उलटे मलें तथा 15 से 20 मिनट सूखने के लिए छोड़ दें ।
3. दवा हमेशा बकरी के बाड़े से दूर ले जाकर लगाऍ ताकि कीड़े वापस बकरी के घर पर न आयें ।
4. दवा को बच्चों की पहूॅच से दूर रखें
5. दवा अत्यन्त जहरीली होने के कारण जानवर के मुह पर कपड़ा बांधे ।

# एन्थ्रेक्स

एन्थ्रेक्स एक जीवाणुजनित पशुजन्य बीमारी है तो मुख्यतः गाय, भैंस , भेड़ तथा बकरी को प्रभावित करता है । कभी कभी यह बीमारी घोड़ा तथा हॉथी में भी देखी जाती है। मनुष्यों में यह बीमारी बीमार पशु के सम्पर्क मे रहने से फैलती है ।

**संचरण :–** पशुओं में यह बीमारी प्रदूषित जल, भोजन , घाव के संक्रमण तथा जीवाणु से प्रदुषित हवा में सांस लेने से होती है । यह बीजाणु (Spore) उत्पन्न करने वाला जीवाणु है । इसके बीजाणु सूर्य के तापमान में 6 से 10 घन्टो में नष्ट हो जाते है । परन्तु अनुकुल

वातावरण में ये बीजाणु वर्षो तक जीवित रहकर जीवाणु को जन्म देते है रहतें है । रोगग्रस्त पशु के शरीर से निकलने वाले द्रव्यों एवं रक्त में इसके जीवाणु उपस्थित रहते है। ऊन की फैक्ट्रीयों में काम करने वाले लागों में नाक द्वारा बीजाणु शरीर में प्रवेश करते है ।  पशुओं को काटने वाली मक्खियाँ जब रोगग्रस्त पशु के खून को चूसकर स्वस्थ पशु को काटती है तब यह रोग फैलता है । पशुवध शालाओं  में कार्य करने वाले मनुष्यों तथा रोगो से बचाव हेतु टीका लगाते समय पशु चिकित्सक, वैक्सीनेटर में कभी कभी किसी घाव या खरोंच के द्वारा बीजाणु शरीर मे प्रवेश कर रोग का कारण बनते हे ।

**लक्षण :–** पशुओं में यह बीमारी मुख्यतः अतितीव्र (Paracute) तीव्र (Acute) तथा दीर्घकालिन (Chronic) तीन अवस्था में पायी जाती है । अतितीव्र अवस्था में संक्रमित पशु की मृत्यु बीमारी के 24 घन्टे के भीतर बिना किसी लक्षण के हो जाती है । मृत्यु के पश्चात मुह, नाक , मल द्वारा से रक्त स्त्राव होता हे । तीव्र अवस्था मे पशु में तीव्र ज्वर, भूख न लगना, श्लेष्मिक झिल्ली में लालिमा, तीव्र श्वासं तथा हृदय गति में शरीर मे जगह जगह सूजन आदि मुख्य लक्षण है ।

मनुष्यों में यह बीमारी तीन प्रमुख रूप में पायी जाती है । 1. चर्म से संबंधित 2. सांस से संबंधित 3. पाचन तन्त्र से सम्बन्धित जो संक्रमित पशु के अधपके मांस को खाने से होता है ।

**बचाव :–** एन्थ्रेक्स से बचने के लिए निम्नलिखित उपाय किये जा सकते है ।
1. स्वस्थ पशुओं को साल में एक बार एन्थ्रेक्स का टीका अवश्य लगवाना चाहिए ।
2. ऊन व चमड़ा व्यवसाय से जुड़े व्यक्तियों को काम करते वक्त हाथों में दस्ताना का उपयोग अवश्य करना चाहिए ।
3. सामान्य परिस्थितियों में इस रोग से मृत्यु होने की संभावना पर शव परीक्षण वर्जित है । किसी भी हालत में मृत पशु की खाल नहीं उतारनी चाहिए और न ही शव परीक्षण हेतु लाश को खोलना चाहिए । लाश को जलाना भूमि में गाड़ने की अपेक्षा ज्यादा उचित है ।

# खुरपका या मुँहपका (एफ.एम.डी.) रोग

यह बीमारी जुगाली करने वाले पशुओं तथा सुअरों में विषाणु के द्वारा उत्पन्न होती है जिसमें पशु के मुँह खुर, लेवटी एवं धन पर छाले पड़ जाते है । इस बीमारी का विषाणु कई रूपों में पाया जाता है । इस बीमारी से दूधारू पशुओं का दुग्ध उत्पादन एवं

बैलों की काम करने की शक्ति में कमी हो जाती है ।

**संचरण :–** यह रोग रोगी पशु के सम्पर्क में आने से या छूत लगे पानी , घास–भूसा आदि द्वारा फैलता है । रोगी पशु की देखभाल करने वाले व्यक्ति भी अपने जूतों, कपड़ो और हाथों द्वारा रोग फैला सकते है ।

**लक्षण :–** पशुओं में बीमारी के पशु को तेज बुखार होता है और वह जुगाली करना बन्द कर देता है । बाद में लार का टपकना, चपचप आवाज आना, जीभ व मसूड़ों पर पानी वाले फफोले बनना खाने में परेशानी , खुर का उतर जाना, शरीर में दुर्बलता, थनों पर फफोले, दूध में कमी, हॉफने इत्यादि के लक्षण मिलते है ।

मनुष्यों मे रोग फैलने के लक्षण कुछ देशों  में प्राप्त हुए है । मनुष्यों  में भी मुँह हाथ , पैर पर फफोले बन जाते है । ऑखों मे लालीपन और सूजन भी हो जाती है।

**उपचार :–** पशु को खूरपका या मुंहपका रोग होने पर तुरंत अपने पशु चिकित्सक से सम्पर्क करना चाहिए । प्राथमिक उपचार के लिए जीभ के छालों को पोटाश 1 ग्राम 3 लीटर पानी में या फिटकरी 5 ग्राम 1 लीटर पानी में घोल बनाकर दिन में 3.4 बार धोना चाहिए । खुरों को फिनाईल पानी के घोल से साफ करना चाहिए ।

**बचाव :–** इस बचाव हेतु निम्नलिखित उपाय करने चाहिए ।
* स्वस्थ पशु को विभाग द्वारा लगाये जाने वाले टीके लगवाना चाहिए ।
* स्वस्थ पशु को रोगी पशुओं से अलग रखना चाहिए ।
* खाने–पीने का भी प्रबन्ध अलग से होना चाहिए ।
* रोगी पशु की देखभाल करने वाले व्यक्ति को स्वस्थ्य पशु के पास नहीं जाना चाहिए।

पशु के साफ सफाई के दौरान अपने हॉथों में दस्ताने पहनना चाहिए या बाद में हाथों को गर्म पानी से अच्छे तरीके से साबुन लगाकर धोना चाहिए ।

# लेप्टोसाईरोसिस

यह बीमारी लेपटोस्पाईरा नामक जीवाणु से मनुष्यों एवं पशुओं दोनो में होती है । इस बीमारी का प्रभाव पूरे विश्व में है । यह बीमारी सभी जंगली एवं पालतु पशुओं ; गाय, भैंस , बकरी, सुअर, घोड़ा एवं कुत्ता आदि में मिलता है । पानी में रहने वाले स्तनधारी प्राणी भी इस बीमारी से प्रभावित होते है ।

**संरचण :—** यह बीमारी मुख्यतः सक्रमित पानी पीने से होती है। इस बीमारी की संभावना बाढ के समय / बाढ के बाद ज्यादा बढ जाती है । इस बीमारी के जीवाणु पशुओं (मुख्यतः चूहों) के मूत्र में मिलते है जो पानी या मिट्टी में मिलकर एक सप्ताह से लेकर कई महिनों तक जिन्दा रहतें है । स्वस्थ्य पशु संक्रमित मिट्टी या पानी से सम्पर्क में आकर बीमार होता है । इस बीमारी के जीवाणु शरीर मे मौजूद किसी खुले घाव के सम्पर्क में आकर, दूषित पानी के पीने से या श्वास नली के द्वारा शरीर में प्रवेश करता है । यह रोग मुख्यतः चूहें के मूत्र के द्वारा फैलता है ।

**लक्षण :—** गाय,भेड़,बकरी और सूअरों में बुखार एवं गर्भ से संबधित सनस्याऐं पैदा होती है । घोड़ो मे ऑखों का लाल हो जाना , रोशनी के प्रति संवेदनशील , ऑखों का बार—बार झपकाना, एवं ऑखों का धूधलापन जैसे लक्षण मिलते है । कुत्तो में बुखार उल्टी, आंत में दर्द, दस्त, कमजोरी, मॉस में दर्द, कड़ापन होता है। इस रोग से गुर्दे भी प्रभावित होते है ।

मनुष्य में अधिकतर सर्दी जुखाम जैसे लक्षण दिखाई देते है। इसके अलावा उल्टी, पीलिया, गर्दन में ऐठन जैसे लक्षण पाये जाते है। गंभीर रूप में जिगर और गुर्दे प्रभावित होने की संभावना रहती है।

**बचाव :—** लेप्टोस्पाईरोसिस बीमारी से बचने के लिए निम्नलिखित उपाय अपनाने चाहिए :
- पालतु पशुओ को जंगली जानवरो से दूषित मिट्टी और पानी के सम्पर्क में आने से बचना चाहिए ।
- पीने का पानी साफ—सुथरा होना चाहिए।
- चूहें इस बीमारी के संवाहक है, अतः उनकी आबादी पर नियंत्रण अत्यावश्यक है।
- बाढ के समय पानी में कम से कम जाना चाहिए और यदि पैर में रा शरीर के किसी — किसी भाग में कोई घाव है तो बिल्कुल नहीं जाना चाहिए।

# अफारा (Bloat)

अफारा रोग से ग्रसित पशु में रूमेन में अत्यधिक गैस के संचयन से होता है । इस रोग की संभावना पशुओं का हरा चारा , विशेष कर हरा गीला चारा खिलाने से होती है। तेजी से बढने वाला चारा जैसे कि बरसीम, ल्यूसर्न, अल्फा—अल्फा (रिजका) इत्यादि खिलाने से होने वाला अफारा घातक होता है ।

अंवाछनीय पदार्थ जैसे कि मोटे आलू, गाजर आदि के आहार नली में फंसने से यह रोग हो सकता है । इनके आहार नली में फंसने से रूमेन में बनने वाली गैस का उत्सर्जन नहीं हो पाने से यह रोग होता है । कभी कभी बचे हुए खाने जैसे कि सूखी रोटी

आदि खिलाने से भी यह रोग हो जाता है ।

**लक्षण** :– इस रोग के निम्नलिखित लक्षण है (राष्ट्रीय डेयरी विकास बोर्ड 2018) इस रोग से प्रभावित पशु कि बांयी कोख फूल जाती है । पेट में दर्द होने पर प्रभावित पशु अपने पेट पर लात मारता है या फिर पिछले पैरों को फैला कर खड़ा होता है । उसे सांस लेने में कठिनाई होती है । रोग से ज्यादा प्रभावी होने पर सांस न लेने के कारण उसकी मृत्यु भी हो सकती है ।

**रोग की रोगथाम एवं उपचार** :– पशुओं को सुबह गीले चरागाह में न जाने दें । चारागाह में पशुओं को ले जाने से पहले कुछ सूखा व हरा चारा अवश्य खिलाना चाहिए । प्रभावित पशु को बैठने नहीं देना चाहिए जिससे गैस बाहर निकल जाती है व उसके बाद पशु चिकित्सक से इलाज करवाना चाहिए । प्रभावित पशु को 50–60 मि.ली. तारपीन का तेल 500 मि.ली. सरसों के तेल में मिलाकर पिलाने से अफारा ठीक हो जाता है । इसके अतिरिक्त 300–500 मि.ली. नारीयल / मूंगफली / वनस्पति का तेल 2–3 दिन पिलाने से भी अफारा ठीक हो जाता है । केले के 4–6 पत्ते खिलाने से भी अफारा से लाभ मिलता है । रोग होने पर पशु चिकित्सक से इलाज करवाना चाहिए।

# थनेला

थनेला एक भंयकर संक्रामक बीमारी है जिससे किसानों का बहुत अधिक नुकसान हो जाता है।

थनेला का मुख्य ईलाज सावधानी रखना ही है ।

* लक्षण हीन – थनेला
* रोग लक्षण – थनेला
* चिरकालिक या पुराना – थनेला

## थनेला रोग की पहचान

– थनेला वाले पशु का दूध जल्दी खराब हो जाता है ।

– पशु का दूध कम हो जाता है ।

– दूध में बैक्टीरिया ज्यादा हो जाने से दूध जल्दी खराब हो जाता है।

CMT Kit के माध्यम से पशु के थनेला रोग की जॉंच की जा सकती है।

## थनेला रोग

1. आवास का फर्श साफ सुथरा रखना चाहिए, ध्यान रहें उसमें कोई भी गड्डा भी ना हो।

2. पशु के थनों को पूर्णतः सफाई करनी चाहिए, दूध निकालने के बाद लाल दवाई के घोल से थनों को धोना अतिआवश्यक है।

3. दूध निकालने में लगभग 7 मिनट का समय ही खर्च होना चाहिए, क्यों कि जिन हारमोन्स की वजह थनों में दूध निकलता है उनका असर केवल सात मिनट तक ही रहता है। इसलिए सात मिनट में पूरा दूध नहीं निकला तो दूध में बैक्टीरिया पनप सकता है।

4. दूध दोहने के 45 मिनट बाद तक भैंस पशु को फर्श पर बैठने न दे। क्यों कि दूध दोहने के समय पशु के थन खुले रहते है और उनमें बैक्टीरिया फैलने का डर बना रहता है, क्योंकि फर्श की गंदगी थनों को खराब कर सकती है।

5. दूध दोहने के बाद थनों को लाल दवाई से धोना चाहिए।

6. पशु खरीदने के समय व समय–समय पर थनेले की जाँच अनिवार्य है।

7. यदि किसी भी पशु को थनेला रोग हो जाये तो उसको अलग रखना चाहिये, क्यों कि थनेला एक पशु से दूसरे पशु में भी हो सकता है। यह एक संक्रामक बीमारी है।

8. पशुओं को संतुलित आहार दे ताकि उनको रोगो से लड़ने की प्रतिरोधक क्षमता बनी रहें।

# लंपी वायरस (Lampi Virus)

## लंपी वायरस क्या है :

लंपी स्कीन वायरस एक त्वचा रोग है, जिसकी वजह से पशुओं की स्किन में गांठदार या ढेलदार दाने बन जाते है, इसको कैपरी पॉक्स वायरस के तौर पर भी जाना जाता है, इसको एलएसडीबी कहते है ।

यह वायरस एक जानवर से दूसरे जानवर मे फैलता है । यह वॉयरस कैपरीपॉक्स वायरस पॉक्सविरिडाए परिवार के एक उप–परिवार कॉर्डोपॉक्सविर्नी के वायरसों की जीनस है । वॉरस के जैवीक वर्गीकरण के लिए ''जीनस'' शब्द का प्रयोग किया जाता है । आसान भाषा में इसे ''विषाणुओं की जाति'' कह सकते है । जीनस में तीन प्रजातियॉ होती है – शीप पॉक्स (SPPV) गोट पॉक्स (GTPV) और लंपी स्किन डिसीज

वायरस ( LSDV ) । जानकारी कहती है कि यह बीमारी मच्छर के काटने से जानवरों में फैलती है ।

**कैसे फैलता है लंपी वायरस :**

लंपी वायरस एक संक्रमित रोग है जो एक पशु से दुसरे पशु को हो जाता है । इसका संक्रमण मुख्य रूप से मच्छरों, मक्खियों, तत्तैया, जॅू आदि से फैल सकता है । इसके अलावा पशुओं के सीधे संपर्क में आने से भी फैल सकता है । खासकर साथ खाने / दूषित खाने और पानी के सेवन करने से भी ये बीमारी फैल सकती है। लंपी वायरस एक बहुत ही तेजी से फैलने वाला वायरस है ।

वर्तमान में 15 से भी अधिक राज्यों में इस बीमारी के फैलने की पुष्टि हो चुकी है ।

इस बीमारी से पशुओ को बचाने के लिए समय पर लक्षणों की पहचान कर उनके आधार पर इलाज शुरू कर देना ही एकमात्र तरीका है ।

**लंपी वायरस से लक्षण**

- लगातार बुखार रहना
- वजन कम होना
- लार निकलना
- ऑंख और नाक का बहना
- दूध का कम होना
- शरीर पर अलग—अलग तरह के नोड्यूल दिखाई देना
- शरीर पर चकता जैसी गांठे बन जाना

**लंपी वायरस से बचाव के तरीक**

- लंपी रोग से प्रभावित पशुओं को दूसरे पशुओं से अलग रखें ।
- मक्खी, मच्छर , जॅू आदि से पशुओं को बचाकर रखें, क्योंकि यह बीमारी को फैलाती है ।
- लंपी वायरस से प्रभावित पशुओं को फिटकरी के पानी से नहलाना चाहिए।
- रात के समय पशुओ के पास नीम के पत्तो का धूऑ करें ।
- जहॉ प्रभावित पशु रहता उस पूरे क्षेत्र में कीटाणुनाशक दवाओं का छिड़काव करें ।
- इस वायरस की वजह से पशु की मृत्यु होने पर शव का खुला न छोड़े
- इस वायरस से प्रभावित पशुओं की ज्यादातर मौते हो जाती है ।
- संक्रमण होने के बाद इन देशी औषधियों का करें इस्तेमाल

**लंपी वायरस का प्रारम्परिक उपचार :**

अगर आपके पशु को लंपी वायरस का संक्रमण हो जाता है तो एक मुट्ठी नीम के पत्ते, तुलसी के पत्ते की एक मुट्ठी, लसहुन की कली 10 नग , लौंग 10 नग, काली मीर्च 10 नग , जीरा 15 ग्राम , हल्दी पाउडर 10 ग्राम , पान के पत्ते 5 नग, छोट प्याज 2 नग पीसकर गुड़ में मिलाकर सुबह शाम 10.14 दिन तक खिलाएं ।

**लंपी वायरस होने पर त्वचा पर लगाने के लिए :—**

नीम के पत्ते एक मुट्ठी , तुलसी के पत्ते एक मुट्ठी , मेंहदी के पत्ते एक मुट्ठी, लहसुन की कली 10, हल्दी पाउडर 10 ग्राम, नारियल का तेल   मिलीलीटर को मिलाकर धीर—धीरे पकाये तथा ठण्डा होने के बाद नीम की पत्ती पानी में उबालकर पानी के घाव साफ करने के बाद जख्म पर लगाये ।

ऋतु चक्र के अनुसार पशु में आने वाली सम्भावित बीमारी

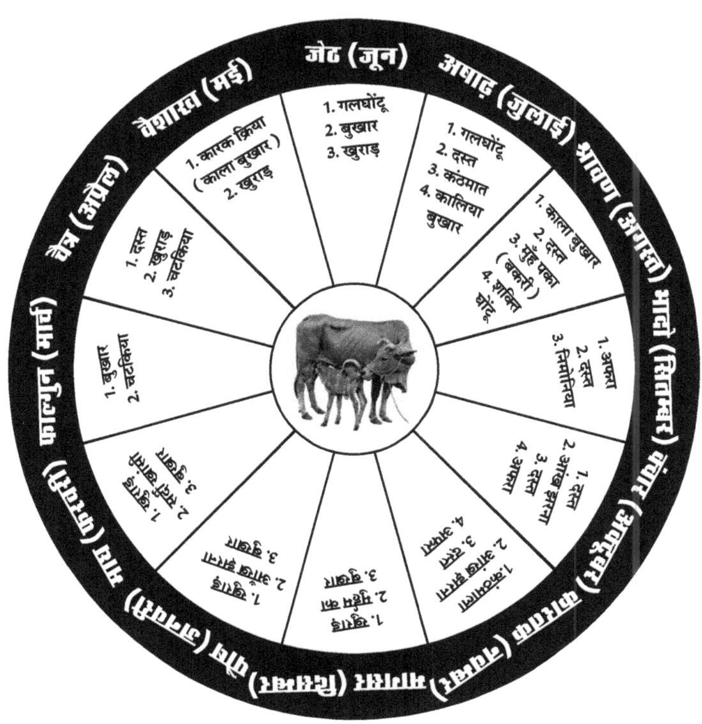

# पशुओं में परम्परागत उपचार विधि

जैसा कि हम जानते है कि पशुपालन का कार्य हजारों वर्षों से किया जा रहा है इसलिए इस क्षेत्र से बहुत से पारम्परिक उपचार (एथनोवेटेनरी) की विधियाँ भी लोगो द्वारा अपनाई एवं सम्मिलित की गई हैं। विभिन्न क्षेत्रों में किसान उपल्ध्ध औषोधियों व खाद्य सामग्री के अनुसार विभिन्न तरह की बीमारियों का उपचार पारम्परिक तरीके से करते हैं।

ये एथनोवेटेनरी औषधियाँ दवा के रूप में कार्य करती है ये औषधियाँ कम लागत में साधारण पशु स्वास्थ्य में समस्याओं का समाधान करने में मदद करती है।

ये सभी एथनोवेटेनरी उपचार प्रक्रियाएँ स्थानीय व पारम्परिक ज्ञान व जानकारी के आधार पर स्थानीय प्रक्टेशनरो द्वारा उपयोग की जाती है। उदाहरण के लिए कई क्षेत्रों में जानवरों को प्रसव के बाद उन्हें गर्म स्टाउट (गोल) दिया जाता है। जिसमें प्रसव के बाद पशु को जेर गिराने में मदद ही मिलती है। इस तरह स्थानीय स्तर पर प्रचलित प्रमुख पारम्परिक उपचार विधियों में से कुछ विधियों का विवरण निम्नलिखित है।

## दस्त

पशुओं को दस्त लगने पर आमतौर पर सबसे पहले पेट के कीड़ो की दवाई दी जाती है। इससे भी पशुओं को आराम नहीं मिलता है तो जीवाणुरोधी दवाएं दी जाती है जिनके देने से बहुत से पशुओं को आराम मिल जाता है लेकिन कुछ पशु ठीक होने बाद भी दुबार पीड़ित हो जाते है।

<u>सामग्री :–</u> 10 ग्राम जीरा, 10 ग्राम मैथी दाना, 5 ग्राम खसखस के बीज, 10 ग्राम काली मिर्च, 10 ग्राम हल्दी पाउडर, 5 ग्राम हींग, 2 पीस प्याज, 2 कलियॉ लहसुन, 2 मुट्ठी भर कढी पत्ता, 100 ग्राम गुड़।

<u>तैयार करने एवं सेवन करने की विधि :–</u> जीरा, मैथी, खसखस, काली मिर्च, हल्दी एवं हींग को एक कढाही में लेकर आंच पर अच्छी तरह से भून लें। कढाई को नीचे उतार कर सामग्री को बाहर निकाल कर पीस कर रख लें। प्याज, लहसुन और कढी पत्ता को पीस कर चटनी बना लें एवं इसमें गुड़ भी मिला लें। अब दोनो प्रकार की तैयार सामग्री को अच्छी तरह से मिलाकर उसके लड्डू बना लें,तैयार लड्डूओं को नमक लगाकर पशु को खिलाऐं, जीभ पर धीरे से रगड़े फील्ड में परम्परागत औषधि विज्ञान के रूप में तीन बैंगन लगभग 500 ग्राम को ऑच पर भूरथा बनाने की तरह भून लें और 2 –3 टुकड़ों में काटकर नमक (10.15 ग्राम) लगाकर, दिन में एक बार 3–4 दिन तक खिलाने से पशु के दस्त ठीक होते है ( Punnia Murthy N.)


## अंतः परजीवी

<u>सामग्री :–</u> 10 ग्राम काली मिर्च, 10 ग्राम जीरा के बीज, 10 ग्राम सरसों के बीज, 1 प्याज, 5 कलियॉ लहसुन, 1 मुट्ठी नीम के पत्ते, 50 ग्राम करेला, 5 ग्राम हल्दी पाउडर, 100 ग्राम

केले का तना, 1 मुट्ठी द्रोणपुष्पी एवं 10 ग्राम गुड़ ।

**तैयार करने की विधि :–** 1. सबसे पहले काली मिर्च एवं जीरे के बीजों को आधा घन्टे के पानी में भिगो कर रख दें ।

2. पानी से इन बीजों को निकालकर पीस लें ।

3. अब इसमें अन्य सामग्रीयों को भी मिलाकर अच्छी तरह कूट ले ।

**उपयोग विधि :–** तैयार मिश्रण के छोटे छोटे लडडू बना कर दिन में एक बार तीन दिन तक पशु को खिलाऐं ।

## गुदाभ्रंश

पशुओं मे गुदाभ्रंश आमतौर पर बहुत कम देखने को मिलता है । अग्रिम अवस्था में इसका ईलाज हो पाना मुश्किल होता है । यदि पशुपालक को परम्परागत औषधी का ज्ञान हो तो इस समस्या को नियमित करके असमय होने वाले नुकसान से बचा जा सकता है । गुदाभ्रंश के लिए बरगद के पेड़ की 50–60 ग्राम दाढ़ी को कूटकर पीड़ित पशु को दिन में एक बार 3–4 दिन देने से लाभ होता  है ।

## जैर अटकना

कठिन प्रसव या अन्य कारणों से कई बार प्रसव के बाद पशु जैर बाहर नहीं आती है जिसके कारण मादा के गर्भाशय में मवाद हो जाती है और उसका दुग्ध उत्पादन अनुमान से कम होता है । अतः पशु पालक निम्नलिखित औषधी का उपयोग जैर बाहर निकालने में कर सकतें है ।

**सामग्री :–**

1. सफेद मूली ( White radish ) : एक पीस ; लगभग 250–300 ग्राम
2. भिण्डी ( Lady finger ) : 1.5 किलो ग्राम
3. गुड़ ( Jiggery ) : आवश्यकतानुसार लगभग 250–300 ग्रा.
4. नमक ( Common salt ) : आवश्यकतानुसार लगभग 15–20 ग्रा.

**तैयार करने की विधि :–**

1. एक सफेद मूली को 4–5 टुकड़ो में काट ले ।
2. इसी प्रकार आवश्यकतानुसार भिण्डी को 2–3 टुकड़ो में काट लें । गुड़ के भी छोटे टुकड़े कर लें ।

**उपयोग विधि :–**

1. पशु के ब्यानें के दो घन्टे के अन्दर अन्दर पशु को एक पूरी मूली खिला दें ।

2. यदि ब्याने के 8 घन्टे बाद तक भी जैर न गिरे तो 1.5 किलोग्राम ताजा भिण्डी को गुड़ एवं नमक के साथ पशु को खिलाएं ।

3. यदि पशु ब्याने के 12 घन्टे बाद भी जैर नहीं गिरता है तो योनि द्वार के एकदम पास में जेर में गॉठ बॉध और गॉठ के दो इंच नीचे से इसे काट कर छोड़ दे । इसके बाद जेर योनि में चली जाएगी जिससे बाहरी संक्रमण होने की संभावना भी कम हो जाएगी ।

4. चार सप्ताह तक सप्ताह में एक बार पशु को एक मूली खिलाते रहें ।

**औषधीय निर्देश :–** जेर को कभी भी बल पूर्वक बाहर निकालने का प्रयास नहीं करना चाहिए ।

## आफरा एवं अपच

**सामग्री :–** 10 ग्राम काली मिर्च, 10 ग्राम जीरा के बीज, 100 ग्राम प्याज ,10 कलियॉ लहसुन, 2 सूखी मिर्च , 10 ग्राम हल्दी पाउडर, 100 ग्राम गुड़, 10 पान के पत्ते, 100 ग्राम अदरक ।

## तैयार करने की विधि :–

1. सबसे पहले काली मिर्च एवं जीरे के बीजों को आधा घन्टे के पानी में भिगो कर रख दें ।

2. पानी से इन बीजों को निकालकर पीस लें ।

3. अब इसमें अन्य सामग्रियों को भी मिलाकर अच्छी तरह कूट ले ।

**उपयोग विधि :–** तैयार मिश्रण के छोटे छोटे लडड़ बना कर दिन में 3–4 बार, तीन दिन तक पशु को खिलाएं ।

## घाव (कीड़ेयुक्त)

घावों मे कीड़े हो जाने पर आमतौर पर फिनाइल या तारपीन के तेल का उपयोग किया जाता है । लेकिन नीम के पत्तों की चटनी बनाकर घाव भरने से कीड़े मरने सहित घाव भी ठीक हो जाता है । नीम के पत्तों की चटनी घाव में लगाने से पहलें उसे अच्छी तरह साफ कर लें और जितने कीड़े निकाल सकें तो निकाल दे अन्यथा यह चटनी साफ करने में लाभकारी है ।

# स्वच्छ दुग्ध उत्पादन

*''स्वच्छ दुग्ध उत्पादन सार्वजनिक स्वास्थ्य सुनिश्चित करने और प्रभावी डेयरी को बढ़ावा देने के लिए अति महत्वपूर्ण है।''*

दुग्ध एक सम्पूर्ण आहार है जिसका जीवन काल छोटी अवधि का होता है। यदि दुग्ध में जीवाणुओं की संख्या ज्यादा होती है तो उसके खराब होने की संभावना भी उतनी ही ज्यादा होती है। इसलिए दुग्ध को दोहन के समय से उत्पाद बनाने तक की प्रक्रिया में स्वच्छता की बहुत आवश्यकता होती है। स्वच्छ दुग्ध उत्पादन से अभिप्राय यह है कि दुग्ध हानिकारक जीवाणुओं, गोबर, धूल एवं कीटाणु इत्यादि से मुक्त होना चाहिए।

## दुग्ध दोहने / निकालने के तरीके

1. चुटकी / निचोड़ना दोहन विधि ( Stripping Method )
2. पूर्ण हस्त दोहन विधि
3. मशीन से दुग्ध दुहना

**चुटकी / निचोड़ना दोहन विधि** ( Stripping Method ) इस विधि का उपयोग उन पशुओं में किया जाता है जिनके –

- थन छोटे होते हैं
- सामान्यतया प्रथम बार ब्याते है।
- दुग्ध की आखरी धारे (drop) को निकालने के लिए करते है।

## चुटकी / निचोड़ना दोहन विधि की कमियाँ

- पशु को कष्ट होता है।
- दुग्ध निकालने में अधिक समय लगता है।
- अतः दुग्ध दोहने वाले को भी कष्ट होता है।
- इस विधि से दुग्ध भी कम प्राप्त होता है।

**पूर्ण हस्त दोहन विधि** दुग्ध दोहन की सबसे अच्छी विधि है।

- इसमें सम्पूर्ण थन को आधार पर चारों अंगुलियों से घेर लेते हैं तथा अंगूठे व अंगुलियों को बन्द कर, थन के चारों और रिंग (Ring) बनाकर दबाव बनाते है जिसमें थन दुग्ध teat-cistern से udder-cistern में वापस नहीं जाता है।
- अब उपर से नीचे की तरफ अंगूठे व चारों अंगुलियों की सहायता से हथेली के सहारे लगातार एकान्तर क्रम में एक बार दबाना, फिर ढील देना, फिर दबाना जल्दी–जल्दी दबाते है तथा छोड़ते हैं।

**170**

- इस दबाव में दुग्ध बाहर धार के रूप में आ जाता है ।
- इस विधि में हाथ की मुठ्ठी थन पर एक ही स्थान पर रहती है।

## मशीन द्वारा दुग्ध निकालना

- डेयरी फार्मो पर दुग्ध निकालने के लिए आज कल मशीनों द्वारा दुग्ध निकाला जाता है, जिसे मशीन द्वारा दुग्ध निकालने की विधि कहा जाता है।
- यदि मशीन को सही ढंग से लगा दिया जाये तो इस विधि द्वारा स्वच्छ, स्वस्थ एवं सम्पूर्ण दुग्ध सरलतापूर्वक कई गायों का एक साथ भी निकाला जा सकता है।
- इस मशीन में प्रत्येक थन के एक–एक Teat Cup होता है ।
- प्रत्येक Teat Cup में एक बाहरी तरफ धातु का कवच व अन्दर की तरफ रबड़ की परत होती है ।
- इस Teat Cup को चारों थन पर चढ़ा देते है तथा पेशर मशीन चालू कर देते हैं। वेक्यूम बनाया जाता है फिर कम किया जाता है इससे Teat Cup में दबाने जैसी प्रक्रिया होती है जिसे (Pulsation rate) कहते हैं यह (Pulsation ratio) व (Pulsation of expansion time) व Collapse के समय एक निश्चित परिधि 1.1 व 2.5 होता है जिससे दुग्ध डपसा बंदम में आ जाता है।

## लाभ

- इस विधि से पशु के स्तन की हल्की मालिश हो जाती है जिसके कारण स्तन की रक्त की लसिका ग्रन्थियों में रक्ताधिक्य नहीं हो पाता है।
- थनों में किसी प्रकार की खुजलाहट नहीं होती है।
- सम्पूर्ण व स्वच्छ दुग्ध प्राप्त होता है।
- 

**स्वस्थ दुग्ध :–** स्वस्थ पशुओं के थन से निकाला गया कच्चा दुग्ध जो साफ, सूखी बाल्टी में एकत्रित किया जाता है, और स्वस्थ दुग्ध किसी भी प्रकार की गंदगी, धूल, मक्खियों , घास, खाद आदि बाहरी पदार्थों से मुक्त होता है ।

- स्वस्थ्य दुग्ध में बैक्टिरिया की संख्या कम होती है उसका स्वाद सामान्य होता है और स्वस्थ दुग्ध मानवीय उपयोग के लिए सुरक्षित होता है ।
- थन से सामान्यतः रोगाणुरहित दुग्ध निकलता है ।
- स्वस्थ दुग्ध में तेज तीव्रगति से फैलने वाले सूक्ष्म जीव होते है

## स्वस्थ दुग्ध उत्पादन के लाभ

स्वस्थ दुग्ध उत्पादन का लाभ पशु व पशुपालक दोनो को होता है । इसके मुख्यतः लाभ निम्नलिखत है :—

1. मानव जीवन के उपयोग के लिए सुरक्षित, स्वस्थ दुग्ध मानव जीवन के लिए अतिआवश्यक है यदि दुग्ध स्वस्थ नहीं होगा तो मानवीय उपयोग में नही आयेगा ।

2. कम समय में दुग्ध को खराब होने से बचाया जा सकता है ।

3. स्वस्थ दुग्ध का मुल्य अधिक व उचित मिलेगा ।

4. गंदे दुग्ध से खाद्य जनित और जूनोटिक रोगो के फैलने का डर रहता है ।

5. स्वस्थ दुग्ध से उच्च गुणवत्ता के डेयरी उत्पादों का निर्माण किया जा सकता है ।

6. स्वस्थ दुग्ध को एक जगह से दूसरी जगह ले जाना आसान होता है ।

7. स्वस्थ दुग्ध से क्षय और डिप्थिरिया जैसे संक्रामक रोगों के फैलने या संक्रमित होने से बचाया जा सकता है ।

## स्वस्थ दूग्ध उत्पादन के उपाय :—

स्वस्थ दुग्ध उत्पादन में विभिन्न महत्वपूर्ण कारक है जो जिसमें उचित पशुपालन प्रबधंन, दुग्ध दोहने के दौरान स्वच्छता, दुग्ध दूहने वाले व्यक्ति की स्वस्थता, दुग्ध इकठ्ठा करने वाले उपकरणों, बर्तनों की स्वच्छता, दुग्ध के भण्डारण और परिवहन के दौरान स्वच्छता, उचित पशु प्रबंधन में आवास, उचित आहार, पशु स्वास्थय, साफ—सफाई अति आवश्यक है। पशु आवास से कीचड़, मूत्र, मल और चारे को नियमित रूप से साफ—सफाई करना, जल निकासी पर्याप्त हवादार और उचित प्रकाश की व्यवस्था एवं पशु आहार आवास के फर्श को साफ करने से बचना चाहिए ।

पशु स्वस्थ दुग्ध उत्पादन के समय ध्यान रखने वाले महत्वपूर्ण बिन्दु इस प्रकार है—

## दुग्ध निकालने के समय उचित पशु आहार :—

दुग्ध निकालने के समय / दौरान पशुओं को व्यस्त रखने के लिए धूल रहित साद्रण प्रदान करना चाहिए । दुग्ध दोहने के समय साईलेज या गीली घास को नहीं देना चाहिए जिससे दुग्ध में दूर्गन्ध आ सकती है । घटा अच्छी गुणवत्ता वाला भूसा, पर्याप्त खनिज और विटामिन युक्त आहार देना चाहिये ।

## नियमित स्वास्थ्य जांच :—

- स्वस्थय दूग्ध उत्पादकों के लिए आवश्यक है कि पशु स्वस्थ रहें इसके लिए पशु की

नियमित जाँच व टीकाकरण अनिवार्य है । टीबी, ब्रुसेलोसिस आदि बीमारियों की नियमित जाँच करना उपयोगी होता है ।

- रोगग्रस्त पशुओं को अलग रखना चाहिए ।
- निर्धारित रूप से देखें कि थन में घाव या थनेला रोग तो नहीं हो गया है ।
- जानवरों में नियमित अन्तराल में एफ एम डी , एथ्रेक्स अदि के टीके लगवाने चाहिए ।

## दुधारू पशुओं को नहलाना या साफ–सफाई

- सामान्यतः पशु के शरीर पर असंख्य रोगाणु होते है जो दुग्ध निकालते समय उसको संक्रमित करके उसकी गुणवत्ता को प्रभावित करते है । इसलिए दुग्ध देने वाले पशुओं को अच्छी तरह नहलाना उपयोगी होता है ।
- दुग्ध निकालने से पहले पशु के उदर लेवटी और थनों को गर्म साफ पानी से धोना चाहिए और साफ कपड़े से पौछना चाहिए ।
- दुधारू पशुओं का दुग्ध सुबह और शाम एक निश्चित समय पर निकालना चाहिए इससे पशु की दुग्ध उत्पादन क्षमता प्रभावित बनी रहती है यदि समय में लगातार परिवर्तन किया जाता रहेगा तो पशु की दुग्ध उत्पादन क्षमता प्रभावित हो सकती है ।

## दुग्ध दुहने वाले का व्यक्तिगत स्वास्थ्य :–

1. दुग्ध दुहने वाला व्यक्ति बीमार न हो
2. दुग्ध दूहने वाले व्यक्ति को साफ कपड़े पहनने चाहिए, नाखुन साफ हो, गुटका आदि का सेवन न करें व न ही आस–पास थूकना चाहिए ।
3. दुग्ध दुहने से पहले अपने हाथों को साबुन से धोना चाहिए या रोगाणुनाशक दवा से साफ करना चाहिए ।

## दुग्ध निकालने की समयावधि :–

वैज्ञानिकों का मानना है कि दुग्ध उत्पादन का कार्य अधिकतम 8 मिनट में पूरा हो जाना चाहिए चाहे पशु कितना भी दुग्ध दे रहा हो । उदर या लेवटी का दुग्ध उतारने के लिए पीट्यूटरी ग्रन्थि से दुग्ध स्रावी हारमोन निकलता है जिसकी सक्रिय अवधि लगभग 8 मिनट होती है । दुग्ध निकलवाने की समयावधि ज्यादा होने पर पिट्यूटरी ग्रन्थि से स्रावित होने वाला दुग्ध स्रावी हारमोन निष्क्रिय हो जाता है । जिससे दुग्ध कम निकलता है और पशु असहज महसूस करता है ।

# स्वच्छ दुग्ध उत्पादन के कदम



- दुग्ध दोहने से पहले पशु के थनों को धोना चाहिए।
- बैक्टीरिया के प्रवेश को कम करने के लिए गायों को धोना सबसे अच्छा अभ्यास है।
- यदि बछड़े को चूसने की अनुमति दी जाती है, तो थन को गीला किया जा सकता है, बाद में इसे कीटाणुनाशक घोल से ताजे, साफ पानी से साफ किया जा सकता है और चिकने और साफ कपड़े से पोंछकर सुखाया जा सकता है।
- दुग्ध दुहने वाले के हाथ साफ और सूखे होने चाहिए। गीले हाथ से दुग्ध दुहने से दुग्ध में बैक्टीरिया की संख्या अधिक हो सकती है।
- दुग्ध दुहने वाले के हाथों के नाखून अच्छे से कटे होने चाहिए।
- दुग्ध देने वाला सभी रोगों से मुक्त हो।
- दुग्ध निकालते समय पशु को चावल की पॉलिश जैसा धूलयुक्त चारा नहीं खिलाना चाहिए।
- दुग्ध देने के खलिहान मक्खियों से मुक्त हवादार होने चाहिए।
- दुग्ध दुहने के लिए उपयोग किए जाने वाले बर्तन साफ, स्वच्छ, चिकने और तांबे से मुक्त होने चाहिए।
- स्वाद पैदा करने वाला चारा दुग्ध दोहने के बाद ही खिलाना चाहिए ताकि दुग्ध में स्वाद न आए।
- दुग्ध दोहते समय पशु के पिछले पैरों और स्विच को दुग्ध देने वाले रस्सी की मदद से कस देना चाहिए।
- स्वाद और गुणवत्ता बनाए रखने के लिए दुग्ध को ठंडी जगह पर रखा जाता है।
- दुग्ध को धूल, गंदगी, गर्म या ठंडे प्रवेश, दिन के उजाले या तेज कृत्रिम रोशनी से बचाने के लिए ढक्कन से ढक देना चाहिए, इन सभी कारणों से दुग्ध की गुणवत्ता में कमी आती है।
- एक मिलीलीटर दुग्ध में 2,00,000 से अधिक विशिष्ट संख्या वाले कच्चे दुग्ध को बहुत अच्छे कच्चे दुग्ध के रूप में वर्गीकृत किया जा सकता है

## दुग्ध दुहने से पहले

प्री.मिल्किंग को एक स्ट्रिप कप में थन की सफाई और प्री.मिल्क द्वारा दुग्ध को कम करने के लिए प्रेरित करने की क्रिया के रूप में परिभाषित किया गया है। थन की सफाई साफ तौलिए से करनी चाहिए। प्रत्येक भैंस के लिए अलग—अलग तौलिये का प्रयोग करना चाहिए ताकि किसी भैंस में कोई बीमारी या विषाणु हो तो दूसरी भैंस में नहीं फैले, थन को कभी भी पानी के छींटे नहीं मारने चाहिए।

- दुग्ध दोहने का स्थान जिसे दुग्धशाला कहते है उसे नियमित रूप से दुग्ध दोहने के लिए पशु ले जाने से पहले अच्छी तरह से साफ कर सुखा दे ।
- पशु को दोहन हेतु खड़ा करके विशेष तौर पर पिछले पैर की जॉंध को, उसके अयन को उपलब्ध हो तो किसी। Antiseptic विलयन से अथवा साफ पानी से धोकर साफ करे, किसी साफ तौलिये से पौंध दे, प्रत्येक पशुओं के लिए अलग–अलग तौलिया काम में ले ।
- दुग्ध को दोहन करते समय उसे बाटा / दाना दे, ताकि वह उसमें व्यस्त रहेगा तथा दुग्ध से अधिक मात्रा में देगा, लेकिन इस बात का ध्यान रखे कि पशु को दुग्ध दोहन करते समय जो भी आहार दिया जाता है उसमें मिट्टी नहीं हो वह मिट्टी उडेगी तथा दुग्ध की स्वच्छता पर असर डालेगी ।
- पशु को हमेशा शान्त वातावरण में हल्के संगीत में दोहना लाभप्रद होता है।
- दुग्धशाला में मच्छर व मक्खियॉं नहीं हो अन्यथा पशु तनाव में रहेगा जिससे दुग्ध भी कम देगा तथा पशु दुग्ध को भी लात से गिरा सकता है अथवा दुग्ध दोहन करने वाले व्यक्ति को नुकसान भी पहुॅंचा सकता है ।
- दुग्ध दोहने वाला व्यक्ति किसी भी रोग से ग्रसित नहीं हो, उसके नाखून आदि बड़े हुए नहीं हो, साफ कपड़े पहने हुए हो, सिर पर टोपी लगा रखी हो तथा उसे दूध निकालने से पहले अपने हाथ साबुन से धोने चाहिए ।
- अच्छा हो गाय के न्याणा (Anti Kicking Device) लगाकर दुग्ध निकाले तथा पूॅंछ को भी उसी में बॉंध दें ताकि स्वच्छ दुग्ध प्राप्त हो ।
- दुग्ध दोहन शुरू करने से पहले प्रत्येक थन को दो–दो, तीन–तीन धार, स्ट्रीपिंग कप (Striper Cup) में निकाले, ताकि थनेला रोग या दुग्ध में बदलाव का पता चल सके। ध्यान रखे यह दुग्ध फर्श पर नहीं निकाले (Striper Cup) में ही निकाले अन्यथा दुग्ध शाला में गन्दगी हो जोयगी तथा मक्खियॉं भिन्न–भिनाने लग जायेगी ।
- दुग्ध हमेशा दिन में दो बार, निश्चित समय पर ही निकले ।
- दुग्ध हमेशा ढके हुए साफ व सूखे बर्तन में निकाले ।
- पहले स्वस्थ युवा मादा पशु का दुग्ध निकाले ।
- फिर स्वस्थ अधिक उम्र वाले प्रौढ पशु का दुग्ध निकाले ।
- इसके बाद थनेला से पूर्णरूप से ठीक उस पशु का दुग्ध निकाले ।
- अन्त में अस्वस्थ पशु का दुग्ध निकाले ।

## दुग्ध दुहने के बाद

दुग्ध दोहने के बाद थनों को लाल दवाई से कीटाणुरहित कर लेना चाहिए। यह निपल्स पर बैक्टीरिया के विकास को कम कर देता है। दुग्ध निकालने के बाद कुछ समय तक थन नलिका खुली रहती है, जिससे बैक्टीरिया के प्रवेश करने की सम्भावना बनी रही है। डिप सॉल्यूशन बैक्टीरिया के लिए शारीरिक बाधा और कीटाणुनाशक के रूप में कार्य करता है। अधिमानतः टीट–डिपिंग–सॉल्यूशन में टीट की स्थिति को बनाए रखने और फटने और घावों को रोकने के लिए कुछ चिकनाई मिला देनी होनी चाहिए।

चूँकि दुग्ध दोहने के बाद कभी–कभी आधे घंटे तक थन नलिका खुली रहती है, इसलिए भैंस को बैठने से रोकना चाहिए। दुग्ध दोहने के बाद लंबे समय तक पर्याप्त चारा देकर ऐसा किया जा सकता है।

दुग्ध देने वाले उपकरणों की सफाई के लिए डिटर्जेंट का सही ढंग से उपयोग किया जाना चाहिए। दुग्ध निकालने के लिए उपयोग की जाने वाली सभी बाल्टियों, कंटेनरों और मशीनों को उपयोग के तुरंत बाद बाहर और अंदर दोनों तरफ से डिटर्जेंट से साफ किया जाना चाहिए।

थन की सफाई और सुखाने के लिए उपयोग किए जाने वाले तौलिये को प्रत्येक दुग्ध दोहने के बाद ठीक से साफ किया जाना चाहिए। उन्हें अगले दुग्ध निकालने तक एक ढक्कन वाली बाल्टी और क्लोराइड युक्त साफ पानी में संग्रहित किया जा सकता है।

# सहकारी समितियाँ



लोगों का एक स्वतन्त्र समूह जो संयुक्त स्वामित्व वाले लोकतान्त्रिक रूप से नियन्त्रित उद्यम के माध्यम से अपनी सामान्य आर्थिक, सामाजिक और सांस्कृतिक आवश्यकताओं और लक्ष्यों को पूरा करने के लिए स्वेच्छा से एक साथ काम करता है उसे सहकारी समिति कहा जाता है ।

## भारत में सहकारी समितियाँ

भारत एक कृषि प्रधान देश है जहाँ पर डेयरी, चीनी, कपड़ा, खादी, कृषि, उर्वरक, बैकिंग आदि क्षेत्रों में सहकारी समितियॉ कार्यरत है । भारत में सहकारी आन्दोलन का जन्म 19 वीं सदी की तीसरी तिमाही में हुआ था । औद्योगिक क्रान्ति के बाद बड़ी तादाद में बेरोजगारी बढ गई थी जिससे बहुत सारे लोगो को खेती–कृषि की तरफ धकेल दिया जो कि एक मात्र आजीविका का साधन था । छोटे छोटे खेतों की जोत पर खेती कृषि घाटे का व्यवसाय बन गया था । इसके साथ अकाल, व प्राकृतिक आपदाओं की वजह से किसान साहूकारों से कर्ज लेने को मजबूर हो रहें थे ।  साहूकारों ने इसका भरपूर फायदा उठाया व किसानों का शोषण करना शुरू कर दिया, साहूकार किसानो को महंगी दरों पर ऋण देते थे और अग्रिम भुगतान करके किसानों की फसलों को ओने–पौने दामों पर खरीदते थे इन विकट परिस्थितियों से निकलने के लिए वैकल्पिक व्यवस्था के रूप में सहकारी समितियों का जन्म होना शुरू हुआ ।

इस तरह भारत में सहकारी आन्दोलन 1904 में शुरू हुआ और इसके परिणाम स्वरूप 1904 में पहली बार सहकारी समिति अधिनियम पारित किया गया था इस अधिनियम मे गैर ऋण सहकारी समितियॉ व दूसरी सामाजिक सहकारी समितियों को बाहर रखा गया था ।

इसके बाद 1912 में इस अधिनियम बदलाव किया गया । बाद में 1942 में ब्रिटिश सरकार ने मल्टी यूनिट कोऑपरेटिव अधिनियम पारित किया । इस अधिनियम के अनुसार एक से अधिक राज्यों के सदस्य एक ही सहकारी समिती का हिस्सा हो सकतें है ।

ब्रिटिश सरकार ने सहकारी कानून बनाया जिसकी रिपोर्ट उस समय के मद्रास के एक ब्रिटिश अधिकारी सर फेडिक निकोलसन ने दी थी इसलिये उन्हें भारत के सहाकारी आन्दोलन के अग्रदूत के रूप में भी जाना जाता है ।

# स्वतन्त्रता के बाद के युग में सहकारी आन्दोलन

स्वतन्त्रता के बाद सहकारी समितियाँ को अधिकारीक तौर पर भारत की मिश्रित अर्थव्यवस्था का हिस्सा बना दिया गया। मिश्रित अर्थव्यवस्था के तीनों क्षेत्र सार्वजनिक, निजी और सहकारी के अन्तर्गत सहकारी समितियाँ को सार्वजनिक और निजी क्षेत्र के बीच संतुलन का उत्तम मार्ग माना गया था । इसे पंचवर्षीय योजना का एक अभिन्न अंग बनाया गया था । जवाहर लाल नेहरू ने इसे पंचायत और स्कूलों के साथ—साथ लोकतन्त्र के स्तभों में से एक होने का दावा किया था ।

1. सहकारी समितियों को 5 वर्षीय योजना का अभिन्न अंग 1951—1956
2. राष्ट्रीय विकास परिषद द्वारा राष्ट्रीय सहकारी नीति का सुझाव 1958
3. राष्ट्रीय सहकारी विकास निगम ''एन.सी..डी.सी.'' की स्थापना 1962
4. भारतीय संसद द्वारा बहुराज्य सहकारी संगठन अधिनियम पारित – 1984
5. सहकारी समितियों पर राष्ट्रीय नीति का घोषणा 2002
6. निन्यानवे ''99 वे संशोधन'' लाया गया सहकारी समितियाँ ग्रामीण विकास में योगदान दे सकें 2011
7. युनियन शब्द के बाद सहकारी समीति को जोड़ा गया – 97 सविधान संशोधन 2011
8. 97 संविधान अधिनियम के तहत जोड़ा गया कि राज्य सहकारी समितियों स्वैच्छिक गठन, स्वायत कामकाज, लोकतान्त्रिक नियंत्रण और पेशेवर प्रबन्धन को बढावा देने का प्रयास करेगा ।
9. युवा सहकार – सहकारी उद्यतम सहायता और नवाचार योजना की शुरूआत – 14 नवम्बर 2018
10. मिशन सहकार  22 की शुरूआत 20 फरवरी 2018
11. सहकार में समृद्धि योजना की शुरूआत 25 जुलाई 2023

# भारत में सहकारी समितियों का इतिहास संक्षिप्त विवरण

<table>
<tr><td>

सहाकरी समितियों को 5 वर्षीय योजना का अभिन्न अंग 1951–1956

</td><td></td></tr>
<tr><td></td><td>

राष्ट्रीय विकास परिषद द्वारा राष्ट्रीय सहकारी नीति का सुझाव 1958

</td></tr>
<tr><td>

राष्ट्रीय सहकारी विकास निगम ''एन.सी..डी.सी.'' की स्थापना 1962

</td><td></td></tr>
<tr><td></td><td>

भारतीय संसद द्वारा बहुराज्य सहकारी संगठन अधिनियम पारित – 1984

</td></tr>
<tr><td>

सहकारी समितियों पर राष्ट्रीय नीति का घोषणा 2002

</td><td></td></tr>
<tr><td></td><td>

निन्यानवे ''99 वे संशोधन'' लाया गया सहकारी समितियॉ ग्रामीण विकास में योगदान दे सकें 2011

</td></tr>
<tr><td>

युनियन शब्द के बाद सहकारी समीति को जोड़ा गया – 97 सविधान संशोधन 2011

</td><td></td></tr>
<tr><td></td><td>

संविधान अधिनियम के तहत जोड़ा गया कि राज्य सहकारी समितियों स्वैच्छिक गठन, स्वायत कामकाज, लोकतान्त्रिक नियंत्रण और पेशेवर प्रबन्धन को बढावा देने का प्रयास करेगा ।

</td></tr>
<tr><td>

युवा सहकार – सहकारी उद्यतम सहायता और नवाचार योजना की शुरूआत – 14 नवम्बर 2018

</td><td></td></tr>
<tr><td></td><td>

मिशन सहकार 22 की शुरूआत 20.02.2018

</td></tr>
<tr><td>

सहकार में समृद्धि योजना की शुरूआत 25 जुलाई 2023

</td><td></td></tr>
</table>

# भारत में सहकारी डेयरी का इतिहास

भारत में सहकारी डेयरी का इतिहास बहुत ही सर्वणमीय रहा है । भारत में 30 राज्य स्तरीय सहकारी दुग्ध उत्पादन समीतियां है, जो दुग्ध उत्पादन में क्रान्ति लाने का कार्य कर रहीं है ।

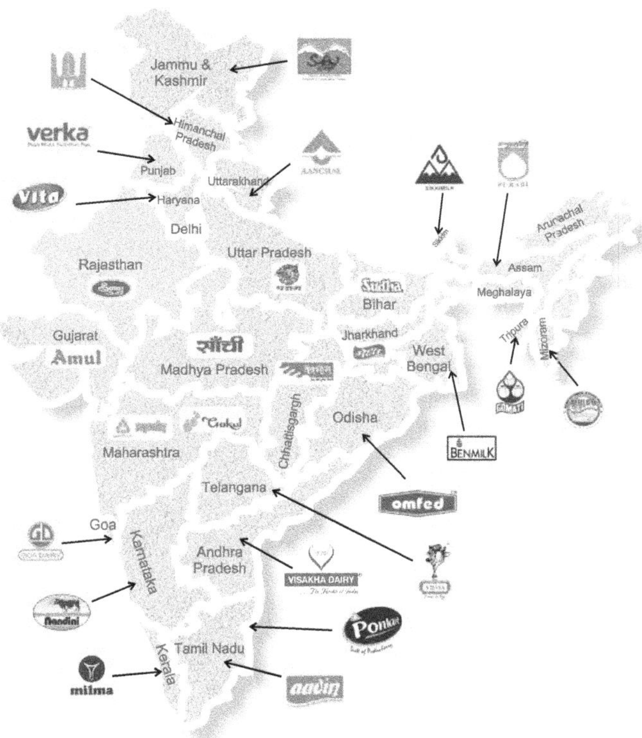


भारत का पहला दुग्ध उत्पादक सहकारी संघ 1938 में लखनऊ दुग्ध उत्पादक सहकारी संघ के नाम से उत्तर प्रदेश की राजधानी लखनऊ में स्थापित किया गया था ।

डा. वर्गीस कुरियन आधुनिक भारत में श्वेत क्रान्ति का जनक माने जाते है। 19 दिसम्बर 1946 को अमूल की स्थापना की गई जो आज भारत की सबसे बड़ी व दुग्ध उत्पादक संघ है। अमूल ने वित्तीय वर्ष 2023 में 55055 करोड़ रूपये की कुल बिक्री की है। भारत में अमूल मॉडल के आधार पर देश के विभिन्न राज्यों में सहकारी डेयरियों का गठन किया गया है । ये सभी डेयरी उत्पादक संघ ज्यादा से ज्यादा दुग्ध उत्पादन एवं किसानों की आय में वृद्धि के सिद्धान्त पर काम करती है ।

**डेयरी संघ की मुख्य विषेषतायें:–**

1. छोटे उत्पाद के द्वारा विकन्द्रीकृत दुग्ध उत्पादन
2. ग्राम स्तरीय डेयरी सहकारी समितियों द्वारा दुग्ध की खरीद (सग्रहण)
3. जिला स्तरीय सहकारी संघों द्वारा दुग्ध प्रसस्करण
4. राज्य स्तरीय महासंघ द्वारा दुग्ध एवं दुग्ध उत्पादों का विपणन

**डेयरी संघ की मुख्य विशेषताऐं**

1. **छोटे छोटे किसानों को दुग्ध उत्पादन के लिए जरूरी आवश्यक सहयोग करती है,** जैसे कि पशु खरीदने के लिए बैंकों से ऋण की व्यवस्था, स्वस्थ्य पशुपालन उत्पादन, पशुओं से सम्बन्धित प्रशिक्षण व शिक्षण कार्यकमों का आयोजन करना। छोटे छोटे किसानों को स्वस्थ्य दुग्ध उत्पादन सम्बन्धी आवश्यक जानकारी देकर गॉव स्तर पर दुग्ध उत्पादन में सहयोग करती है।

2. **ग्राम स्तरीय डेयरी सहकारी समितियों द्वारा दुग्ध की संग्रहण एवं खरीद** डेयरी संघ ग्राम स्तर पर छोटे छोटे डेयरी दुग्ध संकलन केन्द्र की स्थापना करती है। ये दुग्ध संकलन केन्द्र फैट, SNF के आधार पर किसानों से दुध संग्रहण करते है। और दुग्ध को जिला / ब्लॉक स्तर पर भेजते है।

3. **जिला स्तरीय सहकारी संघो द्वारा दुग्ध प्रसंस्करण ।** डेयरी संघ जिला स्तर पर दुग्ध को इकठ्ठा करके उसके अनेकों उत्पाद बनाते है जैसे दुग्ध, क्रीम, पनीर, मक्खन, छाछ, मावा, मिठाई, चॉकलेट इत्यादि । डेयरी संघ इसके लिए आवश्यक संसाधन मुहैया कराता है ताकि गुणवत्ता युक्त उत्पादों का उत्पादन किया जा सकें ।

4. **राज्य स्तरीय महासंघ द्वारा दुग्ध व दुग्ध उत्पादों को विपणन !** राज्य स्तरीय महासंघ द्वारा दुग्ध व दुग्ध से बने उत्पादों को बिक्री एवं विपणन का कार्य किया जाता है। गुणवत्ता युक्त उत्पादों को बाजारों तक पहुंचाना इनका मुख्य कार्य है। आज इन डेयरी संघों के द्वारा बनाये गये उत्पाद भारत ही नहीं बल्कि विदेशों में भी निर्यात किये जाते है ।

5. **डेयरी उत्पादों का निर्यात** आज भारत डेयरी उत्पादों का निर्यात व्यापक स्तर पर कर रहा है । 2020–21 में भारत ने दुनिया को 108711 मीट्रिक टन डेयरी उत्पाद निर्यात किये है, जिसकी कीमत 2928.79 करोड़ ( USD 391.59

मिलियन) है ।

**भारत मुख्यतः** बांगलादेश, संयुक्त अरब अमीरात, बहरीन, मलेशिया, सऊदी अरब और कतर को निर्यात कर रहा है ।

**भारत मुख्यतः** दुग्ध, प्रल्ब्यूमिन, दुग्ध पाउडर, मक्खन, बटर फैट, पनीर ,शिशु आहार का निर्यात करता है ।

1950 से 1960 के दशक के दौरान, भारत में दुग्ध की कमी थी और भारत दूध का आयात करता था। लगातार कई वर्षो तक दुग्ध के उत्पादन में भारी गिरावट आ रही थी, दुनिया में सबसे अधिक मवेशियों की आबादी के बावजूद भारत केवल 21 मीट्रिक टन से भी कम दुग्ध उत्पादन करता था ।

1965 में राष्ट्रीय डेयरी बोर्ड की स्थापना की गई जिसने पूरे देश में डेयरी सहकारी समीतियों के आनन्द पैर्टन के आधार पर ऑपरेशन फलड नामक कार्यक्रम का क्रियान्वयन किया ।

राष्ट्रीय डेयरी विकास बोर्ड के पहले अध्यक्ष डॉ वर्गीस कुरियन को बनाया गया था, जिनको भारत में श्वेत क्रान्ति का जनक भी कहा जाता है ।

इस कार्यक्रम के तहत ग्रामीण भारत में अमूल सहकारी संघ के पैर्टन पर गांव गांव में दुग्ध डेयरी की स्थापना की गई ताकि गांव से दुग्ध खरीद करने दुग्ध को शहरों में पहुंचाया जा सकें ।

## ऑपरेशन फलड

ऑपरेशन फलड 'आपरेशन फलड' 1965 में कॉपरेट निकाय के रूप में गठित संस्थान राष्ट्रीय डेयरी विकास बोर्ड (एनडीडीबी) द्वारा शुरु किया गया था, जिसे 1965 में संसद के एक अधिनियम द्वारा राष्ट्रीय महत्व की संस्था घोषित किया गया था । ऑपरेशन फलड 1970 में लॉन्च किया गया था । दुग्ध उत्पादन बढ़ाने ग्रामीण आय बढ़ाने और उपभोक्ताओं के लिए उचित मूल्य प्रदान करने के उद्देष्यों के साथ डेयरी क्षेत्र में सहकारी समितियों की शुरूआत की गई । ऑपरेशन फलड के उद्देष्यों को इस प्रकार संक्षेप में प्रस्तुत किया जा सकता है –

1. प्रत्येक शहर की तरल–दुग्ध योजना को पुनर्गठित करने और उसके बाजार का एक प्रमुख हिस्सा हासिल करने में सक्षम बनाना ।

2. दुग्ध उपभोक्ताओं और उत्पादकों की जरूरतों को पहचानना और संतुष्ट करना, ताकि उपभोक्ताओं की प्राथमिकताएं आर्थिक रूप से पूरी हो सकें और उत्पादक अपने दुग्ध के लिए उपभोक्ताओं द्वारा भुगतान की कीमत का एक बड़ा हिस्सा प्राप्त कर सकें ।

**182**

3.    डेयरी और मवेशी विकास में दीर्घकालिक उत्पादन निवेश की सुविधा प्रदान करना और

4.    परियोजना के प्रत्येक पहलू को संभालने के लिए कर्मियों की पर्याप्त आपूर्ति सुनिश्चित करना ।

**आपरेशन फ्लड को तीन चरणों में लागू किया गया ।**

### 1.    पहला चरण 1970—80

प्रथम चरण 1970—80 के बीच का था जिसको यूरोपियन यूनियन की मदद से चलाया गया था। इस चरण में भारत के 18 प्रमुख दुग्ध शेडो को भारत के चार प्रमूख महानगरीय शहरो दिल्ली, मुम्बई, कलकत्ता एवं चैन्नई में उपभोक्ताओं के साथ जोड़ा।

### 2.    द्वितीय चरण 1981—85

आपरेशन फ्लड को द्वितीय चरण 1981—85 तक था। इस चरण में दुग्ध शेड या संग्रहण केन्द्र को 18 से बढाकर 136 किया गया था और 290 शहरों में दूध की दुकानों का विस्तार किया गया। 1985 के अन्त तक 4,250,000 दूध उत्पादकों के साथ 43000 ग्राम सहकारी समीतियों का मजबूत नेटवर्क स्थापित किया गया था ।

### 3.    तृतीय चरण 1985—1986

आपरेशन फ्लड को तृतीय चरण 1985—86 का था । इस चरण के अन्तर्गत डेयरी सहकारी समीतियॉ दुग्ध की बढती मात्रा की खरीद और विपणन के लिए आवश्यक बुनियादी ढांचे को मजबूत और सक्षम बनाने पर जोर दिया । इस चरण में 30000 नई दुग्ध सहकारी डेयरियों की स्थापना की गई जिनकी कुल संख्या लगभग 73000 हो गई ।

ऑपरेशन फ्लड के तीन चरण अपने उद्देश्यों के एक बड़े हिस्से को पूरा करने में सफल रहें । इसके पहले चरण के दौरान, ऑपरेशन फ्लड के चरण 1970—1980 ने भारत के 18 प्रमुख दुग्ध शेडों को भारत के चार प्रमुख महारनगरीय शहरों दिल्ली, मुम्बई, कलकत्ता और चेन्नई में उपभोक्ताओं के साथ जोड़ा। ऑपरेशन फ्लड के चरण (1981—1985) ने दूध शेड य संग्रह केन्द्र को 18 से बढाकर 136 कर दिया, 290 शहरी बाजारों ने दुग्ध की दुकानों का विस्तार किया । अंत तक 1985 में 43,000 ग्राम सहकारी समितियों की एक आत्मनिर्भर प्रणाली थी, जिसमें 4.25 मिलियन दूध उत्पादक शामिल थे। घरेलु दुग्ध—पाउडर का उत्पादन पर्व—परियोजना वर्ष में 22,000 टन से बढ कर 1985 तक 140,000 टन हो गया, यह सारी वृद्धि ऑपरेशन फ्लड के तहत स्थापित डेरियों से हुई । उत्पादक सहकारी समितियों ने दुग्ध के प्रत्यक्ष विपणण के प्रति दिन कई मिलियन लीटर की वृद्धि की ।

चरण (1985–1996) ने डेयरी सहकारी समितियों को दुग्ध की बढती मात्रा की खरीद और विपणन के लिए आवश्यक बुनियादी ढांचे का विस्तार और मजबूत करने में सक्षम बनाया । सहकारी सदस्यों के लिए पशु चिकित्सा स्वास्थ्य देखभाल सेवाओं, आहार और कृत्रिम गर्भाधान सेवाओं का विस्तार किया गया, और सदस्य शिक्षा तेज की गई । तीसरे चरण ने भारत के सहकारी आन्दोलन को समेकित किया , दूसरे चरण के दौरान संगठित 42,000 मौजूदा समितियों में 30,000 नयी डेयरी सहकारी समितियों को जोड़ा गया । 1988–89 में महिला सदस्यों और महिला डेयरी सहकारी समितियो की संख्या में उल्लेखनीय वृद्धि के साथ मिल्क शेड 173 तक पहुंच गए । शुरू से ही, ऑपरेशन फलड की कल्पना और कार्यान्वयन एक डेयरी कार्यक्रम से कहीं अधिक किया गया था । बल्कि, को विकास के साधन के रूप में देखा गया, जिससे लाखों ग्रामीण लोगों के लिए रोजगार और नियमित आय पैदा हुई । भारत में अधिकाश डेयरी सहकारी समितियाॅ सहकारी प्रयासों के माध्यम से किसानों के लाभ और उत्पादकता को अधिकतम करने के सिद्धान्त पर आधारित है । यह पैटर्न, जिसे आनन्द पैटर्न के रूप जाना जाता है, एक एकीकृत सहकारी संरचना है जो उत्पादों की खरीद, प्रसंस्करण और विपणन करती है । पेशेवर प्रबंधन द्वारा उत्पादन निर्माता अपनी व्यावसायिक नीतियां स्वयं तय करते है, आधुनिक उत्पादन और विपणन तकनीकों को अपनातें है, और ऐसी सेवाऐं प्राप्त करते है जिन्हें वे व्यक्तिगत रूप से न तो वहन कर सकतें है और न ही प्रतिबंधित कर सकते है । आंनद पैटर्न सफल है क्यों कि इसमें लागों को सहकारी समितियों के माध्यम से अपने स्वयं के विकास में शामिल किया जाता है जहां पेशेवर उत्पादकों द्वारा चुने हुए नेताओं के प्रति जवाब देह होते है । आनन्द मॉडल सहकारी समितियों ने धीरे – धीरे बिचौलियों को खत्म कर दिया है, जिसे उत्पादक सीधे उपभोक्ताओं के सम्पर्क में आ गये है ।

## ऑपरेशन फलड कार्यक्रम से बदलाव एवं प्रभाव

1. महिला सहकारी डेयरी संघो का गठन
2. दूध उत्पादन में अभूतपूर्व बढोतरी
3. सामाजिक बदलाव / विकास
4. अधिक सम्बल
5. राजनीतिक चेतना का विकास

भारत के सभी डेयरी उत्पादक संघ ज्यादा से ज्यादा दुग्ध उत्पादन एवं किसानों की आय में वृद्धि के सिद्धान्त पर काम करती है ।

भारत में सहकारिता को विकसित करने के लिये व्यापक स्तर पर कार्य किया जा रहा है। भारत में केन्द्र सरकार ने सहकारिता को एक विशेष विभाग का दर्जा दिया गया

जिसका मुख्य उद्देश्य सहकारिता के सिद्धान्त पर किसानों को विकसित करने का प्रयास किया जा रहा है। सहकारिता को प्रभावी ढंग से संचालन के लिए साथ स्वर्णिम सिद्धान्तों को सुझाया गया है।

## कॉपरेटिव के सात स्वर्णिम सिद्धान्त

| | | |
|---|---|---|
| 1 | स्वैच्छिक एवं खुली सदस्यता | सहकारी समितियाँ एक स्वैच्छिक संगठन है, जहां सदस्यता बिना किसी भेदभाव के सभी व्यक्तियों के लिए एक समान है। |
| 2 | लोकतान्त्रिक नियन्त्रण | सहकारी समितियाँ सदस्यों द्वारा संचालित एवं नियन्त्रित लोकतान्त्रिक इकाईयाँ है। सदस्य अपनी नितियाँ निर्धारित करने और निर्णय लेने में सक्रिय रूप से भाग लेते है। प्राथमिक सहकारी समितियों में सदस्यों के पास "एक सदस्य–एक वोट" के मानदण्ड के अनुरूप समान मतदान अधिकार होते है। |
| 3 | सदस्य की आर्थिक भागीदारी | प्रत्येक सदस्य अपनी आर्थिक गतिविधियों का समर्थ करने के लिए अपनी सहकारी समिति की पूंजी में समानता का योगदान देते है और उसमें अपना नियन्त्रण एवं उपभोग भी करते है। |
| 4 | स्वायतता और स्वतन्त्रता | सहकारी समितियाँ स्वायत संगठन है और लोकतान्त्रिक नियन्त्रण के माध्यम से अपनी सहकारी स्वायतता बनाये रखने के लिए स्वयं सहायता में विश्वास करते है। |
| 5 | शिक्षा प्रशिक्षण और सूचना | सहकारी समितियाँ अपने सदस्यों, निर्वाचित प्रतिनिधियों, प्रबन्धकों और कर्मचारियों को अपनी इकाईयों के विकास अभियान का समर्थन करने के लिए शिक्षा और प्रशिक्षण प्रदान करती है। |
| 6 | सहकारी समितियों के बीच आपसी सहयोग | सहकारी समितियाँ अपने सदस्यों को कुशल सेवा और सहायता प्रदान करती है, साध ही स्थानीय, क्षैत्रिय, राष्ट्रीय एवं अन्तर्राष्ट्रीय संरचनाओं के माध्यम से मिलकर काम करके सहकारी आन्दोलन को मजबूत करती है। |
| 7 | समूदाय के लिए चिन्ता | सहकारी समितियाँ का प्रमूख उद्देश्य उचित नीतिगत उपायों को अपना कर अपने समुदायों के लिए सतत् विकास सुनिश्चित करना है। |

भारत सरकार के कैबिनेट सचिवालय की राजपत्र अधिसूचना दिनांक 6 जुलाई, 2021 के माध्यम से पूर्ववर्ती कृषि, सहकारिता और किसान कल्याण मंत्रालय के व्यवसाय में सहयोग और सहकारिता से संबंधित मौजूदा प्रविष्टियों को स्थानांतरित करके सहकारिता मंत्रालय बनाया गया था।

केंद्रीय सरकार ने भी सहकारिता की महत्ता को समझा है। देश के लाखों करोड़ों किसानों, पिछड़े, वंचित व गरीब लोगों, उपेक्षितों की उन्नति एवं महिला सशक्तिकरण का मार्ग केवल सहकारिता से संभव हो सकता है। छोटे से छोटे व्यक्ति को रोजगार देकर विकास की प्रक्रिया से हर घर को समृद्ध बनाना और हर परिवार की समृद्धि से देश को समृद्ध बनाना, यही समृद्धि का मंत्र है। सहकारिता के माध्यम से रोजगार के नए–नए अवसर प्राप्त होंगे। देश में खुशहाली आएगी। नई सदी का यह है विश्वास, सहकारिता से होगा विकास।

मंत्रालय का मुख्य कार्य **'सहयोग से समृद्धि की ओर'** दृष्टिकोण को साकार करना, देश में सहकारी आंदोलन को मजबूत करना और जमीनी स्तर तक इसकी पहुंच को गहरा करना, सहकारी–आधारित आर्थिक विकास मॉडल को बढ़ावा देना और उचित नीति, कानूनी और संस्थागत ढांचे का निर्माण करना है।

## सहकार से समृद्धि का मूल मंत्र  (Team)

- T-Transparency सभी सहकारी समितिया अपने शासन, हिसाब किताब व कार्य प्रणाली में पारदर्शिता लेकर आयेगी ।
- E - Empowerment –  (सशक्तिकरण) संघ अपने कार्यरत सदस्यों का आर्थिक एवं सामाजिक सशक्तिकरण होगा ।
- A - Aatmnirbhar self reliance – समुदाय और सामूहिक कार्यवाही के माध्यम से आत्मनिर्भरता
- M - Modernization – आधुनिकी करण – उत्पादकता और दक्षता बढाने के लिए सही तकनीक लाना और उसमें तेजी लाना

# दुग्ध व्यवसाय
# दुग्ध एवं दुग्ध मूल्य सवंर्धन

*दूध हर जगह के लोगों के लिए मायने रखता है।*
*डेयरी उत्पाद सभी व्यापारिक खाद्य उत्पादों में सबसे महत्वपूर्ण हैं*

दुग्ध एक सम्पूर्ण आहार है व आज दुग्ध व्यवसाय एवं आजीविका का भी प्रमुख साधन भी है। पिछले कुछ वर्षा में दुग्ध व दुग्ध से बने उत्पादो की मॉग बहुत बड़ी है। आज दुनिया भर में दुग्ध व दुग्ध से बने उत्पादों का मार्केट व्यापक स्तर पर बढ़ रहा है दुग्ध के व्यवसाय में छोटे–छोटे पशुपालकों से लेकर बड़े – बड़े उद्योगपति निवेश कर रहे है जैसा कि सब जानते है दुग्ध सीधा बेचने की अपेक्षा यदि उसके प्रसंस्करण करके दुग्ध उत्पादन बनाकर बेचा जाये तो उनसे अधिक मुनाफा कमाया जा सकता है ।

**दुग्ध :–** दुग्ध एक संतुलित पौष्टिक आहार है जो सीमान्त, छोटे बड़े व सभी पशुपालकों को आजीविका प्रदान करवाने में सक्षम है। एक अनुमान यह कि वर्ष 2025 तक दुग्ध की मात्रा 25 प्रतिशत तक बढने की उम्मीद है। ( Vinola et al .2015 )

भारत में लगभग 35 प्रतिशत दुग्ध वितरित किया जाता है जिसमें से केवल 13 प्रतिशत की संगठित डेयरी उद्योग द्वारा उत्पादित किया जाता है। लेकिन बाकि का दुग्ध घर पर ही उपयोग किया जाता है या खुला अपाश्चरीकृत रूप से बेचा जाता है। (Sivasankaran and Sivanesan 2013 )

बाजार में दो तरह से दुग्ध बेचा जाता है :–
1. खुला दुग्ध
2. पैकेट बन्द दुग्ध

पैकेट बन्द दुग्ध को पाश्चयकृत करके बेचा जाता है जिससे इसके जल्दी खराब होने की संभावना खत्म हो जाती है इसी प्रक्रिया को दूग्ध मूल्य संवर्ध भी कहा जाता है । दुग्ध से विभिन्न प्रकार के पदार्थ बनाये जाते है ।

1. **खोआ :–** भारत में हर क्षेत्र में मिठाईयों का उपयोग प्रमुखता से किया जाता है लोग भारत को त्यौहारों का देश भी कहते है, खोआ का उपयोग विभिन्न प्रकार की मिठाईयॉ बनाने में किया जाता है बढती आबादी के साथ साथ मिठाईयो की मांग बहुत बढ रही है इसलिए खोआ की मांग भी सर्वत्र हर समय बनी रहती है, जिससे पशुपालक अच्छा मुनाफा कमा सकते है ।

2. **पनीर :–** पनीर दुग्ध से तैयार एक प्रमुख उत्पाद है इसका उपयोग भी विभिन्न प्रकार की सब्जियाँ व मिठाईयॉ बनाने में किया जाता है इसको बेच कर भी पशुपालक अपनी आय बढा सकते है ।

3. **दही** :– दही प्रोबाईटिक्स से भरपूर एक ऐसा सुपाच्य एवं पोष्टिक उत्पाद है जिसका उपभोग बहुतायत में किया जाता है । दही में लाखों की संख्या मे लाभदायक जीवाणु होते है जो दूध में मौजूद वसा, शर्करा की पाचकता को बढा देते है । (Tsuchia Miyazawa and kambe 1982)

 दही में विटामिन सी, बी काम्पलैक्स , कैल्शियम एवं अन्य खनिज तत्व मौजूद होते है । सभी गुणों को देखते हुए व बाजार मॉग के अनुसार दही तैयार करके पशुपालक अच्छी आमदनी कमा सकते है ।

4. **मक्खन** :– दूध से मक्खन भी तैयार किया जा सकता है जिसको बेचकर भी पशुपालक अच्छा मुनाफा कमा सकते है ।

5. **लस्सी या छाछ** :– यह एक ऐसा उत्पाद है जो दही को मथकर मक्खन निकालने के बाद बचे हुए द्रव के रूप में प्राप्त होता है । लस्सी या छाछ में भरपूर मात्रा में प्रोबायोटिक्स होते है जो स्वास्थ्य के बहुत लाभाकारी होता है।

6. **घी** :– दूध का उबालकर या प्रसंक्करण करके भी निकाला जाता है । घी का उपयोग विभिन्न प्रकार की मिठाईयों व अनेको उत्पाद बनाने में किया जाता है । आबादी के बढने के साथ ही घी की मांग बढ रहीं है इससे भी पशुपालक अच्छा लाभ कमा रहें है ।

7. **सुगन्धित दूध** :– बाजार मे आजकल Flavored सुगन्धित दूध की काफी मांग बढ रही है इसमें पशुपालक लगभग 3–4 गुणा लाभ कमा सकते है ।

8. **आईसक्रीम एवं कुल्फी** :– आज भी देश के हर क्षेत्र में आईसक्रीम व कुल्फी की मांग बढ रहीं है इसलिए इससे भी पशुपालक अच्छा मुनाफा कमा सकतें है ।


इस तरह दुग्ध व दुग्ध से बने उत्पादों की एक लम्बी श्रृखंला बनाई जा सकती है इन सभी बिन्दुओं को ध्यान में रखते हुए गॉव क्षेत्र पर छोटे डेयरी केन्द्र खोलकर उत्पादों का प्रसंस्करण किया जा सकता है तथा इनको स्थानीय व देश–विदेश में बेचा जा सकता है ।

## दूग्ध से बने मूल्यवृर्धित खादय पदार्थ

दूग्ध अपने आप में प्रकृति का एक अमूल्य स्वास्थ्यपूर्वक उपचार है। दूग्ध से हम कई प्रकार के दूग्ध से हम कई प्रकार के खादय पदार्थ घर पर बना सकते है। जैसे कि घी, दही, लस्सी, खोया, पनीर, छैना, धीया की बर्फी, पालक की बर्फी, नारियल की बर्फी, हल्दी की पीत्री, गाजर पाक, आलु का हलवा, दूध बादाम, सूजी दूध का दलिया, गेहूँ का मीट्ठा दलिया, कलाकन्द, छैना मुर्की, गलाब जामुन, रसगुल्ले, रसमल्लाई।

## गुलाब जामुन बनाने की विधि

**विधि :** चीनी और पानी को मिला कर एक तार से कम चासनी बनाएं। मैदा, सूजी व बेकिंग पाउडर मिला कर छलनी से तीन बार छान लें। इस मिश्रण को खोये में डाल कर हल्के हाथ से अच्छी तरह मिलायें। अब इसकी छोटी – छोटी गोलियां बना कर गर्म घी में धामी आंच पर तलें। हल्के भूरे रंग की तले जाने पर घी से निकाल कर गर्म चासनी में डालें।

**आवश्यक सामग्री :** खोया – 1 किलोग्राम, मैदा – 70 ग्राम, सूजी – 70 ग्राम, बेकिंग पाउडर – थोड़ा सा (चाय का चम्मच बराबर किया हुआ), चीनी – 1.5 किलोग्राम, पानी – 1.5 किलोग्राम, घी – तलने के लिए आवश्यकतानुसार।

## रसगुल्ले बनाने की विधि

**विधि :** दूध से पनीर विधि द्वारा छैना बनाएं एवं लटका दें। फिर उसे ठण्डे पानी से धो लें। जब छैना का अपने आप सारा पानी निकल जाए तो उसे अच्छी तरह मसल लें। इसमें आवश्यकतानुसार मैदा मिलाएं। गोलियां बनाने पर उसमें कोई दरार नहीं होनी चाहिए। एक पतीले में पानी और चीनी उबालकर चासनी बना लें। तैयार गोलियों को इस चासनी में डालें एवं ढककर 15–20 मिनट के लिए पकाएं। फिर नीचे उतार कर ठंडा करें और उसमें सुगन्ध मिलाएं व फिर ज्यादा ठंडा करने के लिए रखें।

**आवश्यक सामग्री :** दुग्ध – 1 किलोग्राम, सीट्रिक एसीड – 2 से 3 ग्राम, मैदा – 3–4 ग्राम, चीनी – 300 ग्राम, पानी – 300 ग्राम, सुगन्ध (गुलाब की) – इच्छानुसार।

## रबड़ी बनाने के लिए विधि

दूध को एक कड़ाही में डाल लें उसे तेज आंच पर पकाएं। जब दूध आधा किलो तक गाढ़ा हो जाए तो उसे नीचे उतार कर ठंडा करें एवं उसमें चीनी मिला लें।

## छैना की गोलियां बनाने की विधि

छैना बनाने के लिए 15 किलो दूध को एक पतीले में उबालें और उसे 70 डिग्री सेन्टीग्रेड तापमान तक ठंडा करें। पानी और साइट्रिक एसिड को मिला कर उस घोल को भी 70 डिग्री सेन्टीग्रेड तापमान तक गर्म करें। धीरे–धीरे साइट्रिक एसिड के घोल को दूध में मिलाए। जब हरें रंग का पानी दिखायी देने लगे तो उस घोल को दूध में मिलाएं। जब हरे रंग का पानी दिखायी देने लगे तो उस घोल को डालकर टांग दें। छैना को एक सूती मलमल के कपड़े में डालकर बन्द कर दें। जब छैना से पानी निकलना बन्द हो जाए तो छैना को एक थाली में लेकर अच्छी तरह से मसल लें ताकि छैना की गोलियां एक दम साफ–सुधरी बिना दरारों की बनें। इस मिश्रण की गोलियां बनाएं।

एक कड़ाही में पानी और चीनी को डालकर चासनी बना लें उबाल आने पर उसमें छैना से बनाई गई गोलियां डालें और 15–20 मिनट तक पकाएं। पकाई हुई गोलियों को एक छलनी से निकाल कर तैयार की गई रबड़ी में डालें। ठंडा होने पर उसे फ्रिज में ठंडा करें।


## खोया बनाने की विधि

**विधि :** दूध को एक लोहे की कड़ाही में डाल लें एवं उसे तेज आंच पर पकाए एवं साथ – साथ उसे खोंचे से भी हिलाते रहें एवं कड़ाही के साथ चिपकने वाला खोया भी खरोंचते रहें ताकि खोया नरम एवं सफेद रंग का बने। लोहे की कड़ाही में पकने से कुछ मात्रा में लोहा भी खुरचन में आ जाता है। लोह तत्व हमारे शरीर में खून बनाने में मदद करता है। जब खोया कड़ाही छोड़ने लगे तो उसे उतार लें।


## पनीर बनाने की विधि

**विधि :** दूध को एक पतीले में उबाले और पीने वाले दूध के तापमान (70 डिग्री सेन्टीग्रेड तक) ठंडा करें। फिर उसे ठंडा करें। फिर सीट्रिक एसीड (2–2.5 ग्राम) को 100 से 125 मिली लिटर पानी में घोल बनाकर उसे भी 70 डिग्री सेन्टीग्रेड तक गर्म करें। दोनों का तापमान समान होने पर धीरे–धीरे सीट्रिड एसीड के घोल के दूध में डालें और तब तक डालते रहें जब तक कि हरे रंग का पानी न दिखायी दे। हरा पानी होने पर बाकि साइट्रिक एसिड का घोल डालना बन्द कर दें। फिर इसें एक साफ–सुथरें मलमल के कपड़े से छान लें। अतिरिक्त पानी निकालने के लिए पनीर को दो थालियों में दबाकर रख दें। फिर उसे निकालकर ठण्डे पानी में 2 घण्टे के लिए रखें। अच्छे पनीर में 70 प्रतिशत पानी का होना भी जरूरी है।
**आवश्यक सामग्री :** दुग्ध – 1 किलो, सीट्रिक एसीड – 2 से 2.5 ग्राम , मलमल का कपड़ा – आधा मीटर

## घीया (लोकी) की बर्फी बनाने की विधि

**विधि :** घीया को छील कर कद्दूकस कर लें। इसे थोड़े से पानी में मुलायम होने तक पकाएं। अब इसमें घी, दूध और चीनी मिला दें। इसे तब तक पकाते रहें जब तक यह गाढ़ा हो जाए व बर्तन के किनारे छोड़ने लगे तब इसे आंच से उतार लें। एक थाली पर घी लगा कर उस पर डाल दें।

**विशेष :** इच्छानुसार इसमें बादाम काजू आदि भी डाल सकते हैं।

## कलाकन्द बनाने की विधि

**विधि :** दूध को कढ़ाई में डाल कर आग पर पकाएं। उबाल आने पर उसमें 1 प्रतिशत का बनाया हुआ सीट्रिक एसीड के घोल को थोड़ा थोड़ा छिड़के एवं दूध को पलटे से हिलाएं एवं फिर उबाले। इस प्रकार इस विधि को दोहराते हुए जब छोटे–छोटे दाने पलटे पर दिखायी देने लगे तो साइट्रिक एसिड के घोल का डालना बन्द कर दें। फिर दूध को खोये की तरह गाढ़ा करें। गाढ़ा होने पर उसमें खोये के चौथे हिस्से के बराबर चीनी मिलायें एवं गाढ़ा होने पर कलाकन्द कढ़ाई छोड़ने लगे तो नीचे उतार लें। फिर एक थाली में घी लगा कर कलाकन्द को मोटी तह में फैला दें एवं उस पर मोटी ईलायची के पाउडर को बुरक दें।

# डेयरी केन्द्र



**दुग्ध एवं दुग्ध की सरंचना :**

दुग्ध की सरंचना मादा स्तनधारी प्राणिओं द्वारा अपने बच्चे के पोषण के लिए स्तैन से निकलने वाले तरल पदार्थ को दुग्ध कहा जाता है। सहकारिता में दुग्ध से अभिप्राय गाय ओर भैंस के दुग्ध से है, गाय ओर भैंस का दुग्ध निम्न तत्व से मिलकर बना होता हे जिनकी दुग्ध में मात्रा अलग—अलग कारकों पर निर्भर करती है।

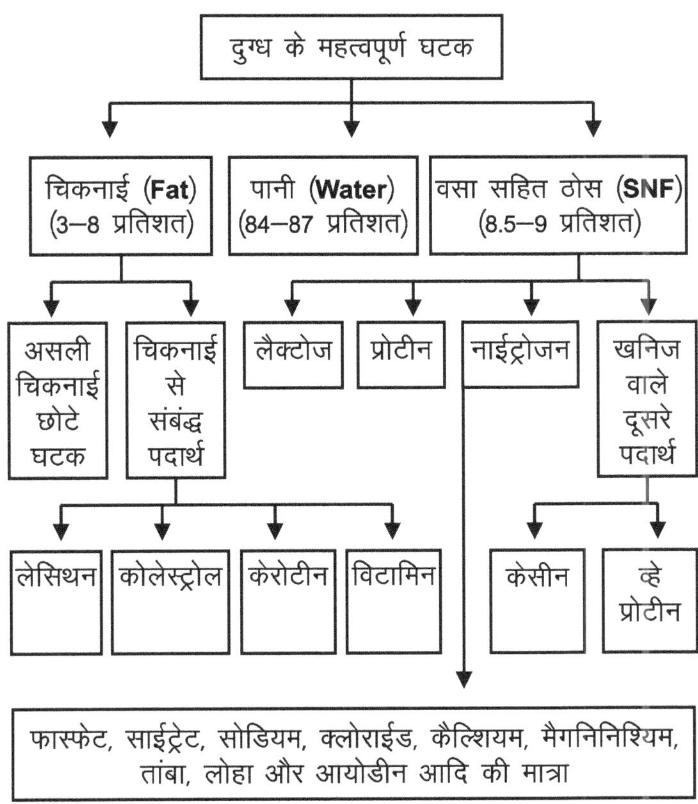

उपरोक्त दुग्ध के घटको की मात्रा विभिन्न प्रजातियों में भिन्न-भिन्न होती है जिसे नीचे दिये गए तालिका से समझा जा सकता है–

| दुग्ध घटकों का प्रतिशत | | | | | | |
|---|---|---|---|---|---|---|
| क्र.सं. | प्रजाति | वसा | प्रोटीन | शुगर | खनिज | कुल ठोस | पानी |
| 1 | गाय | 4.9 | 3.4 | 4.6 | 0.74 | 13.64 | 86.36 |
| 2 | भैंस | 7.3 | 3.8 | 4.9 | 0.78 | 16.78 | 83.22 |
| 3 | बकरी | 4.0 | 3.7 | 4.5 | 0.85 | 13.05 | 86.95 |
| 4 | भेड़ | 6.2 | 5.2 | 4.7 | 0.90 | 17.00 | 83.00 |
| 5 | ऊंटनी | 3.0 | 3.9 | 5.4 | 0.74 | 13.04 | 86.96 |
| 6 | मनुष्य | 2.8 | 1.2 | 5.9 | 0.24 | 10.20 | 89.80 |

**दुग्ध के गाढ़ेपन को प्रभावित करने वाले तत्व :** दुग्ध की सारंचना दूध उत्पादकों के लिए व्यावसायिक दृष्टि से काफी महत्वपूर्ण होती है क्योंकि दुग्ध के दाम मिल्क के दो घटकों वसा ओर अन्य ठोस पदार्थों के आधार पर तय किए जाते है इसलिए एक दुग्ध उत्पादक के लिए यह जरूरी हो जाता हे की वह उन घटकों को प्रभावित करने वाले कारकों के बारे मे जान ले ।

- **प्रजाति ओर नस्ल :** भैंस के दुग्ध में गाय की अपेक्षा वसा की मात्रा अधिक होती हे ओर यह अंतर भैंस ओर गाय की अलग–अलग नस्लों के बीच मे भी देखने को मिलता है जैसे देसी गाय की नस्लों गिर, साहीवल इत्यादि के दुग्ध मे वसा की मात्रा विदेशी नस्लें जैसे जर्सी आदि से अधिक होती हे ।

- **दुग्ध उत्पादन :** दुग्ध का गाढ़ापन मादा के द्वारा दुग्ध उत्पादन के विपरीत चलता है अधिक दुग्ध देने वाली मादा का दूध पतला जबकि कम दुग्ध देने वाली मादा का दुग्ध गाढ़ा होता हे ओर यह चलन एक ही मादा मे दुग्ध काल के अलग–अलग अवस्था मे भी देखा गया हे जैसे–जैसे मादा का दुग्ध उत्पादन घटता है दुग्ध गाढ़ा होता जाता हे ।

- **तापमान :** वातावरण का तापमान भी दुग्ध मे वसा की मात्र को प्रभावित करता है जैसे गर्मियों मे वसा की मात्रा 0.4 प्रतिशत तक कम हो जाती है लेकिन यदि मादा को पानी 10 से 28 डिग्री सेल्सियस पर दिया जाएँ तो इस अंतर को कम किया जा सकता है ।

- **दुग्ध दुहना :** दुग्ध मे वसा की मात्रा शुरू मे निकाले गए दुग्ध मे कम तथा सबसे अधिक अंतिम समय मे निकाले गए दुग्ध मे होती है इसलिए दुग्ध पूरी तरह से निकालना चाहिए ओर दो बार दुहने के बीच का समय यदि कम हो तो भी दुग्ध मे वसा

की अधिक मात्रा देखने को मिलती है।

- **मादा का आहार :** यदि मादा के आहार मे दाने ओर आहार की ज्यादा मात्रा तथा रेशों ओर घास की मात्रा कम हो तो दुग्ध मे वसा की मात्रा भी कम हो जाती है आहार की आपूर्ति मे दाने/आहार ओर घास रेशों का अनुपात 60:40 से अधिक नही होना चाहिए। इसके अलावा घास को ज्यादा छोटा काट कर देने से भी वसा की मात्रा घट जाती है इसलिए चारे का आकार 0.6 से.मी. से कम नही होना चाहिए। गेहूं ओर चावल के दाने अधिक खिलाने से भी दूध मे वसा की मात्रा कम होती है।
- **मादा का स्वस्थ्य :–** थनेला रोग मे भी दुग्ध पतला और खराब हो जाता है।

## दुग्ध जांच की साधारण विधियाँ

- सहकारिता डेयरी मे काम कर रहे कर्मचारी तथा संग्रहण केंद्र पर दुग्ध इककठा कर रहे कार्यकर्ता को दुग्ध की पहचान करने का पता होना चाहिए ताकि डेयरी मे खराब दुग्ध लेने की गलती न हो मादा के थनों से दुग्ध निकालने के बाद यदि उसका उचित भंडारण न किया जाएँ तो वह खराब होना शुरू हो जाता है इसलिए दुग्ध निकालने के तुरन बाद उसे जितनी जल्दी हो सकें फ्रिज या कूलर तक पहुँचाना जरूरी होता है जहां उसे 40 डिग्री पर रखा जाता है।
- **सूंघकर :** दुग्ध को बर्तन मे अच्छी तरह से हिलाने के बाद तुरन्त उसे सूंघना चाहिए यदि किसी प्रकार की गंध आ रही हो तो उसे नही लेना चाहिए।
- **देखकर :** यदि दुग्ध का रंग सामान्य नही है तो इसका अर्थ उसमे कुछ मिला हुआ है इस प्रकार के दुग्ध को नही लेना चाहिए।
- **चखकर :** सामान्य दुग्ध का स्वाद हल्का मीठा होता है यदि दुग्ध खट्टा या कड़वा हो तो उसे नही लेना चाहिए।
- **COB जाँच :** यह टेस्ट बासा दुग्ध, खट्टा दुग्ध, थनेला रोग का दुग्ध ओर ब्याने के बाद पहले 3:4 दिनो का दुग्ध की जांच के लिए उपयोग किया जाता हे। इस विधि मे क्वथन नली मे 5 मिली लीटर उस दूध लेकर 4 मिनट तक आग पर गरम किया जाता है अच्छी तरहा हिलाने पर यदि दुग्ध फट जाता है तो इस प्रकार का दुग्ध नही लेना चाहिए।
- **लैकटॉमिटर टेस्ट :** यह दुग्ध मे किसी प्रकार की मिलावट जैसे पानी ओर कोई अन्य पदार्थ जो दुग्ध की विशिष्ट गुरुत्व को घटा या बढ़ा दे इसका पता लगाने के लिए किया जाता है।

जाँच करने की विधि दुग्ध के नमूने को जांच परखनली मे डाला जाता है (300 मिली लीटर) ओर लैक्टोमीटर को उस परखनली मे डुबोया जाता है दुग्ध के ऊपरी सतह

से ऊपर लैक्टोमीटर की रीडिंग को नोट किया जाता है यदि दुग्ध का तापमान लैक्टोमीटर के केलिब्रटेड तापमान के समान न हो तो उसे सही किया जाता है जैसे– प्रत्येक 10 ऊपर ओर नीचे के दुग्ध के तापमान के अंतर को लैक्टोमीटर रीडिंग से क्रमश 0.2 बढ़ाया ओर घटाया जाता है।

जैसे : लैक्टोमीटर को 20 डिग्री सेल्सियस पर केलिबरेट किया जाता है लैक्टोमीटर की सही रीडिंग 26 से 32 के बीच मानी जाती है।

| दूध का तापमान | लेक्टोमेटर की रीडिंग | सही करना | सही रीडिंग |
|---|---|---|---|
| $17^0$C | 30.6L | 0.2X3=0.6 | 30.0L |

# दुग्ध मे वसा ओर अन्य ठोस पदार्थ की जांच करना

दुग्ध में विभिन्न प्रकार के पोषक तत्व होते है। दुग्ध का मूल्य उसमें समाहित वसा ओर अन्य ठोस पर निर्भर करता अतः दुग्ध मे इन पदार्थों को उचित तरीके से सही जांच करना डेयरी व्यवसाय मे अति महत्वपूर्ण हो जाता है। दुग्ध की जांच का तरीका पारदर्शी ओर आसान होना चाहिए ताकि सहकारिता के सभी सदस्य इसको सही से समझ सकें।

वसा ओर अन्य ठोस की जांच मुख्य रूप से दो तरीके से की जाती है।

1. गर्बर विधि – यह दुग्ध जांच का एक पुराना तरीका हे जिस्का उपयोग अब कम होता है लेकिन यह जांच का एक आधारभूत तरीका हे ओर इसका उपयोग आज भी जरूरत पड़ने पर उपयोग मे किया जाता है

## दुग्ध जांच के लिए निम्नलिखित यंत्रो की आवश्यकता होती है।

| | |
|---|---|
| 1 सल्प्यूटिक एसिड | 2. संथिल एल्कोहल |
| 3 बूटेरोमीटर | 4.टिल्ट बोतल 10 मिली लीटर  ओर 1मिली लीटर |
| 5 दूध का सेंपल | 6 10.75 मिली लीटर पिपेट |
| 7 रबर का स्टोपर | 8 वाटर बाथ |
| 9 चकरी मशीन | 10 ट्यूब स्टैंड |

## दुग्ध जांच करने का तरीका

- बूटेरोमीटर को ट्यूब स्टैंड पर रखकर टिल्ट मेजर की मदद से उसमे 10 मिली लीटर सल्प्यूटिक एसिड डालेंगे।
- पिपेट की मदद से 10.75 मिली लीटर  दूध के सेम्पल को बूटेरोमीटर की दीवार से उसमे डालेंगे दुग्ध का तापमान 15 से 22 डिग्री सेल्सियस के बीच मे होना चाहिए।
- 1 मिली लीटर पिपेट की मदद से 1 मिली लीटर एमिल एल्कोहौल को ट्यूब मे डालेंगे।
- रबर स्टोपर से पिन की मदद से ट्यूब को बंद कर देंगे ओर तब तक हिलाते रहेंगे जब तक उसमे सफेद थक्के पूरी तरह खत्म नही हो जाते है बूटेरोमेटर को वॉटर बाथ मे 4 मिनट के लिए रखेंगे जब तक उसका तापमान 15 से 22 डिग्री सेल्सियस तक न हो जाएँ।
- ट्यूब को बाहर निकालकर चक्री मशीन मे 5 मिनट के लिए 1100 आरपीएम पर रखेंगे।
- ट्यूब को वॉटर बाथ मे 65 डिग्री सेल्सियस पर 4 मिनट के लिए रखेंगे।
- बूटेरोमीटर मे रीडिंग नोट करेंगे।

**2. दुग्ध विश्लेषक मशीन की मदद से जांच करना (DPMCU)** : यह दुग्ध मे वसा ओर अन्य ठोस ज्ञात करने का आधुनिक तरीका हे जिसमे एक मशीन यूनिट की मदद से दुग्ध की जांच की जाती है।

**लाभ :**

1. वसा के अतिरिक्त अन्य ठोस पदार्थ ओर पानी की मिलावट का भी पता लगता है।
2. ज्यादा पारदर्शी ओर सही तरीका।
3. किसी भी प्रकार के रसायन का उपयोग नही होता।
4. छोटे प्रशिक्षण के बाद कोई भी करने मे सक्षम है।
5. जाच मे कम समय लगना।

**किन चीजों की जरूरत होगी**

1.विश्लेषक मशीन      2. 20 मिली लीटर का सेंपल कप
3.दुग्ध सेंपल      4. बिजली का कनेक्शन

**दुग्ध जांच करने की विधि :**

1. विशेषज्ञ की मदद से मशीन की क्षेत्र के अनुसार केलिब्रेट (जाँच/अंशशोधन करवाना) करवाना।

2. दुग्ध विश्लेषक को किसी समतल जगह पर रखकर (लकड़ी से बने मेज पर) मशीन के साथ दिये गए एडाप्टर से मशीन को बिजली के कोनेक्शन से जोड़ना मशीन सोलर ऊर्जा ओर बेटरी से भी संचालित की जा सकती है।

3. शुरू करने पर मशीन जांच के लिए तैयार होने मे 1.5 मिनट ले सकती हे जिसका पता मशीन के स्क्रीन पर दिखने से लगा सकते है।

4. दुग्ध को अच्छी तरह से मिक्स करने के बाद ही सेंपल कप मे (15 मिली लीटर) दूध जांच के लिए लिया जाता है।

5. सेंपल को 10 से 14 सेकण्ड के लिए वाइब्रेटर पर रखा जाता है ताकि दुग्ध से हवा निकल सकें जो जांच को प्रभावित कर सकती है।

6. जांच से पूर्व भारतोलक मशीन को किलो से लिटर मोड मे बदलकर दूध का मापा जाता है।

7. वाइब्रेटर पर मिक्स होने के बाद मिल्क सेंपल को 30 सेकण्ड के लिये एनालेजर पर रखकर मशीन मे किसान की पहचान भरी (DPU Mode) जाती है जांच के लिए Enter बटन दबाकर कमांड दि जाती है।

8.      जांच का प्रिंट लेने के लिए एक बार फिर Enter बटन को प्रेस करना होता है।

## दुग्ध जांच करते समय सावधानियाँ

* दुग्ध सेंपल का तापमान 25 डिग्री सेल्सियस के पास होना चाहिए।
* सेंपल जांच करते समय मशीन स्थिर रहनी चाहिए।
* सेंपल लेने से पहले दुग्ध को अच्छे से मिक्स करना चाहिए।
* मशीन ओर बोर्ड पर दुग्ध गिरने से बचाना चाहिए।

मशीन को संचालित करने के लिए उपयोग होने वाले बटन (KEY) ओर उनके द्वारा दी जाने वाली कमांड मशीन मे लगे बटन या KEY बोर्ड से संचालित की जाती है। मशीन को (KEY) बोर्ड से संचालित करना चाहिए मशीन मे लगे बटन से संचालित करने से मशीन के हिलने का खतरा रहता जिससे रीडिंग गलत आ सकती है।

**मशीन के सामने के हिस्से पर निम्न बटन होते हे जिनके कार्य नीचे दिये गए है**

| मशीन पर Milk Analyser | Key बोर्ड पर (Key Board) | कार्य (Function) |
| --- | --- | --- |
| **REGN** | F5 | किसान की पहचान संख्या को मशीन मे डालना |
| **DPU MODE** | F2 | मशीन को एनलेजर मोड से **DPU** पर रखना बदलना |
| **CLN** | F7 | मशीन को पानी ओर रासयानों से साफ करना |
| **VIBRO** | F8 | दुग्ध सेंपल को मिक्स करना |
| **PRINT** | F9 | जांच के बाद उसका प्रिंट निकालना |
| **CNCL** | Esc | गलत कमांड को रद्द करना |
| **OK** | Enter | एनलेजर मोड सेंपल लगाकर पर दूध जांच शुरू करना |

## मशीन की सफाई

दुग्ध जांच के पूरे विषय मे मशीन की सफाई एक बहुत ही महत्वपूर्ण भाग है क्योंकि मशीन

मे दुग्ध की जांच के लिए सेन्सर लगे होते हे जिनकी नियमित सफाई करना आवश्यक होता है मशीन को दो तरह से साफ किया जाता है।

**1. सेंपलों की जांच के दौरान** : यदि दो सेंपल के जांच के बीच मे अंतराल 1 मिनट से ज्यादा हो जाता है तो मशीन को केवल साफ पानी से 2 से 3 बार साफ किया जाता है ओर मशीन स्वतः ही इसके बारे मे बताती है।

**2. सेंपलों की जांच के अंत मे** : जब सभी सेंपलों की जांच पूरी हो जाती है तो मशीन को रसायनों से सफाई की जाती है। सफाई करने वाले रसायन दो प्रकार के होते है।

**(क) रोजाना सफाई** : इस रसायन से मशीन को रोजाना सेंपल जांच के अंत मे साफ किया जाता है रसायन के 20 ग्राम को 980 मिली लीटर पानी मे घोला जाता है। रसायन से सफाई से पहले ओर बाद मे मशीन को 2 – 2 बार साफ पानी से साफ किया जाता है इसके लिए मशीन पर आ रही सलाह को ध्यान से पढना चाहिए।

**(ख) साप्ताहिक सफाई** : इस रसायन से सप्ताह मे एक बार मशीन को साफ किया जाता है सफाई करने का तरीका दैनिक सफाई की तरह ही रहता है।
    नोट : सफाई करने के लिए मशीन को कमांड F7/CNCI से दी जाती है।

## डेयरी मे दुग्ध के दाम निर्धारित करना :

सहकारिता डेयरी का मुख्य उद्देश्य पशुपालक किसानों को उनके दुग्ध के उचित दाम देना है ओर साथ–साथ डेयरी को स्वावलम्बी बनाना है। दुग्ध के दाम वसा व Solid Note Fat के आधार पर तय किया जाता है।

# दुग्ध संकलन केन्द्र हेतु उपकरण

| क्र. सं. | उपकरण का नाम | उपयोग |
|---|---|---|
| 1 | दुग्ध जांच मशीन | दुग्ध मे वसा ओर ठोस जांच के लिए |
| 2 | लेक्टोमीटर | दुग्ध में पानी की जांच हेतु यदि मशीन ना हो |
| 3 | दुग्ध मापक | दुग्ध मापने हेतु |
| 4 | सेंपल मापक | सेंपल लेने हेतु |
| 5 | दुग्ध टंकी | दुग्ध एकत्रित करने हेतु |
| 6 | छननी | दुग्ध छानने के लिए |
| 7 | डीप फ्रिज | बचे दुग्ध को सुरक्षित रखने के लिए |
| 8 | ब्लक मिल्क कूलर (BMC) | डेयरी पर संग्रहीत दुग्ध को सुरक्षित रखने के लिए |
| 9 | जनरेटर | बिजली आपूर्ति बांधित होने पर बिजली आपूर्ति के लिए |
| 10 | सेपरेटर (Separator) | दुग्ध से क्रीम अलग करने के लिए |
| 11 | मथनी (Churner) | क्रीम से मखन्न बनाने के लिए |
| 12 | डेग | पनीर ओर खोया रखने के लिए |
| 13 | गैस भट्टी | पनीर ओर खोया बनाने हेतु |
| 14 | खुरचा | खोया / पनीर बनाने हेतु |
| 15 | चसनी | खोया बनाने हेतु |
| 16 | सिट्रिक एसिड | पनीर बनाने हेतु |
| 17 | एल्कोहौल | गरबर विधि मे |
| 18 | थर्मामीटर | दुग्ध का तापमान जांचने हेतु |
| 19 | भारतोलन | दुग्ध इत्यादि का भार लेने के लिए |
| 20 | बाल्टी | पानी भरने के लिए |
| 21 | फर्नीचर | बैठने के लिए ओर डेयरी समान रखने के लिए |
| 22 | रजिस्टर | डेयरी रिकॉर्ड के लिए |

# कॉपरेटिव / सहकारी डेयरी स्थापित करने की प्रक्रिया

*"सहकार से समृद्धि की ओर" - भारत सरकार*

जैसे – जैसे दुग्ध से बने उत्पादों की मांग बढ़ रही है उसको पूरा करने के लिए व्यापक स्तर पर सहकारी डेयरियों की स्थापना की जा सकती है। किसी क्षेत्र के दुग्ध व्यवसाय की स्वचालित, स्वनिर्धारित ओर संगठित रूप से चलाने के लिए सहकारिता डेयरी का अपना महत्त्व है। सहकारिता डेयरी का अर्थ सहकारिता के सदस्यों के द्वारा डेयरी का सफल संचालन करना है।

सहकारी डेयरी की स्थापना करने से पहले निम्न विषयों का अध्ययन करना आवश्यक होता है–

**1. उत्पादन सर्वे करना :–** सहकारी डेयरी शुरू करने मे सबसे पहले सहकारिता के कार्यकर्ताओं के द्वारा क्षेत्र से निम्न बिन्दुओं पर जानकारी एकत्रित करना जरूरी होगा।

- क्षेत्र मे कितने लोग दुधारू पशु पालते है।
- प्रत्येक घर मे कितने दुधारू पशु है।
- क्षेत्र मे दुधारू पशुओं मे कौन से पशु पाले जाते है गाय व भैंस इत्यादि।
- प्रत्येक घर मे कितना दुग्ध उत्पादन होता है।
- प्रत्येक घर बेचने के लिए कितना दुग्ध साल के कितने दिन दे सकता है।
- प्रत्येक दुधारू पशु का दुधारू प्रोफाइल ज्ञात करना। उम्र, ब्याने की तिथि, कितनी बार ब्या चुकी है

**2. बाजार का सर्वे करना :–** बाजार का सर्वे करने के लिए निम्न बिंदुओं पर जानकारी ली जाती है।

- नजदीकी बाजार मे कितने लोग दुग्ध खरीदने वाले है।
- कितने लोग बाजार मे सीधा दुग्ध खरीदते है ओर कितने मूल्य ओर किस आधार पर खरीदते है।
- बाजार मे साल भर दूध की खपत की प्रोफाइल तैयार करना।
- बाजार मे मौजूद होटल, ढाबों, शैक्षणिक संस्थान की सूची तैयार कर उनकी दुग्ध की खपत का पता करना।
- दुग्ध उत्पाद की खपत का ब्यौरा तैयार करना।
- बाजार मे कितने लोग दुग्ध का व्यवसाय करते है। कहाँ से कितने दाम पे खरीदते है ओर कैसे बेचते है उन सबका ब्यौरा तैयार करना।
- अतिरिक्त बाजार की उपलब्धता का पता करना।

- ग्रामीण स्तर पर दुग्ध की खपत का ब्योरा तैयार करना।

**3. वित्तीय ओर तकनीकी सर्वे करना** :– इस सर्वे मे निम्न बिन्दुओं पर विचार विमर्श किया जाता है।

- डेयरी स्थापित करने के लिए किन–किन चीजों की जरूरत होती है।
- यह सभी चीजें कहाँ से उपलब्ध होगी।
- डेयरी स्थापना पर कुल कितना खर्च आएगा यह खर्च को कौन वहन करेगा। क्या किसी सरकारी या गैर सरकारी विभाग की मदद ली जा सकती है।
- दुग्ध ओर दुग्ध उत्पाद पर तकनीकी ज्ञान जैसे खराब होने से कैसे बचाया जा सकता है, उत्पाद कैसे बनाए जाते है, दाम कैसे तय किए जाते हे इत्यादि कहाँ से प्रपट किया जा सकता है।
- उपरोक्त सर्वे के आधार पर आय–व्यय का एक अनुमानित विश्लेषण कर लाभ या हानि स्थिति या लाभ–अलाभ स्थिति (ब्रेक ईवन पॉइंट) ज्ञात करना।

उपरोक्त सभी के सर्वे का परिणाम यदि अच्छे निकलकर सामने आते है तो सहकारिता को अपनी डेयरी स्थापना के विषय को आगे ले जाने के बारे मे विचार करना चाहिए ओर विषय को बोर्ड मीटिंग मे रखना चाहिए तथा इस विषय पर विस्तार मे चर्चा करनी चाहिए। एक आम सहमति बनने के बाद डेयरी स्थापित करने के लिए निम्न विषयों पर विस्तार से निर्णायक चर्चा होनी चाहिए।

## ग्राम स्तर के विषय

- कितने समूह ओर लोग डेयरी से जुड़ेंगे।
- दुग्ध एकत्रित करने की प्रक्रिया पर बातचीत करना।
- प्रत्येक गाँव मे दुग्ध कलेक्शन केंद्र का चयन करना।
- संग्रहण केंद्र का किराया कितना होगा ओर इसका भुगतान के विषय पर चर्चा करना।
- दूध एकत्र करने के समय ओर डेयरी तक भेजने वाले व्यक्ति का चयन करना ओर उसके मानदेय के बारे मे चर्चा करना।
- जिस दिन चयनित व्यक्ति छुट्टी पर होगा उस दिन कोन जिम्मेदारी लेगा।
- दूध की जांच कोन ओर कैसे करेगा तथा संगृहीत दूध की गुणवाता निर्धारित करना।

## डेयरी स्तर पर

- डेयरी का संचालन कहाँ से ओर किसके द्वारा होगा विषय पर चर्चा।
- दुग्ध गांवों से डेयरी ओर डेयरी से बाजार तक कैसे ओर कितने बजे तक ओर कौन

पहुंचाएगा विषय पर चर्चा।

- डेयरी मे उपयोग होने वाले उपकरणों पर चर्चा।
- डेयरी के लिए भवन का चुनाव, उसके किराये भुगतान, अनुबंध के बारे पर निर्णय।
- डेयरी मे बिजली, पानी ओर कर्मचारियों का निर्णय।
- डेयरी मे दुग्ध का रेकॉर्ड रखना ओर उसकी पारदर्शिता को सुनिश्चित करना।
- लोगों को दुग्ध का भुगतान महीने मे कब ओर कैसे किया जाएगा।
- आकस्मिक स्थिति जैसे सड़क खराब होना, दूध का फट जाना ओर कोई ओर नुकसान होने पर भुगतान कहाँ से होगा।
- स्टाफ की जिम्मेदारियाँ तय करना ओर डेयरी मैनेजर का चुनाव करना ओर उसके द्वारा डेयरी मे उपयोग आने वाले उपकरणों के उपयोग पर चर्चा करना।
- फेडरेशन की डेयरी मूल्यांकन के लिए बैठक की तिथि का निर्धारण करना।

**बाजार स्तर पर**

- डेयरी से दुग्ध बाजार तक कब ओर कैसे जाएगा।
- यदि दुग्ध को रिटेल में बेचना चाहते है तो बाजार मे दुग्ध वितरण केंद्र कितने ओर कहाँ होंगे।
- वितरण केंद्र पर दुग्ध वितरण करने वाले व्यक्ति रखने पर तथा उसके मानदेय पर चर्चा।
- यदि बाजार तक दुग्ध किसी कारण से ना जा पाएँ या उसकी खपत किसी सीजन मे कम हो जाएँ तो दुग्ध से बनने वाले उत्पाद ओर उनके बेचने पर चर्चा करना।
- दुग्ध वितरण केंद्र से ओर अन्य जगह से दुग्ध बेचने से प्राप्त पैसों को कैसे ओर कब वसूला जाएगा।
- जमा हुए पैसों को कौन से बैंक मे जमा किया जाएगा ओर यह किसकी जिम्मेदारी मे जमा होगा।
- सरकारी डेयरी संघ को दुग्ध बेचने व मूल्य निर्धारण पर चर्चा।

आज देश में अनेकों डेयरियों का गठन हो चुका है जो किसानों की आय में वृद्धि करने में बहुमूल्य योगदान दे रही है। ये दुग्ध उत्पादक संघ किसानो को दुग्ध उत्पादन प्रसंस्करण बेचने में मदद कर रहें है। भारत सरकार एवं अन्य सरकारी एवं गैर सरकारी संस्थाओं ने विभिन्न सरकारी योजनाओं एवं कार्यक्रमों के माध्यम से किसानों को लाभ पहुंचाने का प्रयास किया है। इसी क्रम में महिला किसानों द्वारा संचालित एक सफल डेयरी का उदाहरण प्रस्तुत है।

# केस स्टडी
## महिला-किसानों के स्वामित्व वाली डेयरी

मंजरी फाउंडेशन ने धौलपुर में अपनी सहेली प्रोड्यूसर कम्पनी को स्थापित करने में मदद की है। यह डेयरी महिला किसानों को प्री – प्रोडक्शन और पोस्ट– प्रोडक्शन सेवाओं में मदद कर रहीं है। इस डेयरी में हजारों महिला किसान जुड़ी हुई है और इस डेयरी का संचालन एवं देखरेख स्वयं महिलायें ही कर रहीं है । कम्पनी के पास अपना दूध प्रसंस्करण प्लांट है। यह डेयरी दुग्ध खरीद और प्रसंस्करण सुविधाओं के स्थापित मूल्य में वृद्धि करने में मदद करता है। यह डेयरी घी, पनीर और अन्य मूल्यवर्धित उत्पाद बना रहीं है और उन्हें शहरी और मेट्रो मार्केट में बेच रहीं है। यह उत्पाद ''कटोरी'' ब्राड के तहत विपणित किए जा रहें है, जो मंजरी फाउंडेशन द्वारा सामाजिक उद्यम के रूप में प्रमोट किया गया है। डेयरी महिला किसानों का बाजार तक पहुंचाने में मदद कर रहीं है और अब रिलायंस स्मार्ट बाजार, ऑनलाइन और ऑफलाइन में उत्प्द बेच रहीं है। इस डेयरी से महिला किसानों को उनकी आय बढाने में मदद मिली है और साहुकारों और अन्य शोषकों पर से निर्भरता को कम करने में हुई है ।

**''अपनी सहेली''** प्रोड्यूसर कंपनी ने विभिन्न क्षेत्रों में किसानों को प्रशिक्षित किया है, ताकि वे उत्पादन, प्रसंस्करण, विपणन के क्षेत्र में अधिक सक्षम हो सकें । इसके फलस्वरूप किसानों के आत्मविश्वास में वृद्धि हुई है, और उनके उत्पाद का वाजिब दाम मिल रहा है । डेयरी कार्यक्रम के अन्तर्गत महिला किसानों को विभिन्न प्रकार के प्रशिक्षण प्रदान किये जा रहें है, जैसे कि उत्पादन की नई तकनीकों का उपयोग, गुणवत्ता नियन्त्रण, विपणन की रणनितियो का अध्ययन। इसके अलावा महिला किसानों को वित्तीय संचालन, उत्पादों की मार्केटिंग और व्यापारिक योजनाओं के लिए भी प्रशिक्षण प्रदान किया जा रहा है ।

विगत वर्षो में डेयरी प्रोडक्ट्स की बढती मांग को ध्यान में रखते हुए अपनी उत्पाद क्षमता को बढाया है और कम्पनी ने अपने सदस्यों की समृद्धि में सुधार देखा है, पशुपालन योजनाओं से जोड़ते हुए उनकी उत्पादन क्षमता में बढोतरी की है ।

इस कार्यक्रम से डीजिटल एवं वित्तीय साक्षरता के कोर्स करवाये गये है, जिससे उनको वित्तीय समावेशन एवं डिजिटल प्लेटफार्म तक पहुंच बढी है ।

आज के परिपेक्ष में हम देखते है तो इस तरह के नवाचारों से न केवल उनकी आर्थिक स्थिति में सुधार हुआ है, बल्कि उनकी सामाजिक और आत्मिक विकास में भी वृद्धि हुई है । अपनी सहेली प्रोड्यूसर कंपनी का अभियान एक सामाजिक क्रान्ति के रूप में

उभर रहा है, जिससे महिला किसानों को अधिक उत्पादों और विपणन के अवसर प्रदान किए जा रहें है । इस प्रकार उन्हें अपनी आत्मविश्वास को बढाने के साथ—साथ आर्थिक स्वतंत्रता की ओर अग्रसर है। आज भी ग्रामीण क्षैत्र में किसानों को मार्केट से जोड़ने में बाधाओं का सामना करना पड़ता है। इन सभी चुनौतियों का समाधान करने के लिए छोटे किसानों को सहकारी डेयरी से जोड़ना बहुत लाभदायक होता है ।

# सन्दर्भ

1. https://dahd.nic.in/sites/default/filess/Key%20Results%2BAnnexure%2018.10.2019.pdf
2. Cow milk production and population source: FAO 2021
3. https://www.clal.it/en/?section=produzioni_popolazione_world
4. स्त्रोत : पशुधन जनगणना, एमएएफएएचडी, डीएएचडी, भारत सरकार
5. ( FAO 2012 Raja et 91.2017)
6. MC Hagh et 91.1997 )
7. Dr. K. C. Dhara, Dr.S S Kesh and 3Mr. Suprava Roy, Astt. Director of Farms, Assistant Professor (Veterinary Biochemistry), 3 Project Assistant Biotech Kisan Hub, West Bengal University of Animal and Fishery Sciences, 37, K B, Kolkata - 700037, West Bengal
8. https://agritech.tnau.ac.in/animal_husbandry/animhus_index.html
9. http://www.uldb.org/
10. Uttrakhand Livestock Development Board
11. Department of Animal Husbandry and Dairying
12. Principal of Animal Nutrition and  Feed Technology by D.V Reddy
13. भाकृअनुप– राष्ट्रीय उष्ट्र अनुसंधान केन्द्र, बीकानेर
14. पशुपालन प्रबंधन डॉ. उगन सिंह पशु विज्ञान महाविद्यालय, जयपुर
15. राजस्थान खेती प्रताप पत्रिका सख्या / 2004/14462  डॉ. आर. के. नागदा एवं डॉ. आर. के. कौशिक, निदेशक विस्तार एवं शिक्षा महाराणा प्रताप कृषि एवं प्रौद्योगिकी विश्वविद्यालय, उदयपुर
16. National Bureau of Animal Genetic Recourse, Karnal

# लेखक परिचय

नरेश कुमार नैन मंजरी फाउण्डेशन के प्रोग्राम डायरेक्टर हैं। उन्होनें अपने करियर की शुरूआत प्रदान संस्था से की, नरेश ने पिछले दो दशकों में राजस्थान, मध्यप्रदेश, उत्तरप्रदेश और उत्तराखण्ड में विभिन्न ग्रामीण विकास परियोजनाओं को कार्यान्वित किया है। नरेश ने कुरूक्षेत्र विश्वविद्यालय से अंग्रेजी साहित्य और मास्टर ऑफ एडमिनिस्ट्रेशन (MBA) की डिग्री प्राप्त की है। गरीबी उन्मूलन और महिला सशक्तिकरण में उत्कृष्ट कार्य के लिए उन्हें नीदरलैण्ड फेलोशिप से भी सम्मानित किया गया, जिससे उन्होंने नीदरलैंड, दक्षिण अफ्रीका और इंडोनेशिया में भी शिक्षा प्राप्त की ।

नरेश ने कॉरपोरेट, परोपकारी, सहकारी और अंतर्राष्ट्रीय एजेंसियों द्वारा वित्त पोषित आजीविका और महिला सशक्तिकरण परियोजनाओं को डिजाइन, कार्यान्वित और मूल्यांकित किया है। उनकी विशेषज्ञता के क्षेत्र ग्रामीण स्थायी आजीविका संवर्धन, सामुदायिक संगठन निर्माण, उद्यमशीलता और महिला सशक्तिकरण है। लेखक ने पश्चिमी अफ्रीका के माली और सेनेगल देशों में स्वयं सहायता समूह मॉडल को मजबूत करने में महत्वपूर्ण भूमिका निभाई है। लेखक राष्ट्रीय ग्रामीण विकास एवं पंचायती राज संस्थान (NIRDPR) हैदराबाद द्वारा राष्ट्रीय संसाधन व्यक्ति (NRP) के रूप में सूचीबद्ध हैं और राष्ट्रीय ग्रामीण आजीविका मिशन परियोजना के लिए विभिन्न राज्यों को सेवाएँ प्रदान कर रहे हैं ।

वह भारतीय उद्योगपरिसंघ (CII) द्वारा प्रमाणित स्थिरता मूल्यांकनकर्ता के रूप में भी काम कर चुके हैं और नीति आयोग द्वारा महिला सशक्तिकरण और सुरक्षा पर गठित उप–समूह के सदस्य रहे हैं। राजस्थान सरकार द्वारा गठित पशुधन विकास टॉस्क फोर्स में भी उन्होनें अहम भूमिका निभाई है। इसके साथ लेखक ने ग्रामीण आजीविका, पशुपालन, कृषि, उद्यमिता, डिजिटल साक्षरता एवं जेंडर पर कई लेख प्रकाशित किए हैं।

नरेश अपनी पत्नी (रेनू) व दो बच्चों (अलिस व दिव्यांश) के साथ उदयपुर, राजस्थान में रहते है ।